ENDOSOS

El relato de Marlene sobre su viaje e interacción con Dios difiere del mío. Y, sin embargo, de muchas maneras, es similar. Ambos hemos llegado a ser conscientes de la mano de Dios actuando activamente con su pueblo de la manera que Él elija. Ambos hemos buscado entender esos encuentros, ya sea a través de eventos o visiones, presionándolos a través de esa Palabra segura de profecía dada por el aliento de Dios en las Escrituras. Ambos hemos sido recibidos con la suposición de que estos no son simplemente regalos para que los atesoremos, sino que están destinados a beneficiar a aquellos a quienes Dios nos ha enviado. Estoy intrigado. Y agradezco a Marlene por compartir su historia, su corazón y su pasión por ver a las personas encontrar a Jesús.

—Dennis Wilhite, Ed.D. Profesor Asistente,
Mentor Educacional Escuela de Divinidad
John W. Rawlings Liberty University

Me encanta leer libros donde el autor ha tenido un encuentro personal con Dios. Marlene es una de estas personas, habiendo tenido muchas visiones y sueños. Encuentro sus interpretaciones de estos encuentros útiles y alentadoras. El Señor viene pronto; ¡este libro moverá tu corazón para estar listo para ese gran evento!

—Steve Long Autor,
Embajador Catch the Fire Church, Toronto

El libro es una lectura obligada para todos los que desean tener una visión de las acciones del Señor en nuestros tiempos. Aunque la profecía de los últimos tiempos y Su Segunda Venida han sido una gran fuente de temor para muchas personas, como algunos autores y oradores lo han retratado, tu libro llega con mucha emoción para preparar a hombres y mujeres para la Segunda Venida de nuestro Señor. Gracias por ser sensible al Espíritu Santo y ofrecerte para escribir este tremendo libro.

—Rev. Jonathan E. Mudenyo
New Hope Christian Center, Kenia

Su Segunda Venida

Reverend
Dr. Marlene Brown

Publicado por Creation House Publication
A Strang Company 600 Rinehart Road
Lake Mary, Florida 32746
Este libro o partes del mismo no pueden ser reproducidos en ninguna forma, almacenados en un sistema de recuperación, ni transmitidos por ningún medio, ya sea electrónico, mecánico, fotocopiado, grabado o de otro modo, sin el permiso previo por escrito del editor, excepto según lo dispuesto por la ley de derechos de autor de los Estados Unidos de América.
Todas las citas bíblicas provienen de la Biblia de Estudio KJV de Zondervan, Kenneth Barker, ed. (Grand Rapids, MI: Zondervan, 2002). Todos los derechos reservados.
Las definiciones de palabras provienen de la **New International Encyclopedia of Bible Words** por Lawrence O. Richards (Grand Rapids, MI: Zondervan, 1991), también de Crossroads eBible, Libronix Digital Library System. © 2007 Thomas Nelson, Inc. Todos los derechos reservados.
Director de Diseño: Bill Johnson
Diseño de portada por Justin Evans
Copyright © 2010 por la Reverenda Dra. Brown. Todos los derechos reservados
Número de Control de la Biblioteca del Congreso: 2009943069
Primera edición
10 11 12 13 14— 9 8 7 6 5 4 3 2 1
Impreso en los Estados Unidos de América

La testificación de Jesús es el espíritu de la profecía.

—Apocalipsis 19:10

Y Él dijo: Oíd ahora mis palabras: Si hubiera profeta entre vosotros, yo, el Señor, me manifestaré a él en visión y le hablaré en sueños.

—Números 12:6

Ciertamente, el Señor Soberano nunca hace nada sin revelar sus planes a sus siervos, los profetas.

—Amós 3:7

Dedicado primero a Jesús, el precioso Cordero de Dios,

¡mi querido Salvador y Redentor!

Luego al Espíritu Santo que me guía y me enseña todas las cosas;

A mis padres, quienes me enseñaron los caminos del Señor;

A mi esposo y mis dos hijos, Brandon y Brian;

A mis hermanas y hermanos por su apoyo

Y a todos mis hermanos y hermanas en Cristo en cada idioma y lengua, esperando la venida de Cristo.

* * *

En memoria amorosa de mi abuela Rebecca Clarke, te extrañamos mucho y te amamos profundamente.

Nos veremos en la Cena de las Bodas

Tabla de contenido

Prefacio

Parte I: Su Segunda Venida

Capítulo 1: Su Segunda Venida 2
Capítulo 2: La Naturaleza de la Profecía 7
Capítulo 3: Profecía de Israel y Cumplimiento de la Profecía 13
Capítulo 4: Cumplimiento de la Profecía en Nuestro Mundo Hoy 16
Capítulo 5: La Destrucción de Jerusalén 19
Capítulo 6: Visión Profética de la Cruz 24
Chapter 7: Una Visión de Cristo Jesús—el Hijo de Dios 31
Capítulo 8: Visión Profética de la Segunda Venida de Jesús 37
Capítulo 9: Visiones y Sueños para los Hombres de Antaño................. 52

Parte II: Caminando en el Poder de la Salvación

Capítulo 10: La Obra del Señor 57
Capítulo 11: Jesucristo Reina...66
Capítulo 12: Revelación Profética Dada sobre el 666 71
Capítulo 13: Mi Nueva Relación con Jesús 75
Capítulo 14: Santificación al Señor 79
Capítulo 15: ¿Qué Puedo Hacer Para Ser Salvo? 83
Capítulo 16: El Pecado y su Origen...87
Capítulo 17: Debes Nacer de Nuevo..93
Capítulo 18: Tu Nueva Identidad en Cristo 110
Capítulo 19: Salvación...113

Capítulo 20: ¿Qué es la fe?..120

Capítulo 21: Dudas sobre tu salvación..................................125

Capítulo 22: El significado de la sangre 128

Capítulo 23: El poder purificador de la sangre de Jesús.............131

Capítulo 24: Comunicación directa con Jesús, nuestro Sumo Sacerdote...137

Capítulo 25: El significado de la cruz...................................140

Capítulo 26: La experiencia de la cruz de Jesús 143

Capítulo 27: Nacido muerto durante 15 minutos: la cruz...........152

Capítulo 28: La resurrección de Cristo 157

Capítulo 29: Dudas sobre la resurrección de Cristo.................163

Capítulo 30: He ido a prepararos un lugar 169

Capítulo 31: Señales del fin del mundo 174

Capítulo 32: Los que se creen justos....................................179

Capítulo 33: La importancia del bautismo.............................184

Capítulo 34: El Espíritu Santo, o el Consolador 188

Capítulo 35: Recibiendo el Espíritu Santo.............................194

Capítulo 36: ¿Quién soy yo en Cristo? 201

Capítulo 37: Cómo andar en amor diariamente por medio de Cristo..209

Capítulo 38: El Poder de la Humildad 215

Capítulo 39: El poder del perdón..219

Capítulo 40: ¿Eres adicto hoy?...234

Capítulo 41: Cómo debemos ver a los predicadores................240

Capítulo 42: Religión versus Salvación.................................244

Capítulo 43: Prepárate para encontrarte con tu Dios 248

Capítulo 44: ¡Carta de ánimo para estar alerta! 251

Parte III: Visiones celestiales proféticas de Cristo con interpretaciones

Capítulo 45: Visión Profética del Corazón de Dios para los Jóvenes 224

Capítulo 46: Visión profética de su palabra hablada 227

Capítulo 47: Un sueño profético dentro de un sueño 232

Capítulo 48: Visión profética del cielo (la Cena de las Bodas) ...237

Capítulo 49: Preparándose para Su Segunda Venida. 249

Sobre la Autora 251

En Conclusión 254

Prefacio

Este libro, *Su Segunda Venida: Visiones Proféticas de Cristo y Su Regreso*, fue escrito bajo la divina inspiración de Dios a través de oración y ayuno. Su único propósito es alentar a los creyentes en su fe para que se mantengan firmes en lo que tienen para la venida de Jesucristo.

Este libro es muy profético. Cada aspecto del libro ha sido escrito a través de la inspiración divina y visiones de sueños por el Espíritu Santo. Su función es iluminar a todos los hombres y alentar y consolar a los creyentes mientras se preparan para la Segunda Venida del Señor.

Las visiones y sueños proféticos son mensajes directos de Cristo para compartir con la iglesia y son interpretados por la palabra viva de Dios para iluminar los ojos del creyente, mostrándoles que la venida del Señor está cerca. La revelación del Señor de estas visiones proféticas en los cielos demuestra lo cerca que está Él. El profeta Joel mencionó que en los últimos días, Él derramaría su espíritu sobre toda carne, y los jóvenes tendrían visiones. Estas visiones ayudarán al lector a enfocarse en la venida del Señor y no ser distraído por las preocupaciones y pruebas de este mundo ni por la filosofía de los hombres. ¡El Señor viene de regreso como dice la Escritura, como Rey de reyes y Señor de señores!

A todos los no creyentes: He visto a Jesucristo en visiones más de catorce veces y contando. ¡Él me ha mostrado Su rostro de fuego! ¡Tal como dice la Biblia, Él es un fuego consumidor! El Salvador de toda la humanidad es real, y Él te ama con amor eterno; Él es el amante de tu alma.

Sí, no tenemos mucho tiempo para quedarnos. Nosotros, la iglesia, la Novia de Cristo, debemos estar listos y esperando Su glorioso regreso. Sí, en verdad, Jesucristo vive. Él es sin duda el Rey de reyes y Señor de señores. ¿Quién puede compararse con Él?

Las Escrituras fueron tomadas directamente de la Santa Biblia, que contiene el Antiguo y el Nuevo Testamento en la versión King James y la Biblia de Estudio KJV. Encontrarás traducciones del idioma original.

El Señor me ha inspirado a diseñar este libro de manera que los temas y las Escrituras sean útiles para los pecadores, los nuevos cristianos y los creyentes antiguos.

Las Escrituras en este libro nos enseñan cómo vivir vidas santas delante del Dios del universo y reverenciarlo. Y otras que explican cómo necesitamos adorar a Su Hijo unigénito, Jesucristo. También encontrarás Escrituras que hablan del amor de Cristo por nosotros: Su muerte, resurrección y venida como Rey de reyes y Señor de señores. Y finalmente, encontrarás Escrituras que revelan tu nueva identidad en Cristo.

Oro para que alimentes tu alma con la Palabra de Dios diariamente para tu crecimiento espiritual. Además, pondrás en acción la obra salvadora de Dios y obedecerás a Dios con profunda reverencia y temor. La Palabra de Dios obra en ti, dándote el deseo de obedecerle y el poder de hacer lo que le agrada. Es la Palabra de Dios la que convierte el corazón o alma del hombre. ¡Que encuentres este libro una bendición a través de Jesucristo, nuestro Señor! ¡Amén!

Parte I
Su Segunda Venida

Dr. Marlene Brown

Capítulo 1
Su Segunda Venida

He aquí, yo vengo pronto: bienaventurado el que guarda las palabras de la profecía de este libro.

—*Apocalipsis 22:7*

Su Segunda Venida es la frase que está en casi todos los labios de los creyentes, o al menos de aquellos creyentes que están esperando Su reaparición. Jesús nos dijo en Su Palabra que iba a preparar un lugar para ellos y que en la casa de Su Padre hay muchas mansiones. Él dijo: "Si no fuera así, os lo hubiera dicho." Jesús continuó diciendo:

> "Y si me voy y os preparo un lugar, vendré otra vez y os recibiré para mí mismo; para que donde yo estoy, allí estéis también vosotros. Y sabéis a dónde voy, y sabéis el camino." Tomás le dijo: "Señor, no sabemos a dónde vas; ¿cómo vamos a saber el camino?" Jesús le dijo: "Yo soy el camino, la verdad y la vida; nadie viene al Padre sino por mí."

—Juan 14:3-6

Hoy, encontramos a los escépticos burlándose de los cristianos acerca de la venida de Cristo. Algunos cristianos también pierden la esperanza en Su venida, mientras que otros se cansan. Algunas personas señalan que han estado esperando desde que eran niños, y sus padres también han estado esperando desde que eran niños. Algunos señalan que los discípulos también esperaban Su regreso eminente y no vivieron para verlo. Comenzaron a perder la fe y a preocuparse más por las cosas de este mundo que por las cosas de

Su Segunda Venida

Dios. Sin embargo, la Palabra de Dios dice en Isaías: "Porque mis pensamientos no son vuestros pensamientos, ni vuestros caminos mis caminos, dice el Señor." Segunda de Pedro 3:3-4, 8-9 dice: "Sabed ante todo esto, que en los últimos días vendrán burladores, andando según sus propias concupiscencias, y diciendo: ¿Dónde está la promesa de su venida? Porque desde el día en que los padres durmieron, todas las cosas permanecen así como desde el principio de la creación."

Los padres se durmieron; todas las cosas siguen como desde el principio de la creación. Pero, amados, no ignoréis esto: que para el Señor un día es como mil años, y mil años como un día. El Señor no retarda su promesa, como algunos la tienen por tardanza, sino que es paciente para con nosotros, no queriendo que ninguno perezca, sino que todos procedan al arrepentimiento.

—2 Pedro 3:3–4, 8–9

En otras palabras, el Señor nos ama tanto que Él es paciente en Su venida para ver que todas las personas lleguen al arrepentimiento. Jesús también declara en Su Palabra que Su aparición será como un ladrón en la noche. Así que, la Escritura dice que debemos ser diligentes para ser hallados por Él en paz, sin mancha e irreprensibles.

En Mateo 25:1–13, Jesús describe cómo será Su Segunda Venida.

La Escritura dice:

> Entonces el reino de los cielos será semejante a diez vírgenes que tomaron sus lámparas y salieron a encontrar al esposo. Cinco de ellas eran sabias, y cinco insensatas. Las insensatas tomaron sus lámparas, pero no tomaron aceite con ellas. Pero las sabias tomaron aceite en sus vasos con sus lámparas. Y como el esposo tardaba, todas cabecearon y se durmieron. Y a medianoche se oyó un clamor: ¡Aquí viene el esposo! Salid a su encuentro.

Entonces todas aquellas vírgenes se levantaron y arreglaron sus lámparas. Y las insensatas dijeron a las sabias: Dadnos de vuestro aceite, porque nuestras lámparas se apagan. Pero las sabias respondieron, diciendo: No sea que no haya suficiente para nosotras y para vosotras; mejor ir a los que venden y comprad para vosotras mismas. Y mientras ellas iban a comprar, vino el esposo; y las que estaban preparadas entraron con él a la boda, y se cerró la puerta. Después llegaron también las otras vírgenes, diciendo: Señor, Señor, ábrenos. Pero él respondió y dijo: De cierto os digo, no os conozco. Velad, pues, porque no sabéis ni el día ni la hora en que el Hijo del hombre vendrá.

Aquí vemos que Jesús comparó a la iglesia con vírgenes, unas insensatas y otras sabias, todas esperando al esposo, Jesucristo mismo, a punto de hacer Su aparición. Mientras esperan la aparición de Cristo, los miembros de la iglesia, representados por las vírgenes insensatas, pierden su efectividad. Su aceite se ha agotado. Han perdido su unción.

El aceite, que es la preciosa unción, destruye el yugo de la esclavitud en nuestras vidas (Isaías 10:27). Es la unción que nos hace vencedores y conquistadores, derrotando al enemigo. Jesús declaró en Su Palabra:

> El que venciere, será vestido de vestiduras blancas; y no borraré su nombre del libro de la vida, sino que confesaré su nombre delante de mi Padre y delante de sus ángeles. El que tiene oído, oiga lo que el Espíritu dice a las iglesias.
>
> —Apocalipsis 3:5-6

Así que no seamos como los burladores pensando que el Señor ha retrasado Su regreso. En cambio, estemos vigilantes, ya que Jesús declaró que vendría sin previo aviso, y nosotros, la iglesia, necesitamos estar preparados con aceite en nuestras lámparas (es decir, justicia en nuestros templos, que son nuestros cuerpos, esperando la venida de nuestro Señor).

La Escritura declara que antes de que llegue ese gran día, algunos cristianos se apartarán de la fe para que Satanás, el hombre de pecado, sea revelado. Segunda de Tesalonicenses 2:3 dice:

> Que nadie os engañe de ninguna manera, porque no vendrá sin que antes venga la apostasía, y se manifieste el hombre de pecado, el hijo de perdición.

¿Qué significa "apostatar"? Apostatar significa apartarse de la fe cristiana para seguir otras religiones. La palabra griega para apostasía es apostasia, que significa "abandonar".

Esta Escritura te hace preguntarte, ¿cómo puede un cristiano o un hijo de Dios leer la Palabra de Dios y luego apartarse de la fe? Algunos de estos incluso se convierten en ateos. No creen en Dios ni en Su existencia. ¿Qué los hace dar la espalda a la verdad? ¿Es una falta de fe en el evangelio o en la creencia de que la Palabra de Dios es la verdad absoluta?

Para responder a estas preguntas, necesitamos preguntarnos, ¿cuál es la validez de la Biblia? ¿Y cuál es la naturaleza de la profecía? Creo que responder a estas preguntas ayudará a muchos a mantenerse firmes en la fe y a fortalecerse en ella. ¿Tiene la profecía relevancia en nuestra sociedad actual? Creo firmemente que las respuestas a estas preguntas ayudarán a alentar y fortalecer a muchos para que se aferren a su fe cristiana. La Biblia dice que no es voluntad de Dios que ninguno perezca, sino que todos tengan vida eterna. Así que, emprendamos juntos un viaje para descubrir la verdadera naturaleza de la profecía y la validez de la Biblia.

La Validez de la Biblia

Antes de emprender un viaje a través de la Biblia para responder a estas preguntas, es imperativo señalar que la Biblia es la Palabra viva de Dios. Fue inspirada por Dios y escrita por cuarenta hombres santos o profetas. A pesar de que se usaron tres idiomas diferentes para escribir los diversos libros de la Biblia, su contenido y mensaje permanecieron iguales a lo largo de los siglos.

El contenido de la Biblia consiste en la experiencia del hombre con el Dios Altísimo. Es un libro de historia, pero más que eso. Habla de profecías que se han cumplido y de profecías que están por venir. Segunda de Pedro 1:16 habla sobre la validez de la Biblia. Pedro dice:

> Porque no hemos seguido cuentos artificiosos, cuando os dimos a conocer el poder y la venida de nuestro Señor Jesucristo, sino que fuimos testigos oculares de su majestad.

Aquí, Pedro señala que él fue uno de los testigos oculares de Cristo y que Su venida no se basa en fábulas o relatos inventados. Pedro continuó diciendo: "Porque Él [Jesús] recibió de Dios el Padre honor y gloria cuando vino a Él tal voz de la excelente gloria: Este es mi Hijo amado, en quien estoy muy complacido" (2 Pedro 1:17). "Y esta voz," dice Pedro, "que vino del cielo, la oímos cuando estuvimos con Él en el monte santo. También tenemos la palabra profética más segura, a la cual hacéis bien en estar atentos, como a una luz que brilla en un lugar oscuro, hasta que el día amanezca y el lucero de la mañana salga en vuestros corazones. Sabiendo esto primero, que ninguna profecía de la Escritura es de interpretación privada. Porque la profecía no fue traída en otro tiempo por voluntad humana, sino que los santos hombres de Dios hablaron siendo inspirados por el Espíritu Santo" (2 Pedro 1:18–21).

Capítulo 2
La Naturaleza de la Profecía

"Vosotros sois mis testigos," dice el Señor, "y mi siervo, a quien he escogido, para que me conozcáis y creáis en mí, y entendáis que yo soy él."

—Isaías 43:10

Para que comprendamos la naturaleza de la profecía, necesitamos examinar más de cerca al pueblo de Israel. Israel fue creado para ser un testigo de Dios. El Dios viviente llamó a Israel por boca de Sus profetas, Su pueblo escogido, un pueblo que Él eligió para mostrar Su alabanza.

En **Isaías 43**, leemos la promesa de Dios de redimir a Su pueblo, Israel. Él seguía recordándoles a través del profeta Isaías que los había creado para ser Sus testigos. Los hizo para que Él pudiera ser su rey. Los creó para que Él pudiera ser su Salvador, el Santo de Israel, junto al cual no hay otro.

Encuentro particularmente interesante esta declaración porque dice que Dios los creó para ser Sus testigos, que Él es Dios, que Él está vivo, y que no hay otro fuera de Él. Él está usando a Israel para ser testigo ante otras naciones de que Él es Dios. Esto significa que Él se mostrará poderoso en la tierra de Israel y entre los judíos, para que sus vidas sean un testimonio eterno para el mundo de que hay un Dios, el verdadero y viviente Dios, y fuera de Él, no hay otro.

Leamos lo que el profeta Isaías tiene que decir acerca de los judíos en Israel en Isaías 43.

Pero ahora así dice el Señor que te creó, oh Jacob, y el que te formó, oh Israel, No temas, porque te he redimido, te he llamado por tu nombre; mío eres tú. Cuando pases por las aguas, yo estaré contigo; y cuando por los ríos, no te anegarán; cuando camines por el fuego, no te quemarás, ni la llama arderá en ti, porque yo soy el Señor tu Dios, el Santo de Israel, tu Salvador.

Aquí leemos sobre la pasión del Señor por Israel. No dijo que no serían perseguidos. Sin embargo, promete estar con ellos cuando pasen por sus diversas pruebas, representadas por las aguas, los ríos y el fuego.

En Éxodo 13:17, leemos el relato de los hijos de Israel enfrentándose al Mar Rojo, sin tener a dónde ir y con los hombres de Faraón persiguiéndolos. El Señor tuvo que abrir el Mar Rojo para que Moisés y Sus hijos pudieran pasar. La Palabra de Dios dice que Él creó a Israel para ser Su testigo de que Él es Dios, mientras demuestra Su poder en sus vidas.

Volvamos a Éxodo 13, donde leemos sobre el cruce del Mar Rojo por parte de Moisés. En el versículo 17, leemos que Faraón había dejado ir al pueblo. También leemos:

> Y aconteció que cuando Faraón dejó ir al pueblo, Dios no los guió por el camino de la tierra de los filisteos, aunque estaba cerca; porque Dios dijo: No sea que el pueblo se arrepienta cuando vea la guerra, y se vuelva a Egipto. Pero Dios hizo que el pueblo rodeara por el camino del desierto del Mar Rojo.
>
> —Éxodo 13:17-18

Los hijos de Israel ahora salieron de la tierra de Egipto. El versículo 20 dice que tomaron su viaje desde Sucot y acamparon en Etam, al borde del desierto.

> Y el Señor iba delante de ellos de día en una columna de nube, para guiarlos por el camino; y de noche en una

columna de fuego, para darles luz, para que pudieran ir de día y de noche. No se apartó de delante del pueblo la columna de nube de día, ni la columna de fuego de noche.

—Éxodo 13:21–22

Creo que la columna representa la presencia visible de Dios. En Números 12:5, el Señor desciende como una columna para hablar con Miriam y Aarón. Así que, en Éxodo 14, el Señor le habla a Moisés, diciéndole que debe instruir a los hijos de Israel para que acampen entre Migdol y el mar. Ahora vemos al Señor planificando y haciendo saber a Moisés cómo derrotará a Faraón y recibirá honra de Faraón y su ejército para que ellos puedan saber que Él es Dios.

El Señor le dijo a Moisés que Faraón diría que los israelitas estaban atrapados en la tierra y que el desierto los había cerrado. En el versículo 4, el Señor le dijo a Moisés que Él endurecería el corazón de Faraón para que los persiguiera; recibiría honra de Faraón y sus hombres para que los egipcios supieran que Él es el Señor. Y así lo hizo.

A medida que avanzamos en Éxodo 14, leemos que Faraón se acercó:

> Y cuando Faraón se acercó, los hijos de Israel alzaron los ojos, y he aquí, los egipcios marchaban tras ellos, y tuvieron gran temor; y los hijos de Israel clamaron al Señor. Y dijeron a Moisés: ¿Porque no había sepulcros en Egipto, nos has sacado para que muramos en el desierto? ¿Por qué nos has hecho esto, sacándonos de Egipto? ¿No es esto lo que te decíamos en Egipto, diciendo: Déjanos, que sirvamos a los egipcios? Porque mejor nos fuera ser siervos de los egipcios que morir en el desierto?
>
> —Éxodo 14:10-12

Aquí, el Señor los lleva al desierto para mostrar Su fuerza y salvación. En el versículo 13, Moisés dijo al pueblo:

Dr. Marlene Brown

No temáis, estad firmes, y ved la salvación del Señor, que Él os mostrará hoy; porque los egipcios a quienes habéis visto hoy, nunca más los veréis. El Señor peleará por vosotros, y vosotros estaréis tranquilos.

Y el Señor le dijo a Moisés: ¿Por qué clamas a mí? Habla a los hijos de Israel que vayan hacia adelante. Pero tú levanta tu vara, y extiende tu mano sobre el mar, y divídelo, y los hijos de Israel irán por el medio del mar en seco. Y he aquí, yo endureceré el corazón de los egipcios, para que los sigan; y me glorificaré sobre Faraón, y sobre todo su ejército, sobre **sus carros y sobre sus jinetes. Y los egipcios sabrán que yo soy el Señor, cuando me glorifique sobre Faraón, sobre sus carros y sobre sus jinetes.**

Aquí, el Señor está decidido a mostrarle a Faraón que Él es Dios y que los hijos de Israel son Su vaso escogido. Aquí, Él quiere demostrar a los hijos de Israel que aunque temían a Faraón, Faraón temerá a Él como el Dios todopoderoso, y Él recibirá honra y respeto de Faraón y sus jinetes.

En el versículo 19, leemos que el ángel de Dios, que iba delante del campamento de Israel, cambió su posición y fue detrás de ellos.

La columna de la nube se apartó de delante de ellos y se puso detrás de ellos; y vino entre el campamento de los egipcios y el campamento de Israel, y era nube y tinieblas para los egipcios, pero daba luz de noche a estos; de manera que la una no se acercó a la otra toda la noche. Y Moisés extendió su mano sobre el mar, y el Señor hizo que el mar se retirara por un fuerte viento del este toda aquella noche, y convirtió el mar en tierra seca, y las aguas fueron divididas. Y los hijos de Israel entraron por el medio del mar en seco, y las aguas fueron un muro para ellos a su derecha y a su izquierda.

Su Segunda Venida

—Éxodo 14:19-22

La Biblia dice que las aguas fueron un muro para ellos a la derecha y a la izquierda. Eso es verdaderamente asombroso. En verdad, los hijos de Israel experimentaron el poder y el brazo fuerte del Dios todopoderoso. De hecho, su experiencia será compartida con sus descendientes por muchas generaciones. La historia habla de la mano poderosa del Dios viviente. Revela cómo Dios mostró Su amor y poder al dividir el Mar Rojo en tierra seca.

La Escritura dice que los egipcios los persiguieron y fueron tras ellos hasta el medio del mar, incluso todos los caballos y carros de Faraón. La Escritura dice:

En la vigilia de la mañana, el Señor miró al ejército de los egipcios, a través de la columna de fuego y de la nube, y turbó el ejército dc los egipcios y les quitó las ruedas de sus carros, de manera que los condujeron con dificultad, de tal manera que los egipcios dijeron: Huyamos de la presencia de Israel, porque el Señor pelea por ellos contra los egipcios. Y el Señor le dijo a Moisés: Extiende tu mano sobre el mar, para que las aguas vuelvan sobre los egipcios, sus carros y sus jinetes.

Y Moisés extendió su mano sobre el mar, y el mar volvió a su fuerza cuando amaneció, y los egipcios huyeron contra él, y el Señor derribó a los egipcios en medio del mar. Y las aguas volvieron y cubrieron los carros, y los jinetes, y todo el ejército de Faraón que había entrado en el mar tras ellos; no quedó ni uno de ellos.

—Éxodo 14:25–28

La Escritura declara, sin embargo:

Pero los hijos de Israel caminaron sobre tierra seca en medio del mar, y las aguas fueron un muro para ellos a la derecha y a la izquierda. Así salvó el Señor a Israel ese día de la mano de los egipcios; e Israel vio a los egipcios muertos sobre la orilla del mar. E Israel vio aquel gran trabajo que el Señor hizo contra los egipcios; y el pueblo temió al Señor, y creyó al Señor, y a su siervo Moisés.

—Éxodo 14:29–31

Sí, de hecho, Dios usó a Moisés y a los hijos de Israel para ser Su testigo de que Él es Dios, y no hay otro fuera de Él. Así que, en **Isaías 43:10**, el Señor confirmó Su Palabra a través del profeta Isaías, quien dijo que Él había creado a Israel para ser Su testigo.

La Escritura dice:

> **Vosotros sois mis testigos, dice el Señor, y mi siervo, a quien he escogido; para que me conozcáis y creáis en mí, y entendáis que yo soy él: antes de mí no fue formado Dios, ni lo será después de mí.**

Los cristianos que se apartan de la fe y dudan si hay o no un Dios, necesitan mirar más de cerca la profecía de Israel y el cumplimiento de la profecía.

Capítulo 3
Profecía de Israel y Cumplimiento de la Profecía

pero, 'vive el Señor que hizo subir a los hijos de Israel de la tierra del norte, y de todas las tierras adonde los había arrojado.' Y los haré volver a su tierra que di a sus padres.

—Jeremías 16:15

Está profetizado por el profeta **Ezequiel** en **Ezequiel 11:14** que Dios dispersará a Su pueblo Israel, pero también los reunirá de todas las partes del mundo hacia la nación de Israel. Hoy, vemos el cumplimiento de esta profecía. El pueblo judío está regresando a casa a la tierra de Israel en grandes cantidades. Aquí están las palabras del profeta **Ezequiel**:

> Vino a mí la palabra del Señor, diciendo: Hijo de hombre, tus hermanos, incluso tus hermanos, los hombres de tu parentela, y toda la casa de Israel completamente, son aquellos a quienes los habitantes de Jerusalén han dicho: Apartaos del Señor; a nosotros nos ha sido dada esta tierra en posesión.

> Por lo tanto, di: Así dice el Señor Dios: Aunque los haya arrojado lejos entre las naciones, y aunque los haya dispersado entre los países, sin embargo, les seré por un pequeño santuario en los países a donde hayan llegado.

> Por lo tanto, di: Así dice el Señor Dios: Yo os reuniré de los pueblos, y os juntaré de los países donde habéis sido esparcidos, y os daré la tierra de Israel.

Dr. Marlene Brown

—**Ezequiel 11:14–17**

El profeta **Jeremías** recibió una palabra similar del Señor acerca de Israel. Aquí está la Palabra del Señor concerniente a Su pueblo de Israel, tal como está registrada en **Jeremías 16**. La Escritura dice:

> **Por lo tanto, he aquí, vienen días, dice el Señor, en los cuales ya no se dirá: Vive el Señor, que hizo subir a los hijos de Israel de la tierra de Egipto, sino: Vive el Señor, que hizo subir a los hijos de Israel de la tierra del norte, y de todas las tierras adonde los había arrojado; y los haré volver a su tierra que di a sus padres. He aquí, enviaré por muchos pescadores, dice el Señor, y los pescarán; y después enviaré por muchos cazadores, y los cazarán de todo monte, y de todo collado, y de las hendiduras de las rocas.**

—**Jeremías 16:14–16** (énfasis añadido)

¿Por qué haría el Señor esto? Esta acción habla de la fidelidad de Dios. El Señor es fiel a Su Palabra. Él había prometido a sus antepasados que les daría la tierra de Israel y quería mostrar Su fidelidad. En **Jeremías 30:1–4**, el profeta Jeremías profetizó la Palabra del Señor, diciendo:

> **Vino a mí la palabra del Señor, diciendo: Así habla el Señor Dios de Israel, diciendo: Escribe en un libro todas las palabras que te he hablado. Porque he aquí, vienen días, dice el Señor, en los cuales haré volver la cautividad de mi pueblo Israel y Judá, dice el Señor; y los haré volver a la tierra que di a sus padres, y la poseerán. Y estas son las palabras que el Señor habló acerca de Israel y Judá.**

Y así, vemos el cumplimiento de esta profecía hoy con los judíos regresando a casa desde todas las partes del mundo, mostrándonos la validez de la Biblia, que es la Palabra del Dios viviente.

Su Segunda Venida

A medida que seguimos observando el cumplimiento de la profecía en la Palabra de Dios, también necesitamos profundizar en las Escrituras para ver qué profecía hay concerniente a nuestro mundo hoy y lo que está por venir.

Dr. Marlene Brown

Capítulo 4
Cumplimiento de la Profecía en Nuestro Mundo Hoy

"Y oiréis de guerras y rumores de guerras; mirad que no os turbéis; porque es necesario que todo esto acontezca, pero aún no es el fin."

—Mateo 24:6

Podemos ver que nuestro mundo hoy está encaminado hacia una caída. No hay paz; constantemente oímos hablar de guerras. También oímos hablar de terremotos, hambrunas y pestilencias, como el virus del SIDA, y de armas de destrucción masiva. Actualmente, somos conscientes de los esfuerzos diplomáticos con Corea del Norte y las armas nucleares.

¿Qué tiene que decir la Biblia acerca de estos eventos? ¿Y qué dice la Biblia sobre la guerra y los rumores de guerra que llevarán al fin del mundo y a la Segunda Venida de Cristo? La Biblia es muy precisa acerca de lo que debemos buscar como señales en el mundo de hoy respecto a la Segunda Venida de Cristo.

Todos saben que estamos en los últimos días, no importa cuán simples seamos o si creemos en Dios o no. ¡Esto es lo que Jesús tiene que decir al respecto!

En Lucas 12, Jesús habló a la gente acerca de los tiempos en los que estaban viviendo. Esto es lo que Jesús dice:

> "Cuando veáis que se eleva una nube por el occidente, luego decís: Lluvia viene; y así sucede. Y cuando sopla el viento del sur, decís: Hará calor; y lo hace."

Su Segunda Venida

—Lucas 12:54–55

Luego les pregunta, ¿por qué somos tan hipócritas? Podemos estudiar el rostro del cielo y de la tierra, ¡pero no podemos discernir ni decir cuán cerca está el fin del mundo!

En Mateo 24, leemos sobre Jesús enseñando a Sus discípulos las diversas señales que debían buscar como precursores de Su venida y del fin del mundo. Las Escrituras dicen que cuando Jesús salió del templo, y Sus discípulos se acercaron a Él para mostrarle los diversos edificios del templo, Él les dijo: "¿No veis todo esto? De cierto os digo, que no quedará aquí piedra sobre piedra que no sea derribada." Esta profecía de Jesús se cumplió en el año 70 d.C., cuando los romanos destruyeron completamente el templo durante el reinado de Tito.

Las Escrituras declaran que cuando Él se fue a sentar en el Monte de los Olivos, que es una larga cresta de norte a sur situada justo al este de Jerusalén, Sus discípulos se acercaron a Él en privado y le preguntaron:

"Dinos, ¿cuándo serán estas cosas? ¿Y cuál será la señal de tu venida y del fin del mundo?"

—Mateo 24:3

Las Escrituras dicen que los discípulos tenían tres preguntas básicas en mente. Primero, querían saber cuándo sería destruido el templo, como Jesús había dicho. Segundo, ¿cuál sería la señal de Su venida? Y tercero, ¿cuál sería la señal del fin del mundo? La primera pregunta se responde en Lucas 21:20–24. Las Escrituras dicen que cuando veas a Jerusalén rodeada de ejércitos, entonces sabrás que la destrucción de Jerusalén está cerca. Jesús continuó diciendo que habría angustia en la tierra y enojo sobre el pueblo de Jerusalén. El versículo 22 dice: "Porque estos serán días de venganza, para que se cumpla todo lo que está escrito."

Dr. Marlene Brown

Vamos a profundizar en las Escrituras acerca de la destrucción de Jerusalén y la Segunda Venida de Cristo.

Su Segunda Venida

Capítulo 5
La Destrucción de Jerusalén

"Porque reuniré a todas las naciones contra Jerusalén para la batalla; y la ciudad será tomada, y las casas saqueadas, y las mujeres violadas; y la mitad de la ciudad saldrá al cautiverio, y el resto del pueblo no será cortado de la ciudad."

—*Zacarías 14:2*

Zacarías 14 nos da una descripción clara de lo que ocurrirá en Jerusalén en los últimos días. En el versículo 2 se nos dice: "Porque reuniré a todas las naciones contra Jerusalén para la batalla; y la ciudad será tomada, y las casas saqueadas, y las mujeres violadas; y la mitad de la ciudad saldrá al cautiverio, y el resto del pueblo no será cortado de la ciudad" (Zacarías 14:2–3). Zacarías 12 también nos habla de la destrucción de Jerusalén y cómo todos los que se opongan a ella serán destruidos, aunque todas las naciones de la tierra se reúnan contra ella.

En Lucas 21:24, Jesús dice: "Caerán a filo de espada, y serán llevados cautivos a todas las naciones; y Jerusalén será hoyada por los gentiles, hasta que los tiempos de los gentiles se cumplan."

¿Qué significa "hasta que los tiempos de los gentiles se cumplan"? La palabra griega para "tiempos" es *kairos*, que significa "una temporada" o un "tiempo fijo y definido cuando las cosas llegan a un punto crítico; el tiempo decisivo o la era esperada."

El análisis de Strong sobre la palabra "gentiles" (*ethnos*) se traduce como "nación" en 64 ocasiones. También significa "una multitud de individuos de la misma naturaleza." En el Antiguo Testamento, la palabra gentiles se utiliza para describir a aquellos que no adoran al Dios verdadero. Sin embargo, dado que hemos sido injertados en la verdadera vid, ahora somos llamados "cristianos gentiles", según el apóstol Pablo.

La expresión "ser cumplido" en griego es *pleroo*, que significa "llenar completamente," y se utiliza para referirse a cumplir todas las profecías y promesas dadas por Dios a través de los profetas. Por lo tanto, cuando se dice "hasta que los tiempos de los gentiles se cumplan", significa que cuando el cuerpo de creyentes, que son los gentiles, estén llenos de la presencia y poder de Dios y entren en Su reino para cumplir la misión de Dios en la Tierra, y todas las promesas se hayan cumplido, entonces todo Israel será salvo.

A través de la caída de Israel, la salvación llegó a los gentiles para provocar celos en los judíos. Como se dice en Romanos 11:26: "Y así todo Israel será salvo." Además, en Romanos 11:25–26, 30–31, se afirma que aunque los judíos no creyeron, a través de nuestra misericordia, los gentiles, el pueblo no judío, obtendrán misericordia, y de igual manera, los judíos también recibirán esa misericordia.

Jesús, en Lucas 21:28, dice: "Y cuando estas cosas comiencen a suceder, mirad en derredor, y levantad vuestra cabeza, porque vuestra redención está cerca."

La segunda pregunta de los discípulos fue: "¿Cuál será la señal de tu venida?" Jesús responde en Mateo 24:21–24, 30:

> "Porque habrá entonces gran tribulación, cual no la ha habido desde el principio del mundo hasta ahora, ni la habrá. Y si aquellos días no fuesen acortados, nadie sería salvo; mas por causa de los escogidos, aquellos días serán acortados. Si alguno os dijere: Mirad, aquí está el Cristo, o allí, no lo creáis. Porque se levantarán falsos cristos y falsos profetas, y harán grandes señales y prodigios, de tal manera que engañarán, si fuera posible, aún a los escogidos. Entonces aparecerá la señal del Hijo del Hombre en el

cielo; y entonces lamentarán todas las tribus de la tierra, y verán al Hijo del Hombre viniendo sobre las nubes del cielo con poder y gran gloria."

El profeta Zacarías, en el capítulo 12, versículos 9–11, nos habla de la visión del regreso de Cristo:

"Y sucederá en aquel día que procuraré destruir a todas las naciones que vengan contra Jerusalén. Y derramaré sobre la casa de David y sobre los moradores de Jerusalén espíritu de gracia y de súplica; y mirarán a mí, a quien traspasaron, y llorarán como se llora por el hijo único, y se dolerán por él, como quien se doliera por el primogénito. En aquel día habrá gran lamentación en Jerusalén."

Este versículo nos lleva a reflexionar sobre la gran tristeza y arrepentimiento que ocurrirá cuando los judíos vean a Cristo a quien traspasaron, y se arrepientan, siendo este el preludio de su salvación.

Zacarías también profetiza en Zacarías 14 sobre la aparición de Cristo en la segunda venida:

"Entonces saldrá Jehová, y peleará contra esas naciones, como cuando peleó en el día de la batalla. Y sus pies se posarán en aquel día sobre el monte de los Olivos, que está frente a Jerusalén al este; y se partirá el monte de los Olivos por en medio, hacia el este y hacia el oeste, y habrá un gran valle; y la mitad del monte se apartará hacia el norte, y la otra mitad hacia el sur."

—Zacarías 14:3–4

Recuerda que en Mateo 24, Jesús se sentó en el Monte de los Olivos y profetizó. Zacarías profetizó que cuando Cristo regrese a Jerusalén, sus pies se posarán en el Monte de los Olivos, no como en su primera venida, cuando estuvo sentado, sino como el Rey reinante del cielo y la tierra.

Dr. Marlene Brown

Zacarías 14:5–9, 11 continúa:

"Y huiréis al valle de los montes, porque el valle de los montes llegará hasta Azal. Sí, huiréis como huísteis por el terremoto en los días de Uzías, rey de Judá; y vendrá Jehová mi Dios, y todos los santos contigo. Y sucederá en aquel día que la luz no será clara ni oscura; sino que será un día conocido de Jehová, no será día ni noche, pero sucederá que al anochecer habrá luz."

Y sucederá en aquel día que saldrán aguas vivas de Jerusalén; la mitad de ellas hacia el mar oriental, y la otra mitad hacia el mar occidental; en verano y en invierno será así. Y Jehová será rey sobre toda la tierra; en aquel día habrá un solo Jehová, y su nombre uno. Y habitarán en ella, y no habrá más destrucción; y Jerusalén será morada segura."

Finalmente, en Apocalipsis 21, Juan nos describe la Nueva Jerusalén que descenderá del cielo:

"Y vi la ciudad santa, la nueva Jerusalén, que descendía del cielo, de Dios, dispuesta como una esposa ataviada para su marido. Y oí una gran voz del cielo que decía: He aquí el tabernáculo de Dios con los hombres, y Él morará con ellos, y ellos serán su pueblo, y Dios mismo estará con ellos, y será su Dios."

—Apocalipsis 21:2–6

Estas son profecías que aún no se han cumplido, pero que están cerca de su cumplimiento. Mientras leemos sobre los tiempos en los que vivimos, vemos claramente las señales que nos están llevando a la culminación de las profecías sobre la Segunda Venida de Cristo, confirmando la verdad de la Biblia como la Palabra del Dios vivo.

La tercera pregunta de los discípulos a Jesús fue: "¿Cuál será la señal del fin del mundo?" Jesús responde en Mateo 24:14:

Su Segunda Venida

"Y será predicado este evangelio del reino en todo el mundo, para testimonio a todas las naciones; y entonces vendrá el fin."

Hoy vemos cómo el evangelio de Jesucristo está entrando en lugares donde antes habría sido imposible, como en India, China, Japón, Corea, Rusia, Alemania, Francia, Singapur, Tailandia, Indonesia, Irak, y más. En Israel, especialmente en Jerusalén, el evangelio se está predicando como nunca antes. No solo se predica el evangelio, sino que también hay una reunión anual para la Convocatoria de Todas las Naciones en Jerusalén para adorar, alabar y orar mientras esperan el regreso del Señor Jesús.

Así que sí, la Biblia es un libro de historia, pero más que eso, es un libro lleno de profecías acerca de Jesucristo, testigos de Cristo, la redención del hombre y el fin de los tiempos. Es un libro lleno de santidad y justicia, con palabras de vida del Dios vivo. Es un libro de amor, porque nos enseña cómo experimentar el amor, ya que Dios es amor.

Ahora que hemos establecido la verdad acerca de la Santa Biblia y su validez, profundicemos en las visiones proféticas recientes que Dios me dio, junto con sus interpretaciones a través de la Palabra de Dios, acerca de la Segunda Venida de Su Hijo. Como menciona José en Génesis 40:8, todas las interpretaciones pertenecen a Dios, y las Escrituras dicen que el testimonio de Jesús es el espíritu de la profecía.

Es el deseo y la voluntad perfecta del Padre que escriba este libro y lo comparta con el cuerpo de Cristo en las naciones para que la iglesia sepa y entienda lo que el Espíritu del Señor está diciendo a la iglesia en este tiempo. ¡Es el tiempo de estar en alerta y preparados!

Dr. Marlene Brown

Capítulo 6
Visión Profética de la Cruz

Un sueño que yo, Marlene, vi el 24 de noviembre de 2000.

Me desperté a las 8:10 a.m.

Y derramaré sobre la casa de David y sobre los habitantes de Jerusalén el espíritu de gracia y de súplica; y mirarán a mí, a quien traspasaron, y llorarán por él, como se llora por el hijo único, Y se dolerán por él, como quien se doliera por un hijo único.

—Zacarías 12:10

Soñé que estaba en un parque. El parque tenía un gran espacio abierto con bancos, similar a un parque en Kingston, Jamaica, llamado Hope Gardens. Estaba parada en una sección del parque cuando vi a un hombre negro hablando con una niña blanca. Él le estaba diciendo a la niña que estaba esperando a alguien que le trajera drogas para sentirse mejor. Oí la conversación y le dije: "Sabes, las drogas no son la respuesta. El diablo quiere que tomes esta droga para destruirte y que nunca llegues a conocer a Dios." El hombre me respondió: "No te escucho... me acercaré un poco más."

Cuando se acercó a mí, le hablé sobre esta iglesia pentecostal que estaba visitando. Le pregunté: "¿Por qué no vienes conmigo a la iglesia el domingo?" El hombre se volvió hacia mí y dijo: "¿No temes que te haga daño?" Yo le respondí: "¡No te atreverías a hacerme daño mientras tenga un bebé en mis manos!" De repente, mis ojos se volvieron hacia el cielo, donde vi una cruz enorme, gruesa y masiva de color plateado moviéndose rápidamente hacia nosotros. Continuaba haciéndose más y más grande. Era enorme, gruesa y masiva, de color plateado. Había algo inscrito en el frente de la cruz.

Su Segunda Venida

Entonces toqué al hombre y le dije: "¡Mira! ¡Hay una cruz en el cielo!" Miré por encima de mi hombro para ver si la niña blanca también estaba mirando la cruz. La cruz continuaba creciendo, acercándose hacia mí, y de repente apareció un hombre ante la cruz—era enorme—pero no pude ver su rostro ni sus pies. Mis ojos estaban fijos en su pecho. Su pecho era enorme, grueso y masivo, con un color hermoso, con venas rojas y azules muy largas. Parecía vivo, como carne, y mis ojos estaban fijos en su pecho. Me encontré saltando en el aire con mis manos estiradas para recibirlo. Luego escuché a un espíritu decirme: "¡Pero no has recibido el Espíritu Santo!" Inmediatamente, un pensamiento vino a mi mente: "Me pregunto si mi hermana en Connecticut está mirando." Este pensamiento me distrajo por un segundo. En el instante en que mis pensamientos se distrajeron, el cuerpo se hizo más y más grande, luego ¡pum! —desapareció pasando rápidamente junto a nosotros. El sonido del *pum* que hizo el cuerpo al pasar fue tan rápido que sacudió a mi bebé, Brandon, que tenía cuatro meses en ese momento. Él estaba acostado junto a mí en la cama. La velocidad del movimiento hizo que mi bebé se sacudiera, y la vibración del bebé me despertó. Me levanté y miré la hora. Eran las 8:00 de la mañana.

No hace falta decir que estaba completamente en shock y confundida simultáneamente debido a la magnitud de lo que vi. ¡No podía creer lo que acababa de ver! No sabía, ni había escuchado, sobre el Dios del universo visitando a las personas de tal manera. Todavía asustada, confundida y conmocionada, comencé a dar gracias a Dios por tan poderosa visión. No sabía qué hacer ni cómo manejarlo porque había dado recientemente mi vida al Señor.

Estaba tan asustada de dormir, temiendo lo que podría ver nuevamente. Debido a la magnitud de lo que vi, ¡el pensamiento de la comida me hizo sentir enferma! Esta visión inmediatamente me colocó en un estilo de vida de ayuno y oración todos los días hasta el mediodía o la tarde, así como la lectura continua de la Palabra de Dios.

Visión Profética de la Cruz: Interpretaciones de la Biblia

Muchas personas podrían dar interpretaciones sobre visiones y sueños; sin embargo, las Escrituras dicen en Génesis 40:8 que todas las interpretaciones pertenecen a Dios. Por lo tanto, considero muy apropiado recurrir a la Palabra de Dios, al libro de la profecía sobre esto, y todas las interpretaciones me son dadas para compartir con el cuerpo de Cristo acerca de Cristo y Su Segunda Venida.

Sueño

> Soñé que estaba en un parque. El parque tenía un gran espacio abierto con bancos, similar a un parque en Kingston, Jamaica, llamado Hope Gardens. Estaba parada en una sección del parque cuando vi a un hombre negro hablando con una niña blanca. El hombre negro le dijo que estaba esperando a alguien que le trajera drogas para sentirse mejor. Oí la conversación y le dije: "Sabes, las drogas no son la respuesta. El diablo quiere que tomes esta droga para destruirte y que nunca llegues a conocer a Dios."

Interpretación

Jesús dice en Lucas 4:18–19:

> "El Espíritu del Señor está sobre mí, porque me ha ungido para dar buenas nuevas a los pobres; me ha enviado a sanar a los quebrantados de corazón, a predicar la libertad a los cautivos, y la vista a los ciegos, a poner en libertad a los oprimidos, a predicar el año agradable del Señor."

Su Segunda Venida

Este hombre necesita ser liberado de las mentiras y fortalezas del enemigo. También necesita ser liberado de la adicción a las drogas. Hoy en nuestra sociedad vemos claramente que las drogas están destruyendo a los jóvenes. Tanto jóvenes como adultos están siendo asesinados por este demonio, este espíritu mentiroso que promete una vida mejor, paz, gozo y plenitud a través de una droga que te hace sentir bien. Debemos saber que esta plenitud solo viene de Jesucristo, el Justo, el Hijo del Dios viviente, y nuestra identidad está en Él. Jesús está diciendo aquí que solo Su cruz puede traer liberación. Solo Su cruz traerá satisfacción auténtica y la paz mental que el mundo está buscando. Jesús dice en Su Palabra, "Si alguno tiene sed, venga a mí y beba." Jesús dice que de su interior fluirán ríos de agua viva (Juan 7:37).

Jesús está diciendo aquí y recordándonos que Él se hizo maldición por nosotros. Al ser hecho maldición por Su muerte en la cruz, se hizo posible que la bendición de Abraham viniera sobre nosotros, los gentiles, a través de Él (Gál. 3:14). Todas las bendiciones, la libertad y la prosperidad se encuentran en Él.

Las Escrituras dicen que no es la voluntad de Dios que ninguno perezca, sino que todos tengan vida eterna a través de Jesucristo nuestro Señor (Juan 3:16).

Sueño

De repente, me volví hacia el mar, donde vi esta cruz enorme, gruesa y masiva de color plateado moviéndose rápidamente hacia nosotros. Continuaba haciéndose más y más grande. Era enorme, gruesa y masiva de color plateado. Había algo inscrito en el frente de la cruz.

Interpretación

La plata representa la pureza de la Palabra de Dios. "Las palabras del Señor son palabras puras: como la plata refinada en un horno de tierra, purificada siete veces" (Sal. 12:6).

Dr. Marlene Brown

La cruz plateada significa que debemos enfocarnos en la Palabra de Dios, que es pura y sin mancha. Es como la plata purificada siete veces. Debemos enfocarnos en la sangre de la cruz para la liberación del hombre.

> Porque la predicación de la cruz es locura para los que se pierden; pero para los que se salvan, para nosotros, es el poder de Dios. Porque está escrito, destruiré la sabiduría de los sabios y aniquilaré la inteligencia de los prudentes. ¿Dónde está el sabio? ¿Dónde está el escriba? ¿Dónde está el disputador de este siglo? ¿No ha hecho Dios locura la sabiduría de este mundo?
>
> Porque después que en la sabiduría de Dios, el mundo no conoció a Dios por sabiduría, agradó a Dios salvar a los creyentes por la locura de la predicación. Porque los judíos piden señales, y los griegos buscan sabiduría: pero nosotros predicamos a Cristo crucificado, para los judíos ciertamente tropiezo, y para los gentiles locura; pero para los llamados, tanto judíos como griegos, Cristo poder de Dios y sabiduría de Dios.
>
> —1 Corintios 1:18–24

Creo que el Señor está diciendo aquí que necesitamos enfocarnos más en predicar la cruz para la liberación del hombre. La Escritura dice: "Porque no me avergüenzo del evangelio de Cristo: porque es el poder de Dios para salvación a todo aquel que cree; al judío primeramente, y también al griego. Porque en el evangelio se revela la justicia de Dios de fe en fe, como está escrito: El justo vivirá por fe" (Rom. 1:16–17). El evangelio de Cristo trae liberación; trae la salvación.

Sueño

Luego toqué al hombre y le dije: "¡Mira! ¡Hay una cruz en el cielo!" Miré por encima de mi hombro para ver si la niña blanca también estaba mirando la cruz. La cruz continuaba haciéndose más y más grande, acercándose hacia mí, y de repente apareció un hombre ante la cruz—era enorme—pero no pude ver su rostro ni sus pies. Mis ojos estaban fijos en su pecho.

Interpretación

Creo que, cuando Cristo revela Su pecho, Él está hablando de Su corazón y Su amor por la humanidad, que lo envió a la cruz en nuestro nombre.

> Porque de tal manera amó Dios al mundo, que ha dado a su Hijo unigénito, para que todo aquel que en él cree no se pierda, mas tenga vida eterna. Porque no envió Dios a su Hijo al mundo para condenar al mundo; sino para que el mundo sea salvo por él. El que cree en él no es condenado; pero el que no cree, ya ha sido condenado, porque no ha creído en el nombre del unigénito Hijo de Dios.
>
> —**Juan 3:16–18**

Sueño

> Su pecho era enorme, grueso y masivo, con un color hermoso, con venas rojas y azules muy largas. Parecía vivo, como carne...

Interpretación

> Y mientras ellos hablaban, Jesús mismo se puso en medio de ellos y les dijo: Paz a vosotros. Pero ellos, aterrados y espantados, pensaron que veían un espíritu. Y les dijo: ¿Por qué estáis turbados? Y ¿por qué surgen dudas en vuestros corazones? Mirad mis manos y mis pies, que soy yo mismo: tocadme y ved; porque un espíritu no tiene carne ni huesos, como veis que yo tengo. Y cuando les hubo dicho esto, les mostró sus manos y sus pies.

Dr. Marlene Brown

—Lucas 24:36–40

Su Segunda Venida

Chapter 7
Una Visión de Cristo Jesús—el Hijo de Dios

El segundo sueño que yo, Marlene, vi. Tuvo lugar el 5 de diciembre de 2000.

Me desperté a las 7:00 a.m.

Y he aquí una voz del cielo, que decía: Este es mi Hijo amado, en quien tengo complacencia.

—Mateo 3:17

Soñé que caminaba para encontrarme con mi madre y una de mis hermanas. El lugar estaba muy oscuro, como si no hubiera luz en ninguna parte del mundo; luego me encontré corriendo y elevándome en el aire, disparando hacia adelante por el aire y luego cayendo al suelo continuamente.

Mientras estaba en el suelo, miré al cielo y vi a dos hombres. Ambos miraban hacia abajo hacia mí. Uno de ellos tenía una luz alrededor de su cabeza, formando un semicírculo. No pude ver qué ropa llevaba porque parecía transparente, así que diría que su ropa era blanca. El otro hombre lo pude ver con mucha más claridad. Estaba parado a cierta distancia del hombre con el semicírculo de luz alrededor de su cabeza. Su cabello era extremadamente negro y rizado, cayendo hasta sus hombros. Llevaba una túnica bellamente rayada. La túnica parecía estar hecha de un material brillante y sedoso, con los colores más brillantes del arco iris.

Ambas manos de este hombre se extendieron ligeramente hacia mí, con la palma de cada mano mirando hacia adelante. De alguna manera, este hombre llamó mi atención. Me di cuenta de que me miraba hacia abajo y comencé a preguntarme quién era este hombre. De repente, escuché una voz (no un espíritu), que vino del aire, diciéndome: "¡Su nombre es Jesús!"

Continué hasta encontrarme con mi madre y mi hermana. Comencé a contarles lo que había visto en mi camino hacia ellas. Les dije casualmente: "Me encontré corriendo y disparando por el aire en un movimiento continuo cuando vi a dos hombres en el cielo. Uno de ellos tenía un semicírculo alrededor de su cabeza, con un resplandor amarillo claro, y su ropa era blanca y transparente. El otro llevaba una túnica de colores hermosamente rayada. Estaba parado a cierta distancia del hombre con ropa blanca transparente. Comencé a preguntarme quién era este hombre—el que llevaba la túnica bellamente rayada, parado a una distancia, con las manos ligeramente estiradas hacia mí. Luego escuché una voz del ambiente que me decía: 'Su nombre es Jesús.'"

Íbamos de camino a casa cuando vi a un hombre que conozco—no estoy segura si era mi esposo u otro hombre—lo besé en la mejilla y le dije: "¡Ten cuidado porque está peligroso allá afuera!" Cuando miré hacia la calle, vi a personas corriendo de un lado a otro con rifles largos. No eran militares; eran civiles, y era un momento de guerra, no de paz. Él me aseguró que tendría cuidado.

De regreso a casa con mi madre y hermana, vi a un hombre y una mujer sentados al borde de la calle. Me acerqué a ellos, pero el Espíritu Santo me dijo: "¡No los toques! Están impuros." Continuamos nuestro camino... de repente, escuché a mi bebé hablar en su cuna y me desperté.

Con esta visión/sueño, me sentí tan decepcionada al saber que no estaba sucediendo en el momento presente. Me decepcionó despertar de ello. Sí, había crecido en un hogar cristiano, pero no sabía que tales encuentros aún suceden para que el Hijo del Dios Vivo visite al hombre, tal como ocurría en los tiempos bíblicos. La experiencia fue fuera de este mundo, y no sabía qué pensar al respecto, ya que no había estado expuesta a otros cristianos que tuvieran tales encuentros.

Una Visión de Cristo Jesús—el Hijo de Dios
Segunda Visión/Sueño: Interpretación

Sueño

El lugar estaba muy oscuro, como si no hubiera luz en ninguna parte del mundo; luego me encontré corriendo y elevándome en el aire, disparando hacia adelante por el aire y luego cayendo al suelo continuamente.

Interpretación

Isaías 40:31 dice:

"Pero los que esperan a Jehová tendrán nuevas fuerzas; levantarán alas como las águilas."

Sueño

Mientras estaba en el suelo, miré al cielo y vi a dos hombres. Ambos miraban hacia abajo hacia mí. Uno de ellos tenía una luz alrededor de su cabeza, que formaba un semicírculo. No pude ver qué ropa llevaba porque parecía transparente, así que diría que su ropa era blanca. El otro hombre lo pude ver mucho más claramente. Estaba parado a cierta distancia del hombre con un semicírculo de luz alrededor de su cabeza. Su cabello era extremadamente negro y rizado, cayendo hasta sus hombros. Llevaba una túnica bellamente rayada. La túnica parecía estar hecha de un material brillante y sedoso, con los colores más brillantes del arco iris.

Interpretación

En Génesis 37:3, la Biblia habla de Israel, quien amaba a José y le hizo una túnica de muchos colores. La túnica de muchos colores de José muestra la marca del favor de su padre sobre él. La túnica de muchos colores muestra que Dios lo favorece en gran medida (a Jesús) y es de la realeza. Las vestiduras del arco iris declaran que Él (Jesús) es el Hijo del Altísimo. ¡Él es el Rey de reyes y Señor de señores! (Apocalipsis 19:16).

Sueño

> Ambas manos de este hombre se extendieron ligeramente hacia mí, con la palma de cada mano mirando hacia adelante. De alguna manera, este hombre llamó mi atención. Me di cuenta de que me miraba hacia abajo y comencé a preguntarme quién era este hombre... De repente, escuché una voz (no un espíritu), que vino del aire, diciéndome: "¡Su nombre es Jesús!"

Interpretación

Su nombre es Jesús: En Mateo 1:18–25, las Escrituras nos declaran su nacimiento, el motivo de tal nombre (Jesús) y por qué nació. La Biblia dice que Él será llamado Jesús, porque salvará a Su pueblo de sus pecados.

Las Escrituras nos explican en Mateo 1:18–25:

> "El nacimiento de Jesucristo fue así: Estando María, su madre, desposada con José, antes que se juntasen, se halló que había concebido del Espíritu Santo. Y José, su marido, como era justo, y no quería infamarla, intentó dejarla secretamente. Y pensando él en esto, he aquí un ángel del

Señor le apareció en sueños, diciéndole: José, hijo de David, no temas recibir a María, tu mujer, porque lo que en ella es engendrado, del Espíritu Santo es. Y dará a luz un hijo, y llamarás su nombre JESÚS, porque Él salvará a su pueblo de sus pecados. Todo esto aconteció para que se cumpliese lo dicho por el Señor por medio del profeta, cuando dijo: He aquí, una virgen concebirá, y dará a luz un hijo, y llamarán su nombre Emanuel, que traducido es: Dios con nosotros. Y despertando José del sueño, hizo como el ángel del Señor le había mandado, y recibió a su mujer. Y no la conoció hasta que dio a luz a su hijo primogénito; y llamó su nombre JESÚS."

En Juan 20:31, las Escrituras dicen:

Pero estas cosas se han escrito para que creáis que Jesús es el Cristo, el Hijo de Dios; y para que, creyendo, tengáis vida en su nombre."

La Biblia dice:

"También Dios le exaltó hasta los sumos, y le dio un nombre que es sobre todo nombre; para que en el nombre de Jesús se doble toda rodilla, de los que están en los cielos, y en la tierra, y debajo de la tierra; y toda lengua confiese que Jesucristo es el Señor, para gloria de Dios el Padre."

—Filipenses 2:9–11

Sueño

Íbamos de camino a casa cuando vi a un hombre que conozco—no estoy segura si era mi esposo o otro hombre—lo besé en la mejilla y le dije: "¡Ten cuidado porque está peligroso allá afuera!" Cuando miré hacia la calle, vi a personas corriendo de un lado a otro con rifles largos en sus manos. No eran militares; eran civiles, y era un momento de guerra, no de paz. Él me aseguró que tendría cuidado.

Interpretación

Jesús dice en Lucas 21:9 que escucharéis de guerras y conmociones, pero no os alarméis, porque es necesario que todo esto suceda, "pero el fin no será inmediato" (Lucas 21:10). Luego, Jesús dice: "Se levantará nación contra nación, y reino contra reino." En Lucas 21:26, Jesús continúa diciendo que los corazones de los hombres fallarán de miedo, "y por el temor de las cosas que vendrán sobre la tierra: porque las potencias de los cielos serán conmovidas" (Mateo 24:29–31).

Sueño

De regreso a casa con mi madre y hermana, vi a un hombre y una mujer sentados al borde de la calle. Me acerqué a ellos, pero el Espíritu Santo me dijo: "¡No los toques! Están impuros." Continuamos nuestro camino... de repente, escuché a mi bebé hablar en su cuna y me desperté.

Interpretación

Esta última parte del sueño significa que el Espíritu de Dios me guiará y dirigirá en mi ministerio.

"Porque todos los que son guiados por el Espíritu de Dios, estos son hijos de Dios."

—Romanos 8:14

Salmo 32:8 dice:

"Te haré entender, y te enseñaré el camino en que debes andar; sobre ti fijaré mis ojos."

La Biblia nos amonesta a no ser rápidos para imponer nuestras manos unos sobre otros y que debemos mantenernos puros.

Capítulo 8
Visión Profética de la Segunda Venida de Jesús

La cuarta visión que yo, Marlene, vi. Tuvo lugar el 16 de diciembre de 2000.

Me desperté a las 11:45 p.m.

He aquí, vengo pronto, y mi recompensa conmigo, para recompensar a cada uno según sea su obra. Yo soy el Alpha y la Omega, el principio y el fin, el primero y el último.

—Apocalipsis 22:12-13

Por este sueño, el Señor me colocó en un sueño muy, muy profundo. Si Él no lo hubiera hecho, las primeras explosiones en los cielos me habrían despertado.

Soñé que mi hermana y yo, junto con algunos miembros de la familia, estábamos en un edificio de arriba. No estoy segura si era un hotel o una casa; sin embargo, tenía una gran ventana de vidrio.

Estaba parada allí sosteniendo a mi bebé de cuatro meses, Brandon, simplemente mirando hacia adelante, cuando noté que las nubes se despejaban. Luego, la nube comenzó a formar diferentes formas de animales en el cielo... La cabeza humana sobre el cuerpo del animal y así sucesivamente... Llamé a mis hermanas y a la familia, que estaban allí en ese momento, para que miraran las diferentes formas de animales en el cielo.

Mientras mi familia y yo estábamos junto a la gran ventana de vidrio mirando las diversas formas de animales en el cielo, mi cabeza giró lentamente hacia mi derecha, hacia el este en los cielos.

De repente, vi que esa sección de los cielos se abrió de golpe con una poderosa explosión de luz que rasgó los cielos abiertos. Mientras veía este esplendor magnificente en los cielos, vi al Señor Jesús aparecer a través de esta explosión de luz que rompió los cielos sobre una gran cruz gruesa y masiva que parecía de madera. La cruz tenía un color marrón con vetas blancas en la madera. La cruz de madera parecía muy pesada y masiva. Vi Su cuerpo entero y hermoso. Su cabeza estaba inclinada hacia Su hombro derecho, y tenía una corona trenzada alrededor de Su cabeza. Sus manos estaban clavadas a cada lado de la cruz. Las palmas de Sus manos estaban abiertas. Mis ojos siguieron desde la parte superior de Su cabeza hasta Sus pies. Nuestro Señor estaba desnudo; no llevaba ninguna clase de ropa. Sus piernas estaban colocadas una sobre la otra y clavadas desde el empeine.

Al pie de la cruz, había otra cruz, y el cuerpo de Jesús también estaba en ella. Vi la crucifixión dos veces. El cielo se iluminó brillantemente con Su presencia. Todos estábamos mirando las diferentes formas de animales en el cielo cuando vimos a Cristo aparecer en toda Su gloria.

Me volteé hacia ellos y dije: "Ahora, ¿me creen acerca de ver cosas en el cielo? Miren..." Me refería a la aparición del Señor. Me alejé de la ventana porque, para mí, esto era la venida del Señor. ¡Todo parecía tan real!

Exalto Tu Nombre, Señor. Glorifico Tu Nombre. Magnifico Tu Nombre. ¡Gracias, Jesús!

Fui a una mesa en la casa y me quedé quieta, escuchando para oír al Señor Jesús gritar como si dijera: "¡El Dios del universo está aquí; ya no hay más tiempo para el hombre!" Supe en mi espíritu que habría el sonido de una trompeta. ¡La gloria de Su presencia entonces golpeó las luces que estaban en la casa, y el lugar se sumió en total oscuridad, y me tensé! De alguna manera, supe que el mundo entero ahora estaba en oscuridad. En ese momento, me encogí con la cabeza hacia abajo y los ojos firmemente cerrados.

Su Segunda Venida

Luego escuché el trueno retumbar... y detuve mi respiración y me tensé mientras apretaba mi puño, diciendo para mí misma: "¡Esto es todo! ¡Esto es todo!" Pensando para mí misma que el gran y último día estaba aquí, quedándome quieta mientras escuchaba que el Señor hiciera Su grito. El momento y la sensación eran tan intensos mientras me quedaba allí. Había una sensación de amargura y fatalidad. ¡Había una sensación de que el tiempo, tal como lo conocemos, finalmente había terminado! ¡Ya no hay más tiempo para el hombre en la Tierra!

Mientras estaba allí temblando con los puños cerrados y la espalda doblada tensamente, esperando que el Señor gritara y hiciera Su anuncio a la tierra, ¡nada parecía suceder! Fui llevada a un segundo sueño.

En este segundo sueño, fui llevada a una iglesia. En esta iglesia, había división en ella. El pastor estaba predicando, pero nadie lo escuchaba. Las cosas estaban en contra en la iglesia. En un lado de la iglesia, estaban vendiendo comida. Después de entrar en esta iglesia, traje paz y unidad a través de la adoración. Luego desperté.

¡Estaba totalmente asustada y aterrada por lo que vi! ¡El Señor Jesús está haciendo Su aparición en la tierra por segunda vez! No estaba llorando cuando desperté; ¡estaba llorando amargamente! Pensé que el tiempo había terminado, ¡que la finalización en la tierra había llegado! También lloraba, dándole gracias a Dios porque Él nos ha dado un poco más de tiempo—un poco más de tiempo para hacer las cosas bien, un poco más de tiempo para que las almas sean salvas, un poco más de tiempo para que el hombre sea santo. ¡Esto habla de Su gracia, Su misericordia y Su bondad! ¡No nos ha olvidado; Él realmente está volviendo—mucho más pronto de lo que un hombre piensa o se atreve a imaginar!

Dr. Marlene Brown

La primera vez que vi una visión de Cristo antes de ser fuerte en la fe, una persona me hizo esta pregunta: "¿Qué es lo que el Señor está tratando de decirte?" Mi respuesta fue, "¡No estoy segura!" Fue necesario este cuarto sueño para abrir mis ojos a lo que el Señor Jesús estaba diciendo, pero ¿quién soy yo para que el Dios Vivo me elija a mí para informar al mundo lo que Él está a punto de hacer en la tierra para que la gente conozca Su venida? Él dice: "Marlene, ¡estoy mucho más cerca de lo que piensas! Necesitas prepararte y dejar que mi pueblo sepa que este es el momento en que deben estar en alerta porque voy a venir como un ladrón en la noche." ¡Él vendrá en un momento cuando menos lo esperemos! En Su Palabra, me recordó que Él viene por una novia sin mancha ni arruga (Ef. 5:27). También viene por una novia que está completamente vestida, resplandeciente e inmaculada, sin culpa, llena de gozo y pasión, lista para encontrarse con su esposo (2 Ped. 3:14).

El Señor también ha abierto mis ojos al mundo. Me ha mostrado que ¡mucha gente todavía no lo conoce! ¡Todavía hay muchos que necesitan ser llamados al redil! "¡La cosecha está lista!" dijo Él, "Mis obreros son pocos." Dijo en Su Palabra que no es Su voluntad que ninguno perezca, sino que todos tengan vida eterna. Entonces, dijo a mi espíritu: "¡Haz saber a la gente sobre Mi venida! ¡Hazles saber que Mi venida está cerca! ¡Hazles saber lo que ves y oyes de Mí en estas visiones y sueños! ¡Hazles saber que ahora es el momento de estar en alerta, no sea que venga como un ladrón en la noche y los encuentre durmiendo, sobrepasados por las preocupaciones de este mundo!"

Creo que el Señor nos está recordando que debemos entrar por la puerta estrecha. Él declaró en Su Palabra que "ancha es la puerta, y espacioso el camino que lleva a la perdición, y muchos son los que entran por ella; porque estrecha es la puerta, y angosto el camino que lleva a la vida, y pocos son los que la hallan" (Mateo 7:13–14).

El Señor quiere recordarnos que debemos mantenernos firmes, incluso en tiempos de persecución. Dijo en Su Palabra que si alguno sufre como cristiano, no se avergüence, sino que glorifique a Dios. Porque ha llegado el tiempo en que el juicio debe comenzar en la casa de Dios primero. Como cristianos, Él quiere que sostengamos lo que tenemos en Él firmemente y que nadie nos quite nuestra corona. Él dijo en Su Palabra que si el justo apenas se salva, ¿dónde aparecerán los impíos y los pecadores? Por lo tanto, Él quiere que seamos fuertes en Él y de buen ánimo porque nuestro Redentor regresa como Rey de reyes y Señor de señores.

Cuarto Sueño Profético: Interpretación de la Segunda Venida de Jesús

La interpretación de este sueño/visión se encuentra línea por línea y precepto por precepto.

Sueño

Para este sueño, el Señor me colocó en un sueño muy profundo. Si Él no lo hubiera hecho, las primeras explosiones en los cielos me habrían despertado.

Interpretación

Este sueño profundo es una de las maneras en que Dios le habla al hombre. Luego, la Biblia dice que Dios abrió los oídos de los hombres y selló sus instrucciones. Esto se puede encontrar en Job 33:15–16.

También vemos en Génesis 2:21 que el Señor Dios pondrá al hombre en un sueño profundo cuando quiera realizar una obra significativa en la tierra o darse a conocer al hombre. Las Escrituras dicen que el Señor Dios hizo que un sueño profundo cayera sobre Adán, y él durmió. Luego tomó una de sus costillas y cerró la carne. Y con la costilla que el Señor Dios tomó del hombre, hizo una mujer y se la presentó al hombre. En Génesis 15:12-13, también leemos sobre este sueño profundo que cayó sobre Abram; la Biblia declaró que "cuando el sol se ponía, un sueño profundo cayó sobre Abram;

y he aquí, un horror de gran oscuridad cayó sobre él. Y le dijo a Abram: Sabe con certeza que tu descendencia será extranjera en una tierra que no es la suya, y los servirá, y los afligirán por cuatrocientos años."

Creo que el Señor Dios tuvo que ponerme en este sueño profundo para revelarme lo que Él estaba a punto de hacer en la tierra. Si Él no lo hubiera hecho, la primera explosión de luz en los cielos me habría despertado.

Sueño

La nube comenzó a formar diferentes formas de animales en el cielo. La cabeza humana sobre el cuerpo del animal y así sucesivamente... Llamé a mis hermanas y a la familia, que estaban allí en ese momento, para que miraran las diferentes formas de animales en el cielo.

Interpretación

Alguien podría estar diciendo que lo que vi fue completamente fuera de lo común, con animales en el cielo, especialmente caras humanas en cuerpos de animales. Entonces, para ver la credibilidad de este sueño/visión y su naturaleza profética, necesitamos escuchar lo que la Biblia dice acerca de los animales en los cielos.

Las Escrituras dicen en Apocalipsis 4:6–8:

"Y delante del trono había un mar de vidrio, semejante al cristal; y en medio del trono, y alrededor del trono, había cuatro seres vivientes, llenos de ojos delante y detrás. Y el primer ser viviente era semejante a un león, y el segundo ser viviente semejante a un becerro, y el tercer ser viviente tenía rostro como de hombre, y el cuarto ser viviente era semejante a un águila que vuela. Y los cuatro seres vivientes tenían cada uno seis alas, y alrededor de ellos, y dentro, estaban llenos de ojos; y no cesan día y noche, diciendo: Santo, santo, santo es el Señor Dios Todopoderoso, el que era, el que es, y el que ha de venir."

El Señor se apareció en mi visión poco después de ver estos animales (seres vivientes).

Sueño

De repente, vi que esa sección de los cielos se abrió de golpe con una poderosa explosión de luz que rasgó los cielos. Mientras observaba este esplendor magnífico en los cielos, vi al Señor Jesús aparecer a través de esta explosión de luz que rompió los cielos.

Interpretación

Apocalipsis 6:14 describe mejor la apertura de los cielos. Las Escrituras dicen:

"Y el cielo se apartó como un rollo cuando se enrolla."

Mateo 24:25–27 también explica la explosión de luz del cielo abierto. Las Escrituras dicen:

"He aquí, os lo he dicho antes. Así que, si os dijeren: He aquí, está en el desierto, no salgáis: he aquí, está en los aposentos secretos, no lo creáis. Porque como el relámpago sale del oriente y se muestra hasta el occidente, así será también la venida del Hijo del hombre."

Sueño

Vi al Señor Jesús aparecer a través de esta explosión de luz que rompió los cielos sobre una gran cruz gruesa y masiva que parecía de madera.

Interpretación

Zacarías 12:10 dice:

"Y mirarán a mí, a quien traspasaron, y llorarán por él, como se llora por el hijo único, y se dolerán por él, como quien se doliera por el primogénito."

Sueño

La cruz tenía un color marrón con vetas blancas en la madera. La cruz de madera parecía muy pesada y masiva. Vi Su cuerpo entero y hermoso. Su cabeza estaba inclinada hacia Su hombro derecho, y tenía una corona trenzada alrededor de Su cabeza.

Interpretación

La corona que se ve aquí se puede encontrar en Juan 19:2, donde las Escrituras dicen que los soldados trenzaron una corona de espinas, se la pusieron en la cabeza y le pusieron una túnica púrpura. El versículo 5 dice que Jesús salió, llevando la corona de espinas y la túnica púrpura. El versículo 6 dice que cuando el sumo sacerdote y los ancianos lo vieron, gritaron, diciendo: "¡Crucifícalo, crucifícalo!"

Sueño

Al pie de la cruz, había otra cruz, y el cuerpo de Jesús también estaba en ella. Vi la crucifixión dos veces. El cielo se iluminó brillantemente con Su presencia.

Interpretación

Ver una doble crucifixión de Jesucristo es, en efecto, una señal. Jesús declara:

"Y entonces aparecerá la señal del Hijo del Hombre en el cielo."

Su Segunda Venida

—Mateo 24:30

La doble crucifixión es una señal y posee la clave de toda la visión, ya que revela el misterio acerca de la Segunda Venida de Jesucristo.

La revelación del misterio de la doble crucifixión se encuentra en Génesis 41.

En Génesis 41, las Escrituras hablan de que el Faraón tuvo el mismo sueño dos veces. Vio siete años de hambre en un sueño, y luego siete años de abundancia en otro. Y sucedió que por la mañana su espíritu se turbó. Entonces envió a llamar a los sabios y magos para que interpretaran, pero ninguno pudo interpretarlo. José fue llamado desde la prisión para interpretar su sueño. Esta es la interpretación que José dio al Faraón.

En Génesis 41:25, José le dijo al Faraón: "El sueño de Faraón es uno: Dios ha mostrado a Faraón lo que está a punto de hacer."

En el versículo 28, José dijo: "Este es el asunto que he hablado a Faraón: lo que Dios está a punto de hacer, lo muestra a Faraón."

En el versículo 32, José dijo: "Y por eso, el sueño se duplicó para Faraón dos veces; es porque Dios establece la cosa, y Dios la llevará a cabo pronto."

La visión profética de la doble crucifixión de Jesucristo significa lo que Dios está a punto de hacer en la tierra; Él me lo ha mostrado. También significa que, porque el sueño se duplicó para mí (doble crucifixión), Dios lo establece, y Dios lo traerá a cabo pronto.

Jesucristo, el Justo, el Hijo del Dios Vivo, Salvador del mundo, está a punto de aparecer en Su tierra por segunda vez. Las Escrituras dicen que a los que lo esperan, Él se aparecerá por segunda vez sin pecado para salvación, como Rey de reyes y Señor de señores. Y sí, en las Escrituras, Él dijo que nadie sabe el día ni la hora en que Él aparecerá; solo Su Padre en los cielos. Así que Él nos amonesta a estar en alerta (Mateo 24).

Sueño

Todos estábamos mirando las diferentes formas de animales en el cielo cuando vimos a Cristo aparecer en toda Su gloria.

Interpretación

Las Escrituras dicen en Apocalipsis 1:7–8:

"¡He aquí, Él viene con las nubes; y todo ojo le verá, y los que le traspasaron; y todos los linajes de la tierra harán lamentación por Él. Sí, amén. Yo soy el Alfa y la Omega, el principio y el fin, dice el Señor, el que es, y el que era, y el que ha de venir, el Todopoderoso."

Sueño

Me volví hacia ellos y les dije: "Ahora, ¿me creen sobre ver cosas en el cielo? Miren..." Me refería a la aparición del Señor. Me alejé de la ventana porque para mí, esto era—la venida del Señor. ¡Todo parecía tan real! Exalto Tu nombre, Señor. Glorifico Tu nombre. Magnifico Tu nombre. ¡Gracias, Jesús!

Interpretación

Santiago 5:7–8 dice:

"Sed pacientes, hermanos, hasta la venida del Señor. He aquí, el labrador espera el precioso fruto de la tierra, y tiene larga paciencia por él, hasta que reciba la lluvia temprana y la tardía. Sed también vosotros pacientes; afirmad vuestros corazones, porque la venida del Señor se acerca."

Sueño

Fui a una mesa en la casa y me quedé quieta, escuchando para oír al Señor Jesús gritar como si dijera, "¡El Dios del universo está aquí; ya no hay más tiempo para el hombre!" Sabía en mi espíritu que habría el sonido de una trompeta. ¡La gloria de Su presencia luego impactó las luces que estaban en la casa, y el lugar se sumió en total oscuridad, cortando la electricidad en la casa, y me tensé! De alguna manera, supe que el mundo entero estaba en oscuridad. En ese momento, me encogí con la cabeza hacia abajo y los ojos firmemente cerrados.

Interpretación

Segunda de Tesalonicenses 1:7–10 dice:

"Y a vosotros que sois afligidos, daros descanso con nosotros, cuando se manifieste el Señor Jesús desde el cielo con los ángeles de su poder, en llama de fuego, dando venganza a los que no conocen a Dios, y a los que no obedecen al evangelio de nuestro Señor Jesucristo; los cuales sufrirán pena de eterna perdición, excluidos de la presencia del Señor, y de la gloria de su poder; cuando venga para ser glorificado en sus santos, y ser admirado en todos los que creyeron (porque nuestro testimonio ha sido creído entre vosotros) en aquel día."

Sueño

Luego escuché el trueno retumbar... y dejé de respirar y me tensé mientras apretaba mi puño, diciendo para mí misma, "¡Esto es todo! ¡Esto es todo!" Pensando para mí misma que el gran y último día está aquí, quedándome quieta mientras escuchaba el grito del Señor.

Interpretación

La Palabra del Dios viviente dice:

"Porque el mismo Señor descenderá del cielo con voz de mando, con voz de arcángel, y con trompeta de Dios; y los muertos en Cristo resucitarán primero; luego nosotros los que vivimos, los que quedamos, seremos arrebatados juntamente con ellos en las nubes, para recibir al Señor en el aire; y así estaremos siempre con el Señor. Por tanto, alentaos unos a otros con estas palabras."

—1 Tesalonicenses 4:16–18

"Oíd, sordos; y mirad, ciegos, para que veáis. ¿Quién de vosotros dará oído a esto? ¿Quién prestará oído y oirá para el tiempo por venir?"

—Isaías 42:18, 23

Sueño

El momento y la sensación fueron tan intensos mientras estaba allí. ¡Había una sensación de amargura y fatalidad!

Interpretación

Mateo 24:30 nos dice que todas las tribus de la tierra harán lamentación cuando vean al Hijo del Hombre venir sobre las nubes del cielo con poder y gran gloria.

Zacarías 12:9–10 nos dice que habrá amargura por Jesús, como quien se doliera por su primogénito, cuando miren al que traspasaron. En ese día, las Escrituras dicen, habrá un gran lamento en Jerusalén.

Sueño

Había una sensación de que el tiempo, tal como lo conocemos, finalmente ha terminado. ¡Ya no hay más tiempo para el hombre en la Tierra!

Interpretación

Creo que todo el sueño o visión se basa en la conclusión de lo que vio Juan. ¡El destino del hombre, la finalización en la tierra tal como el hombre lo conoce, el fin del tiempo!

Escucha lo que vio Juan en Apocalipsis 10:4–7:

"Y cuando los siete truenos hubieron dado sus voces, yo iba a escribir; y oí una voz del cielo que me decía: Sella las cosas que los siete truenos hablaron, y no las escribas. Y el ángel que vi estar sobre el mar y sobre la tierra levantó su mano al cielo, y juró por el que vive por los siglos de los siglos, que creó el cielo y las cosas que están en él, y la tierra y las cosas que están en ella, y el mar y las cosas que están en él, que el tiempo no sería más: Pero en los días de la voz del séptimo ángel, cuando comience a sonar, el misterio de Dios se consumará, como Él lo declaró a sus siervos los profetas."

Sueño

Mientras estaba allí temblando con los puños cerrados y la espalda doblada, esperando tensamente que el Señor gritara y diera Su anuncio a la tierra, ¡nada parecía suceder! Fui llevada a un segundo sueño.

En este segundo sueño, fui llevada a una iglesia. En esta iglesia había división. El pastor estaba predicando, pero nadie lo estaba escuchando. Las cosas estaban en contra en la iglesia. En un lado de la iglesia estaban vendiendo comida.

Dr. Marlene Brown

Interpretación

Jesús entró en el templo, y comenzó a echar fuera a los que vendían y compraban en el templo, y volcó las mesas de los cambistas y las sillas de los que vendían palomas; y no permitió que nadie llevase ningún objeto a través del templo. Y les enseñaba, diciéndoles: ¿No está escrito: Mi casa será llamada casa de oración para todas las naciones? Pero vosotros la habéis hecho cueva de ladrones.

—Marcos 11:17

Sueño

Después de entrar en esta iglesia, traje paz y unidad a través de la adoración. Luego desperté.

Interpretación

La Palabra de Dios dice que el Padre busca verdaderos adoradores. Esto se encuentra en Juan 4:23–24. La Biblia dice:

"Pero la hora viene, y ahora es, cuando los verdaderos adoradores adorarán al Padre en espíritu y en verdad; porque el Padre tales adoradores busca que le adoren. Dios es Espíritu; y los que le adoran, en espíritu y en verdad es necesario que adoren."

Comentario

Sí, tal tiempo está por llegar cuando ya no habrá más tiempo, y los misterios de Dios se habrán consumado, tal como Él lo declaró a Sus siervos y profetas a través de la Santa Guerra de Dios. ¡Sí, de hecho, la Biblia es verdadera! La Palabra de Dios es verdadera y fiel. ¡El fin se acerca rápidamente!

Jesús concluye en Su Palabra diciendo en Apocalipsis 22:12–17:

Su Segunda Venida

"He aquí, yo vengo pronto; y mi recompensa conmigo, para dar a cada uno según sea su obra. Yo soy el Alfa y la Omega, el principio y el fin, el primero y el último. Bienaventurados los que guardan sus mandamientos, para que tengan derecho al árbol de la vida, y entren por las puertas en la ciudad. Pero afuera están los perros, los hechiceros, los fornicarios, los homicidas, los idólatras, y todo aquel que ama y hace mentira.

Yo, Jesús, he enviado mi ángel para dar testimonio de estas cosas en las iglesias. Yo soy la raíz y el linaje de David, la estrella resplandeciente de la mañana. Y el Espíritu y la novia dicen: Ven. Y el que oye, diga: Ven. Y el que tiene sed, venga. Y el que quiera, tome del agua de la vida gratuitamente.

La gracia de nuestro Señor Jesucristo, el amor de Dios, y la comunión del Espíritu Santo sea con todos vosotros. Amén."

Dr. Marlene Brown

Capítulo 9
Visiones y Sueños para los Hombres de Antaño

Jesucristo, el mismo ayer, hoy, y por los siglos.

—Hebreos 13:8

Tengo varias razones para interpretar estos sueños con la Biblia, la Santa Palabra de Dios. Si miramos hacia atrás, incluso desde el principio de los tiempos en la Palabra de Dios, veremos que Dios ha estado visitando al hombre a través de muchas visiones y sueños y se ha revelado a ellos, incluso antes de los tiempos de José y Daniel.

Observaremos la obra de Dios en la vida de estos individuos, mientras Dios les hablaba y comenzaba a mostrarse fuerte a través de visiones, sueños y Su palabra hablada. Creo que el Señor Jesús nos recuerda que Dios es el mismo ayer, hoy y por los siglos, ya que solo quiere encontrar a un hombre para demostrarse fuerte dentro de la tierra.

Veamos primero la vida de Abraham. Durante muchos años, la Palabra del Señor vino a Abraham cuando su nombre aún era Abram. Luego, el Señor dio a Abram su primera visita en una visión. Como leemos en Génesis 15:1—4, las Escrituras dicen:

"Después de estas cosas, vino la palabra de Jehová a Abram en visión, diciendo: No temas, Abram; yo soy tu escudo, y tu galardón será sobremanera grande. Y Abram dijo: Señor Jehová, ¿qué me darás, siendo que ando sin hijo, y el mayordomo de mi casa es Eliezer de Damasco? Y dijo

Su Segunda Venida

Abram: He aquí que no me has dado prole; y he aquí, que un nacido en mi casa será mi heredero. Y he aquí, que la palabra de Jehová vino a él, diciendo: No te heredará éste; sino un hijo tuyo será el que te heredará."

En el versículo 12, las Escrituras nos hablan de que Abram tuvo un sueño profundo. Las Escrituras dicen que cuando el sol se ponía, un sueño profundo cayó sobre Abram: "Y he aquí, un horror de gran oscuridad cayó sobre él. Y le dijo a Abram: Sabe con certeza que tu descendencia será extranjera en una tierra que no es la suya, y los servirá; y los afligirán durante cuatrocientos años" (Génesis 15:12–13).

Luego leemos de Jacob soñando sueños en Génesis 28:11–15. Las Escrituras dicen:

"Y llegó a un lugar determinado, y pasó allí la noche, porque el sol ya se había puesto; y tomó de las piedras de aquel lugar, y las puso por sus cabezales, y se acostó en aquel lugar a dormir. Y soñó, y he aquí una escalera puesta sobre la tierra, cuya parte superior tocaba el cielo; y he aquí, los ángeles de Dios subían y descendían por ella. Y he aquí, el Señor estuvo arriba de ella, y dijo: Yo soy el Señor, Dios de Abraham tu padre, y el Dios de Isaac: la tierra sobre la cual yaces, te la daré a ti, y a tu descendencia; y tu descendencia será como el polvo de la tierra, y te extenderás al occidente, y al oriente, y al norte, y al sur; y en ti y en tu descendencia serán benditas todas las familias de la tierra. Y he aquí, yo estoy contigo, y te guardaré por donde quiera que vayas, y te traeré de nuevo a esta tierra; porque no te dejaré hasta que haya hecho lo que te he dicho."

Las Escrituras dicen que José despertó de su sueño, y dijo: "Ciertamente el Señor está en este lugar, y yo no lo sabía."

De la línea de Jacob, leemos de José, el hijo de su vejez. Génesis 37:5 dice que José soñó un sueño, "y se lo contó a sus hermanos; y lo odiaron aún más." En el versículo 9, las Escrituras dicen que soñó otro sueño, se lo contó a sus hermanos, y dijo: "He aquí, he soñado otro sueño; y he aquí, el sol y la luna, y las once estrellas, se postraban ante mí." Es importante señalar que cada visión y sueño que el Señor Dios dio al hombre se ha cumplido. Cada visión y sueño que es del cielo pronto se cumplirá. No solo José fue dotado con visiones y sueños, sino que el Señor también lo ungió con la interpretación de sueños.

En el capítulo 41 de Génesis, Faraón tiene un sueño y despierta de ese sueño; luego, se vuelve a dormir y sueña por segunda vez. Entonces, Faraón se da cuenta de nuevo de que era otro sueño. Y sucedió que José fue llamado para interpretar el sueño de Faraón. Luego, José le dice en el versículo 25: "El sueño de Faraón es uno: Dios ha mostrado a Faraón lo que está a punto de hacer." José comienza a interpretar el sueño a Faraón. José le explica a Faraón, diciendo: "Porque el sueño se duplicó para Faraón dos veces; es porque Dios establece la cosa, y Dios pronto lo llevará a cabo."

Las visiones, los sueños y las interpretaciones continúan en el libro de Daniel. Las Escrituras declaran: "En el segundo año del reinado de Nabucodonosor, Nabucodonosor tuvo sueños, y su espíritu se turbó, y se le fue el sueño" (Dan. 2:1). En Daniel 2, leemos que Daniel buscó al Señor para interpretar el sueño de Nabucodonosor después de que los magos, astrólogos, hechiceros y caldeos de la corte no pudieran revelar el sueño al rey ni interpretarlo.

Entonces, el secreto fue revelado a Daniel como una visión de la noche. Así que Daniel bendijo al Dios del cielo. Luego, Daniel respondió y dijo:

> Daniel respondió y dijo: Bendito sea el nombre de Dios por los siglos de los siglos, porque suyos son el poder y la sabiduría. El cambia los tiempos y las estaciones; quita

reyes y pone reyes; da sabiduría a los sabios, y ciencia a los entendidos; revela lo profundo y lo escondido; conoce lo que está en la oscuridad, y con él mora la luz. Te doy gracias y te alabo, oh Dios de mis padres, que me has dado sabiduría y fuerza, y me has dado a conocer lo que te pedimos, porque ahora nos has dado a conocer el asunto del rey.

—Daniel 2:20–23

Mientras Daniel revelaba la visión al rey, el rey respondió a Daniel y dijo:

En verdad, es cierto que vuestro Dios es un Dios de dioses, y Señor de reyes, y revelador de secretos, ya que tú pudiste revelar este secreto.

—Daniel 2:47

Sí, Él es el mismo Dios ayer, hoy y por siempre. Él todavía habla a los hombres a través de visiones y sueños, y estoy feliz de ser uno de sus soñadores. Así que voy directamente a Dios para las interpretaciones de Su Palabra para escuchar lo que el Espíritu del Señor está diciendo a la iglesia. Las interpretaciones se encuentran en la Palabra Viva de Dios, línea por línea y precepto por precepto, para que seas fortalecido en tu fe y lleno de poder en el hombre interior; tú, el cuerpo de Cristo, serás grandemente animado a vivir la vida cristiana y estar listo para Su Segunda Venida.

Parte II
Caminando en el Poder de la Salvación

Su Segunda Venida

Capítulo 10
La Obra del Señor

Luego les dijo: "La cosecha a la verdad es mucha, pero los obreros son pocos; rogad, pues, al Señor de la cosecha, que envíe obreros a su cosecha."

—*Lucas 10:2*

Sí, el Señor Jesús nos ha llamado a hacer Su obra. Él dijo en Su Palabra que el campo está listo para la cosecha, pero los obreros son pocos. Según mis visiones/sueños, Jesús dice: "Sí, fui crucificado; sí, di mi vida hace 2,000 años por ustedes; pero miren, he vencido la muerte y el infierno. ¡Estoy vivo! ¡He aquí, vivo para siempre!" Creo que el Señor está diciendo: "¡Vayan y digan a mi pueblo que mi Palabra está establecida y que lo que he prometido pronto se cumplirá! He prometido que si me voy, volveré y los recibiré a mí mismo para que donde yo esté, ustedes también estén. He pedido al Padre que vean mi gloria y que estén conmigo donde yo estoy. ¡Sí, que el pueblo sepa que yo soy el Señor! ¡Volveré como Rey de reyes y Señor de señores!"

Jesucristo, el sanador de Galilea, vino hace más de 2,000 años en forma de hombre como nuestro Salvador y Mesías para llevar tus pecados y mis pecados en la cruz del Calvario, para que a través de Su sangre, los hombres pudieran ser salvos. La próxima vez, Él regresará no como Salvador, sino como Rey de reyes y Señor de señores. ¡Los últimos o finales días ya están aquí! ¡Por lo tanto, estén listos para encontrarse con Él—Su venida está cerca! "Porque aunque predique el evangelio, no tengo de qué gloriarme, porque una necesidad está puesta sobre mí; sí, ¡hay de mí si no predico el evangelio!" (1 Cor. 9:16).

Dr. Marlene Brown

Jesús señaló en Su Palabra que "a cualquiera, pues, que me confiese delante de los hombres, yo también le confesaré delante de mi Padre que está en los cielos. Pero a cualquiera que me niegue delante de los hombres, yo también le negaré delante de mi Padre que está en los cielos" (Mateo 10:32–33). Tuve una visión recientemente mientras estaba recostada en mi sofá. Creo que fue una visión abierta. Estaba acostada mirando hacia el cielo cuando vi que el cielo se convertía en un rollo con mucha escritura. La escritura seguía subiendo, desvaneciéndose como si fuera escritura en una pantalla de computadora. No podía leer la escritura muy rápido desde donde estaba acostada. Sin embargo, supe en mi espíritu que Jesús me estaba diciendo por escrito que Él viene pronto. En mi visión, me giré hacia mi vecino para decirle lo que estaban diciendo los escritos: que Jesús dice que Él viene pronto. Sí, todo se trata de confesar a Cristo, no avergonzarnos de Él, y dejar que la gente sepa que Él viene nuevamente, tal como lo prometió.

Agradezco al Dios Altísimo, el Dios del universo, por comisionarme como uno de los muchos discípulos de Su Palabra para predicar, enseñar y ser un ejemplo de quién es Él a través de mi vida y a través de este libro.

Dios es real, Él es excelente, Él es poderoso, y Él volverá para juzgar al mundo con justicia. Él vendrá de nuevo con poder y gran gloria. ¡Su venida está mucho más cerca de lo que pensamos! ¿Quién podrá soportar el gran y terrible día del Señor? Segunda de Corintios 5:11 dice: "Conociendo, pues, el temor del Señor, persuadimos a los hombres." Sin embargo, nunca olvides Su bondad. ¡El día de la salvación es ahora! ¡Ahora es el tiempo aceptable! ¡Ahora es el día de salvación! Él te ama con un amor eterno. No es Su voluntad que ninguno perezca, sino que todos tengan vida eterna. Sin embargo, el tiempo se acaba mucho más rápido de lo que piensas. No dejes que "¡Demasiado tarde!" sea tu clamor.

Su Segunda Venida

El Señor es bueno; Él está lleno de compasión y misericordia tierna. Su amor hacia nosotros supera toda sabiduría y entendimiento. Sin embargo, aunque Él está lleno de amor, compasión y misericordia tierna, Él es un Dios celoso. Es celoso cuando amamos otras cosas por encima de Él, amamos nuestra propia vida más que a Él, o incluso cuando no tomamos nuestra cruz para seguirle. Él nos dice que si tomamos nuestra cruz para seguirle y perdemos nuestras vidas en el proceso, no debemos preocuparnos. Nos garantiza la vida eterna, y no solo la vida eterna, sino que también nos espera una corona de justicia. Esto lo promete en Apocalipsis 2:10–11:

> "No temas en nada lo que vas a padecer: he aquí, el diablo echará algunos de vosotros en la cárcel, para que seáis probados; y tendréis tribulación por diez días: sed fieles hasta la muerte, y yo os daré la corona de la vida. El que tiene oído, oiga lo que el Espíritu dice a las iglesias; el que venciere no sufrirá daño de la segunda muerte."

Porque las Escrituras dicen en Juan 3:16–17:

> "Porque de tal manera amó Dios al mundo, que ha dado a su Hijo unigénito, para que todo aquel que en Él cree no se pierda, mas tenga vida eterna. Porque no envió Dios a su Hijo al mundo para condenar al mundo, sino para que el mundo sea salvo por Él."

Este es el gran y abundante amor que Dios tiene por ti. Él envió a Su único Hijo a morir por tus pecados, cualesquiera que sean, para que, a través de Su sangre, puedas tener el perdón de tus pecados. Sin embargo, cuando nuestros pecados son perdonados, Jesucristo nos dice: "Toma tu cruz y sígueme si quieres heredar la vida eterna," según Mateo 10:38–39:

> "Y el que no toma su cruz y sigue en pos de mí, no es digno de mí. El que haya su vida, la perderá; y el que pierda su vida por mi causa, la hallará."

Dr. Marlene Brown

Hoy en día, muchos científicos y muchas estrellas de cine están buscando una solución para la vida eterna. Gastan miles de millones de dólares en diferentes tipos de experimentos y siguen probando otros productos. Quieren descubrir la fuente de la juventud. Sin embargo, la Biblia dice que polvo eres, y al polvo volverás. Sin embargo, para los hijos de Dios, es decir, los justos, Jesucristo nos dio la fórmula para recibir la vida eterna. En Lucas 10:25–28, leemos sobre un abogado y maestro de la Ley Mosaica que quiso poner a prueba al Señor respecto a la vida eterna. Él cuestionó a Cristo minuciosamente, diciendo:

Maestro, ¿qué haré para heredar la vida eterna? Él le dijo: **¿Qué está escrito en la ley? ¿Cómo lees?** Y él, respondiendo, dijo: **Amarás al Señor tu Dios con todo tu corazón, y con toda tu alma, y con todas tus fuerzas, y con toda tu mente, y a tu prójimo como a ti mismo.** Y Él le dijo: **Has respondido correctamente; haz esto, y vivirás.**

En Marcos 10:17–27, se da otra fórmula:

Y cuando salió al camino, vino uno corriendo, se arrodilló ante Él y le preguntó: **Buen Maestro, ¿qué haré para heredar la vida eterna?** Y Jesús le dijo: **¿Por qué me llamas bueno? Ninguno hay bueno, sino uno, es decir, Dios. Ya sabes los mandamientos: No adulteres, No mates, No robes, No levantes falso testimonio, No defraudes, Honra a tu padre y a tu madre.** Y él, respondiendo, le dijo: **Maestro, todo esto lo he guardado desde mi juventud.**

Entonces Jesús, mirándole, le amó y le dijo: **Una cosa te falta: ve, vende todo lo que tienes, y da a los pobres, y tendrás tesoro en el cielo; y ven, toma tu cruz, y sígueme.** Y él, afligido por esta palabra, se fue triste, porque tenía muchas posesiones.

Y Jesús, mirando alrededor, dijo a sus discípulos: **¡Cuán difícilmente entrarán en el reino de Dios los que tienen riquezas!**

Y los discípulos se asombraron de sus palabras. Pero Jesús, respondiendo otra vez, les dijo: **Hijitos, cuán difícil es para los que confían en las riquezas entrar en el reino de Dios.**

Es más fácil que un camello pase por el ojo de una aguja que un rico entre en el reino de Dios. Y se asombraron aún más, diciendo entre sí: **¿Quién, pues, podrá ser salvo?**

Y Jesús, mirándolos, dijo: **Para los hombres es imposible, pero no para Dios; porque para Dios todo es posible.**

Existen muchas fórmulas en las Escrituras para la vida eterna.

El Dios del universo te ama tanto que quiere darte la vida eterna. El hombre fue hecho para este propósito hasta que Satanás vino y engañó a Adán y Eva en el Jardín del Edén, lo que resultó en su desobediencia a Dios. Su desobediencia trajo el pecado, lo que resultó en la muerte espiritual y física. También fueron expulsados del Jardín del Edén, que tenía el Árbol de la Vida.

El Dios del universo odia la maldad; Él odia el pecado. Por esta razón, destruyó el mundo una vez antes con agua. Génesis 6:5–7 nos dice:

> "Y vio Dios que la maldad de los hombres era mucha en la tierra, y que todo designio de los pensamientos del corazón de ellos era de continuo solamente mal. Y se arrepintió el Señor de haber hecho al hombre en la tierra, y le dolió en su corazón. Y dijo el Señor: 'Borraré de sobre la faz de la tierra al hombre que he creado, desde el hombre hasta la bestia, y hasta el reptil, y las aves del cielo; porque me arrepiento de haberlos hecho.'"

Cuando el Señor Dios del universo dijo que le arrepentía de haber hecho al hombre, significaba que Él se afligió. Significaba que lamentaba habernos hecho debido a nuestra maldad. La palabra hebrea para arrepentirse es *nacham*, que se pronuncia *naw-kham'*. Esto significa "sentir pesar o arrepentirse".

La Biblia señala que Dios no destruyó toda la tierra porque Noé y sus tres hijos hallaron gracia ante los ojos de Dios. La Biblia dice que Noé fue un hombre justo y perfecto en su generación. Sus tres hijos fueron Sem, Cam y Jafet. La tierra, sin embargo, estaba corrompida ante Dios y llena de violencia. Cuando Dios miró hacia la tierra, vio que estaba llena de violencia y corrupción. ¡Cada alma, excepto Noé y su familia, se había corrompido ante Dios!

Dios entonces le dijo a Noé: "Ha llegado el fin de toda carne ante mí; porque la tierra está llena de violencia a causa de ellos; y he aquí, yo los destruiré con la tierra."

En la sociedad actual, vemos cómo la tierra se está corrompiendo más y más, con violencia y sodomía por todas partes. Sin embargo, muchas personas dicen que Dios es un Dios de amor y que Él no nos destruiría. Lo que no se dan cuenta es que ¡nuestro Dios es santo! Él es el Santo de los Santos. Él no puede soportar mirar el pecado. Habacuc 1:13 dice que los ojos de Dios son demasiado puros para contemplar el mal. Esta es la misma razón por la que Él no pudo mirar a Su propio Hijo cuando Él se convirtió en maldición con tus pecados y los míos.

La Biblia dice que Jesús se hizo pecado por nosotros para que podamos ser la justicia de Dios en Él (2 Corintios 5:21). Cuando Jesús estuvo cubierto de pecado, por primera vez, sintió el rechazo de Su Padre. Por primera vez, sintió lo que era estar separado de Su Santo Dios debido a la maldición del pecado. Cristo nos ha redimido de la maldición de la ley, haciéndose maldición por nosotros: porque está escrito: "Maldito el que es colgado en un madero" (Gálatas 3:13). Por eso, Él clamó en la cruz: "¡Dios mío, Dios mío, por qué me has desamparado?" Si el Dios del universo rechazó a Su propio Hijo a causa del pecado, ¿qué hará Él con nosotros? Él es un Dios justo y es un Dios santo. La Palabra de Dios dice en Jeremías 9:24:

"Pero el que se glorie, gloriése en esto: en entenderme y conocerme, que yo soy el Señor, que hago misericordia, juicio y justicia en la tierra; porque en estas cosas me complazco, dice el Señor."

El Dios del universo sabía que el hombre necesitaba un Salvador. También sabía que la sangre de los toros y cabras que se habían sacrificado bajo la ley mosaica ya no podía ser ofrecida como sacrificio por el pecado. La pregunta es, ¿por qué no? La respuesta es que no podía eliminar los pecados del pueblo de una vez por todas. Los sacrificios que seguían ocurriendo año tras año por el sacerdote para sí mismo y para el pueblo no podían hacer justo al hombre. Si pudieran, entonces habrían dejado de ofrecerse, y el sumo sacerdote y el pueblo no tendrían más conciencia del pecado. Sin embargo, en esos sacrificios, siempre había un recuerdo del pecado año tras año (Hebreos 10:1-4). El significado de la sangre es para el perdón de los pecados. "Y casi todo es purificado, según la ley, con sangre; y sin derramamiento de sangre no se hace remisión [o perdón]" (Hebreos 9:22).

El Dios del universo necesitaba sangre que fuera inmaculada y sin mancha. Estaba cansado de los holocaustos para purificar la carne; necesitaba un solo sacrificio—un Cordero cuya sangre fuera lo suficientemente limpia, pura y sin manchas ni defectos, para quitar el pecado del mundo de una vez por todas. Hebreos 10:6 nos dice: "En los holocaustos y sacrificios por el pecado no has tenido placer." Por esta razón, Dios envió a Su Hijo. Solo la sangre de Su Hijo es lo suficientemente pura y limpia para quitar los pecados de todo el mundo. Jesús sería el precioso Cordero que quitaría el pecado del mundo según Juan 1:29:

"Al día siguiente, vio Juan a Jesús que venía a él y dijo: He aquí el Cordero de Dios, que quita el pecado del mundo."

Cuando Jesús vino al mundo y fue crucificado en la cruz, Él cargó con tus pecados y mis pecados—cada pecado que el hombre pueda pensar, haya hecho o hará. Jesús se convirtió en una maldición mientras colgaba en el árbol con nuestros pecados. Su Padre celestial, el Dios del universo, no pudo mirar a Su Hijo. Se apartó de Él porque Sus ojos eran demasiado santos para mirar al pecado. El Cordero inmaculado de Dios estaba tan sucio con nuestros pecados que Su Padre celestial lo castigó. Sí, Dios castigó a Jesús por nuestros pecados. Por primera vez, Jesús experimentó la separación de Dios. La vaciedad, la soledad, la amargura, el ira, la rabia—todo lo que el pecado representó—y Su Padre le dio la espalda. Habacuc 1:13 dice:

> "Porque los ojos de Dios son demasiado puros para ver el mal." ¡Entonces, cómo podría este Dios Santo mirar a Su amado Hijo que se hizo pecado! Él tuvo que apartarse de Él. ¡Jesús pagó la pena por los pecados y apaciguó la ira de Dios hacia nosotros! Isaías 53:11 dice: "Verá el trabajo de su alma, y quedará satisfecho; por su conocimiento, mi siervo justo justificará a muchos; porque él llevará las iniquidades de ellos."

Mateo 27:46 nos dice que Jesús clamó con voz en alta, diciendo: "Eli, El, lama sabachthani?" Es decir, "Dios mío, Dios mío, ¿por qué me has desamparado?" Sí, en ese momento, Él estaba cargando con tus pecados y los míos. ¡En ese momento, la obra fue completada! Poco después, Jesús clamó: "¡Consumado es!" como está escrito en Juan 19:30. Él había completado la obra que Su Padre le había enviado a hacer. Había pagado el precio por el pecado del hombre. Había hecho la reconciliación por el pecado mediante el derramamiento de Su sangre. ¡El hombre ahora está redimido! ¡El hombre ahora está reconciliado con el Padre!

Cuando Jesús fue a la cruz, Él pagó el precio total por tus pecados y los míos, cualesquiera que sean, para que el mundo a través de Él pudiera ser salvo.

> "Porque de tal manera amó Dios al mundo, que ha dado a su Hijo unigénito, para que todo aquel que en Él cree no se pierda, mas tenga vida eterna. Porque no envió Dios a su

Su Segunda Venida

Hijo al mundo para condenar al mundo, sino para que el mundo sea salvo por Él."

—Juan 3:16–17

Dr. Marlene Brown

Capítulo 11
Jesucristo Reina

Que al nombre de Jesús se doble toda rodilla, de los que están en los cielos, y en la tierra, y debajo de la tierra;

—Filipenses 2:10

Deseo de mi corazón que todos lleguen a conocer la dulzura del amor de Dios y cómo Jesús puede tomar al más vil pecador, lavarlo con Su propia sangre y convertirlo en una nueva criatura, nacido de nuevo espiritualmente.

Él nos hace libres de los miedos del mañana, de la culpa de nuestro pasado y de cualquier atadura o grilletes que nos tenían cautivos, liberándonos.

Estaba en un estado pecaminoso cuando conocí a Jesús. Él vino a mi corazón, alma, mente y cuerpo. Él limpió mi alma de toda maldad y hizo que mi ser fuera lo suficientemente limpio y puro como para ver Su gloria (bienaventurados los limpios de corazón, porque ellos verán a Dios). Este mismo Jesús puede visitar tu vida y hacerte limpio. Él te visitará como me visitó a mí, si tan solo le pides que te limpie de toda maldad y te lave con Su sangre, haciendo tu corazón circuncidado ante Él.

Sé que muchas personas adoran a su propio dios o imágenes, pero puedo decirte que solo hay un Dios: El Dios del universo. Él es el verdadero y vivo Dios. No es necesario adorar a otros dioses que no hablan ni oyen. Así es como el salmista lo describe:

Su Segunda Venida

"¿Por qué han de decir los gentiles: '¿Dónde está ahora su Dios?' Pero nuestro Dios está en los cielos; Él ha hecho todo lo que ha querido. Sus ídolos son de plata y oro, obra de las manos de los hombres. Tienen boca, pero no hablan; tienen ojos, pero no ven; tienen oídos, pero no oyen; tienen narices, pero no huelen; tienen manos, pero no palpan; tienen pies, pero no andan; no hablan con su garganta."

"Los que los hacen son semejantes a ellos; así es todo aquel que en ellos confía."

—Salmo 115:2–8

Mi Dios, el verdadero y vivo Dios, envió a Su Hijo al mundo para ser crucificado por tus pecados y los míos, y el Hijo murió y resucitó al tercer día, enterrado en la tumba. ¡Sí, Jesucristo vive! ¡Mis ojos han visto Su gloria! ¡Él reina por siempre! No estuve allí hace 2,000 años cuando fue crucificado y resucitó, pero en el año 2000, Él me visitó varias veces. No estuve allí cuando lo clavaron en la cruz, pero mis ojos lo han visto en la cruz en los cielos. No estuve allí cuando Él estuvo en la tierra, pero Él me visitó en el cielo muchas veces con uno de Sus muchos ángeles. ¡Sí, de hecho, Jesucristo vive; Él reina; Él conquista la muerte y el infierno! ¡Él vive para siempre! ¡Él es el Rey de todos los reyes y el Señor de todos los señores! ¡Nunca habrá fin a Su dominio!

¿El Dios que adoras hoy ha resucitado de entre los muertos? ¿Está aún en la tumba esperando el Día del Juicio? ¡Mi Dios, que es mi Salvador, vive! ¡Él tiene poder sobre la muerte, y ha conquistado la tumba! ¡Él también tiene las llaves de la muerte y del infierno! En Apocalipsis 1:18, Jesús le dice a Juan:

"Yo soy el que vive, y estuve muerto; he aquí que vivo por los siglos de los siglos, amén; y tengo las llaves del infierno y de la muerte."

Si te estás preguntando hoy qué significa mi visión/sueño, simplemente significa que la venida del Señor está cerca. Simplemente significa que la redención se acerca. Significa que este es el tiempo para que las almas que están dormidas despierten y los que están muertos espiritualmente cobren vida para la justicia.

Ahora veo con claridad que la venida del Señor está tan cerca; lo siento en mi ser. El rapto de la iglesia está tan cerca. Poco después del rapto de la iglesia, el mundo enfrentará la Gran Tribulación; ahí es cuando la marca de la bestia será puesta en las personas, y las personas no podrán comprar ni vender a menos que tengan esta marca en su mano derecha o en su frente.

Tuve un sueño recientemente en el que vi a personas comprando panes en largas filas. Estas mismas personas estaban todas amontonadas en el suelo en un mercado donde habían estado durmiendo y esperando desde la noche anterior. Pensé que eran personas del mercado esperando vender su comida por la mañana. Sin embargo, para mi asombro, estas mismas personas, la mayoría mujeres, se levantaron y comenzaron a formar largas filas comprando panes. ¡Algunas personas compraron siete panes! ¿Qué está diciendo esta visión? ¿Es de naturaleza profética? ¡Claro que sí! Según la Palabra de Dios, creo verdaderamente que lo que vendrá sobre la tierra será mucho peor que hacer largas filas para comprar pan. La Biblia nos habla de un tiempo que vendrá sobre la tierra cuando habrá una gran escasez de alimentos, incluso de trigo para hacer pan, lo que resultará en gran hambre y pestilencia. ¡Creo que el Señor, en Su bondad, solo me mostró una vista panorámica de cómo serán los días venideros!

Interpretación de las personas formando largas filas para comprar pan

Creo que esta es la interpretación de lo que vi. Se toma de Apocalipsis 6:5–8. La Escritura dice:

Y cuando abrió el tercer sello, oí al tercer ser viviente que decía: Ven y mira. Y miré, y he aquí un caballo negro; [el caballo negro simboliza el hambre] y el que lo montaba tenía una balanza en su mano. Y oí una voz en medio de los cuatro seres vivientes que decía: Una medida de trigo por un denario, y tres medidas de cebada por un denario; pero no hagas daño al aceite ni al vino. Y cuando abrió el cuarto sello, oí la voz del cuarto ser viviente que decía: Ven y mira. Y miré, y he aquí un caballo amarillo; y el que lo montaba se llamaba Muerte, y el Hades le seguía. Y le fue dada potestad sobre la cuarta parte de la tierra, para matar con espada, con hambre, con mortandad y con las fieras de la tierra.

Juan oyó una voz que decía: "¡Una medida de trigo por un denario!" Esto habla de enormes escaseces de alimentos y precios inflacionados, al menos diez veces más altos de lo normal. Creo que nos estamos acercando a ese tiempo.

Muy pronto, habrá una recesión global—esta recesión será tan grande que los economistas no tendrán respuesta, lo que resultará en un desempleo masivo. Sus herramientas económicas no funcionarán ya que será algo sin precedentes, ¡y será mundial! La crisis financiera global hará que sea aún más devastador para los países pobres y en desarrollo acceder a las finanzas necesarias. Esto sin duda resultará en una hambruna y pestilencia devastadoras en todo el mundo, lo que llevará a una catástrofe económica. Esta crisis global...

Llamará a una solución global. Las naciones del mundo entonces convocarán a sus líderes del G8, a los líderes de los bancos centrales, a representantes de la UE y el FMI, y a otros expertos financieros para que se reúnan y resuelvan esta crisis económica, pero ninguno será capaz de proponer una solución viable. Esto llevará a la creación de una moneda global, de modo que el dólar, la libra, el euro y todas las demás monedas nacionales se unifiquen en una sola:

una moneda para una sociedad sin efectivo, en la que solo los microchips serán aceptados como moneda de curso legal. Esto conducirá a un Gobierno Mundial, que llevará al Anticristo a la tierra. Las naciones estarán tan en pánico que aceptarán gustosamente tener un solo Comandante en Jefe, tal como en una guerra, lo que hará que el Anticristo se manifieste. Cuando este Anticristo se presente, hará que muchos sean engañados; creerán que él tiene el poder para restaurar la paz y la esperanza y que tiene la solución para arreglar la economía, haciendo que las personas tomen su marca en su frente o en su mano derecha para comprar y vender. Este número será 666. La Biblia dice que es el número del hombre. Esto es lo que la Biblia dice acerca del Anticristo en Apocalipsis 13:13-18:

Y hace grandes maravillas, de tal manera que hace que descienda fuego del cielo a la tierra a la vista de los hombres, y engaña a los moradores de la tierra con las maravillas que tiene poder de hacer a la vista de la bestia; diciendo a los moradores de la tierra que le hagan una imagen a la bestia, la cual tenía la herida de espada, y vivió. Y se le dio poder para dar aliento a la imagen de la bestia, para que la imagen de la bestia hablara, y causara que todos los que no adoraran la imagen de la bestia fueran muertos. Y hace que a todos, pequeños y grandes, ricos y pobres, libres y esclavos, se les ponga una marca en su mano derecha, o en sus frentes; y que ninguno pueda comprar ni vender, sino el que tenga la marca, o el nombre de la bestia, o el número de su nombre. Aquí hay sabiduría. El que tiene entendimiento, cuente el número de la bestia; porque es número de hombre, y su número es seiscientos sesenta y seis.

Si, dentro de mi sueño, las personas estaban formando largas filas para comprar pan, ¿cuán más terrible será cuando un hombre no pueda comprar ni vender sin esta marca? Escucha el sueño profético que el Señor Jesús me dio el 4 de junio de 2001, en el próximo capítulo.

Su Segunda Venida

Capítulo 12
Revelación Profética Dada sobre el 666

Mi undécimo sueño celestial: un sueño que yo, Marlene, vi el lunes 4 de junio de 2000.

Y que nadie pudiese comprar ni vender, sino el que tuviese la marca, o el nombre de la bestia, o el número de su nombre.

— Apocalipsis 13:17

Antes de compartir mi sueño contigo, me gustaría compartir el estado de ánimo en el que me encontraba. Recibí una poderosa advertencia para Sharon, y escuché la voz de Dios; ese día, no pude contenerme. Día tras día, seguía reviviendo toda la experiencia de escuchar la voz de Dios. Leerás sobre esta experiencia más adelante en este libro. Después de salir de la iglesia esa noche de domingo, comencé a hablar con el Señor mientras conducía mi automóvil. Le dije: "Padre, si tienes alguna advertencia para mí que deba decirle a alguien, o lo que sea que quieras que haga, lo haré sin importar qué. No te desobedeceré como otros..." Mi conversación con Él fue así. El lunes por la mañana, esta fue la visión/sueño que recibí.

Soñé que estaba en una habitación sola. Estaba de pie junto a la cama mirando una Biblia abierta. La Biblia estaba abierta en Mateo, donde encuentras las Escrituras escritas en rojo. Como todos saben, las letras rojas representan las palabras de Jesús. De repente, noté tres cerraduras poderosas, aproximadamente a unos 45 centímetros sobre la Biblia en la cama. Me quedé allí mirando las cerraduras y la Biblia. La primera y la tercera cerradura estaban cerradas. La cerradura del medio estaba tres cuartas partes cerrada. Oí una voz en el espíritu dentro de mi sueño que me dijo que las cerraduras representaban el número 666. Recuerdo que me dije a mí misma en el sueño: "¿Por qué estoy mirando en Mateo buscando el 666?"

Seguí repitiendo esto en mi sueño: "¿666?" Luego, mirando las cerraduras, pude ver cómo tenían la forma del número 666.

También se me reveló que cuando la cerradura del medio se cierre, será el momento del 666.

Corrí fuera de la habitación para llamar a mi hermana y a algunas personas para que miraran las cerraduras sobre la Biblia. Sin embargo, cuando regresamos a la habitación donde estaban la Biblia y las cerraduras, ¡las cerraduras habían desaparecido, dejando solo la Biblia!

Comencé a pasar las páginas de la Biblia vigorosamente, buscando las cerraduras, pero no pude encontrarlas.

Entonces desperté de este sueño.

Significa esto que el rapto de la iglesia está mucho más cerca de lo que pensamos? Se dice que el rapto de la iglesia ocurrirá antes de la Gran Tribulación. Más importante aún, ¿qué dice el Señor Jesús sobre el número 666?

Apocalipsis 14:9–11 dice:

> Y el tercer ángel los siguió, diciendo a gran voz: Si alguno adora a la bestia y a su imagen, y recibe su marca en su frente, o en su mano, él también beberá del vino de la ira de Dios, que está preparado sin mezcla en el cáliz de su ira; y será atormentado con fuego y azufre delante de los santos

Su Segunda Venida

ángeles, y delante del Cordero: Y el humo de su tormento sube por los siglos de los siglos; y no tienen reposo día ni noche, los que adoran a la bestia y a su imagen, y todo el que reciba la marca de su nombre.

Gracias a Dios, la iglesia estará fuera del mundo antes de que llegue ese tiempo, pues Dios no nos ha destinado a ira, sino a obtener salvación por medio de nuestro Señor Jesucristo (1 Tes. 5:9). La palabra ira en griego es *orge*, que significa movimiento o agitación del alma.

Sin embargo, la Escritura dice que Satanás no podrá vencer a todos en la tierra, y habrá aquellos que no tomarán la marca y saldrán de la gran tribulación. Juan vio a estos santos y dice en Apocalipsis 15:2:

"Y vi como un mar de vidrio mezclado con fuego; y a los que habían obtenido la victoria sobre la bestia, y sobre su imagen, y sobre su marca, y sobre el número de su nombre, de pie sobre el mar de vidrio, teniendo las arpas de Dios."

Creo que es el corazón de Dios que comparta estas visiones y sueños proféticos con el mundo, para testificar y dar testimonio a Su pueblo sobre la Segunda Venida de Cristo. Muchas personas toman la Segunda Venida de Cristo como un mito, no como una realidad.

El Señor está a punto de hacer Su aparición. ¿Estás listo para el rapto para estar con el Señor? ¿Estás preparado para estar en la cena de las bodas? ¿Lo estás buscando con pasión? Esto no significa que debamos dejar de vivir o dejar de desear ser prósperos en la tierra; sí significa que necesitamos apoyar el evangelio financieramente como nunca antes. ¿No puedes discernir los signos de los tiempos?

No sé si la venida del Señor será en los próximos diez, veinte o incluso cincuenta años, o mucho antes. Sin embargo, estas visiones proféticas me dicen que Su iglesia, Su cuerpo, necesita estar lista en caso de que el fin esté cerca. Como todos sabemos, la Biblia dice: "Sin santidad, nadie verá a Dios."

Que todos escuchemos estas visiones y sueños proféticos mientras la paz de Dios guarda nuestros corazones y mentes en Cristo Jesús, nuestro Señor, porque el testimonio de Jesús es el espíritu de la profecía (Apocalipsis 19:10).

Las bendiciones de Dios estén con todos ustedes. Amén.

Su Segunda Venida

Capítulo 13
Mi Nueva Relación con Jesús

Permaneced en mí, y yo en vosotros. Como el sarmiento no puede llevar fruto por sí mismo, si no permanece en la vid, así tampoco vosotros, si no permanecéis en mí.

—*Juan 15:4*

Es un gran honor y privilegio para el Señor Jesús confiarme Su Palabra y la revelación de las cosas que han de venir. No es por obras, para que nadie se gloríe, sino por el precioso regalo de Dios. Mi relación con Cristo ahora es a nivel personal. ¡Nunca deja de asombrarme cómo Jesucristo dejó Su trono en el cielo y se hizo pobre para que nosotros pudiéramos hacernos ricos!

Sí, por Su amor a la humanidad, Él dejó a Su Padre, el único Dios verdadero y viviente, el Dios Altísimo, y vino a la tierra en forma de hombre; entregó Su vida y fue crucificado para que Su sangre pudiera ser usada como expiación por el pecado. Su sangre nos limpia de toda maldad para que podamos convertirnos en la justicia de Dios en Él y ser llamados hijos de Dios y hijos de Dios. Cristo no conoció el pecado, pero Él se hizo pecado por Su gran y incomparable amor por nosotros. Tampoco hubo engaño en Su boca hasta el final. Al dar Su vida, Él pagó el precio por nuestros pecados, y no hay amor mayor que este.

Esta revelación de la verdad me permite hablar regularmente con mi Padre celestial. Soy testimonio viviente de lo rica que es Su sangre y cómo la sangre de Cristo te limpia de toda maldad, transformándote en una nueva criatura. Una vez, era ciego, pero ahora puedo ver con claridad. Ahora veo la luz del mundo. La luz del mundo es Jesús. El velo ha sido removido de mis ojos. Si hoy escucharas la voz de Dios hablando a tu corazón a través de este libro o de otra fuente, por favor permíteme animarte a no endurecer tu corazón, sino a volverte o regresar a Él y permitirle tomar el control total de tu vida. Mañana no le está prometido a nadie. Si fuera posible preguntar a todos los muertos que murieron en el pecado si supieran que morirían ese día, habrían entregado su vida al Señor y lo habrían adorado mientras estaban vivos; sé que la respuesta sería sí.

Una vez que un hombre es colocado en la tumba, se ha acabado hasta el Día del Juicio. Ya no puede haber más arrepentimiento por el pecado. El paso final es encontrarse con su Creador. La oración que se reza en tu funeral no puede salvarte. Necesitamos aceptar a Cristo mientras estamos vivos para poder tener el perdón de los pecados. La Biblia dice que todos nacimos en pecado debido a un hombre, Adán, y a través de la gracia de Dios, ahora podemos tener el perdón de los pecados a través de un hombre, Cristo Jesús.

Desde que nací de nuevo, mi camino con el Señor no ha sido fácil. Varias veces, he sido atacada por el enemigo tanto en mi vida diaria como en mis sueños. En mis sueños, he visto a Satanás, el diablo, como el dragón del que habla el Apocalipsis. Apocalipsis 12:7–10 dice:

> Y hubo guerra en el cielo: Miguel y sus ángeles lucharon contra el dragón; y el dragón y sus ángeles lucharon, y no prevalecieron; ni se halló ya lugar para ellos en el cielo. Y fue lanzado fuera el gran dragón, aquella serpiente antigua, que se llama Diablo y Satanás, el cual engaña al mundo entero; fue arrojado a la tierra, y sus ángeles fueron arrojados con él. Y oí una gran voz en el cielo, que decía: Ahora ha venido la salvación, y el poder, y el reino de nuestro Dios, y la autoridad de su Cristo; porque el acusador de nuestros hermanos ha sido lanzado fuera, el que los acusaba delante de nuestro Dios día y noche.

Su Segunda Venida

Este dragón estaba escupiendo fuego de su boca a las personas mientras intentaban escapar de él. También lo vi como un ángel caído en el aire. Parecían hombres (los ángeles de Satanás tomaron forma humana, según Génesis 6:2). Estaban tratando de atraer a los cristianos a través del poder de sus ojos para evitar que estos cristianos sirvieran a Cristo, para que estuvieran en su grupo. Intentaron atraerme hacia ellos a través del poder de sus ojos. La única manera en que pudimos derrotarlos fue uniéndonos con otros cristianos en un círculo para formar unidad y fuerza, y luego decidir dentro de nosotros mismos que moriríamos por Cristo. Cuando decidimos en el sueño unir nuestras manos y permanecer juntos y proponernos en nuestros corazones morir por Cristo, los ángeles caídos perdieron su poder. No es de extrañar que Pablo nos enseñe que necesitamos morir a nosotros mismos diariamente. Su poder está en la carne. Una vez que

Decidir morir en los fortalezas de la carne y vivir para Cristo, incluso si nos cuesta la vida, su poder se rompe. Por esta razón, Jesús dice que necesitamos tomar nuestra cruz para seguirlo. ¿Por qué? Porque la Biblia dice que el diablo anda como león rugiente buscando a quién devorar. Estos ataques no son nada nuevo para los hijos de Dios. El mismo Jesús también fue atacado por este enemigo maligno mientras ayunaba en el desierto durante cuarenta días. La Escritura dice que mientras Jesús salía del desierto, débil y cansado por la falta de comida, el diablo lo tentó, como está escrito en Lucas 4.

También he visto a Satanás luchando conmigo por la Biblia. Este sueño lo recibí en octubre de 2009. En realidad, estábamos de pie frente a frente, con nuestras espaldas dobladas y la Biblia en el suelo, luchando en el espíritu por la Biblia. Después de este sueño, entendí el profundo significado de hacer de la Biblia parte de mi caminar diario con el Señor. Entendí que Satanás planea impedirnos leer la Palabra de Dios porque ¡el poder de Dios está en Su Palabra! ¡Todas las bendiciones, la gloria y la prosperidad están en Su Palabra! ¡El camino hacia la salvación está en la Biblia y en ningún otro libro!

Dr. Marlene Brown

Así que, la Escritura dice: "Porque no tenemos lucha contra sangre y carne, sino contra principados, contra potestades, contra los gobernadores de las tinieblas de este siglo, contra huestes espirituales de maldad en las regiones celestes" (Ef. 6:12).

Así que permíteme animarte a comenzar a leer la Biblia nuevamente este día. Permíteme animarte a luchar contra las fortalezas de Satanás que colocan la ocupación en tu día para evitar que leas la Palabra de Dios. Como cristianos, necesitamos luchar la buena batalla de la fe y asirnos de la vida eterna (1 Timoteo 6:12). El apóstol Pablo, a través de muchos conflictos, pruebas y naufragios, declaró: "He peleado la buena batalla, he acabado la carrera, he guardado la fe" (2 Timoteo 4:7). Es esencial luchar contra los problemas que Satanás pone delante de nosotros. Satanás nos coloca en una zona de ocupación para que descuidemos la palabra, la oración y la soledad delante del Señor. Es esencial entender que es en nuestro tiempo a solas con el Señor cuando el Espíritu Santo comienza a ministrarnos y a revelar los problemas que necesitan habitar en nuestras vidas. La presencia del Señor también nos transforma más a la imagen de Cristo. Su presencia también nos fortalece y nos ayuda a permanecer firmes y fuertes bajo la prueba. Bienaventurado el que persevera bajo la prueba (diseñada por tentaciones o aflicciones) porque, habiendo superado la prueba, esa persona recibirá la corona de vida que el Señor ha prometido a los que le aman (Santiago 1:12).

Capítulo 14
Santificación al Señor

¿Quién subirá al monte del Señor? ¿Y quién estará en su lugar santo? El que tiene manos limpias y un corazón puro; el que no ha levantado su alma a la vanidad, ni ha jurado con engaño.

—Salmo 24:3-4

¡Servimos a un Dios poderoso! ¡Servimos a un Dios santo! ¡Servimos a un Dios grande! ¡Servimos a un Dios de amor! ¡Servimos a un Dios celoso! ¡Servimos a un Dios misericordioso! Además, Él dice en Su Palabra: «Sed santos, porque yo soy santo». El Dios Altísimo debe ser adorado en la belleza de la santidad, el espíritu y la verdad.

Venid, cantemos alegremente al Señor; jubilemos con cánticos a la roca de nuestra salvación. Presentémonos ante Su presencia con acción de gracias; aclamémosle con salmos. Porque el Señor es un gran Dios, y un gran Rey sobre todos los dioses. En Su mano están las profundidades de la tierra; las alturas de los montes son Suyas también. Suyo es el mar, porque Él lo hizo, y Sus manos formaron la tierra firme.

Venid, postrémonos y doblemos la rodilla; adoremos ante el Señor, nuestro Creador. Porque Él es nuestro Dios; nosotros el pueblo de Su pradera y las ovejas de Su mano. Si hoy oyerais Su voz, no endurezcáis vuestro corazón, como en la provocación, como en el día de la tentación en el desierto; cuando vuestros padres me tentaron, me probaron y vieron mi obra. Cuarenta años estuve disgustado con esta generación, y dije: Es un pueblo que se extravía de su corazón, y no han conocido mis caminos; a quienes juré en mi ira que no entrarían en mi reposo.

—Salmo 95:1-11

Cantad al Señor un cántico nuevo; cantad al Señor, toda la tierra. Cantad al Señor, bendecid su nombre; anunciad su salvación de día en día. Contad su gloria entre las naciones, sus maravillas entre todos los pueblos. Porque grande es el Señor y digno de ser alabado en gran manera; es de temer sobre todos los dioses. Porque todos los dioses de los pueblos son ídolos; pero el Señor hizo los cielos. Honor y majestad están delante de Él; fuerza y belleza están en su santuario. Dad al Señor, oh familias de los pueblos, dad al Señor gloria y fuerza. Dad al Señor la gloria debida a su nombre; traed ofrendas y venid a sus atrios. ¡Adorad al Señor en la hermosura de la santidad; temed delante de Él, toda la tierra! Gozad el campo y todo lo que en él hay; entonces se alegrarán todos los árboles del bosque delante del Señor, porque Él viene, porque Él viene a juzgar la tierra; juzgará al mundo con justicia y a los pueblos con su verdad.

—Salmo 96:1-9, 11-13

El Señor reina; alégrese la tierra; regocíjense las muchas islas. Nubes y oscuridad están alrededor de Él; justicia y juicio son el fundamento de su trono. Fuego va delante de Él y consume a sus enemigos alrededor. Sus relámpagos iluminaron el mundo; la tierra vio y se estremeció. Los montes se derriten como cera ante la presencia del Señor, ante la presencia del Señor de toda la tierra. Los cielos declaran su justicia, y todos los pueblos ven su gloria. Avergüéncense todos los que sirven a las imágenes talladas, que se jactan de los ídolos; adorarle, todos los dioses. Vosotros que amáis al Señor, aborrecéis el mal; Él guarda las almas de sus santos; los libra de la mano de los impíos. La luz se siembra para el justo y alegría para los rectos de corazón. Gozad en el Señor, justos, y dad gracias al recuerdo de su santidad.

—Salmo 97:1-7, 10-12

Cantad al Señor un cántico nuevo; porque ha hecho cosas maravillosas; su mano derecha y su brazo santo le han dado la victoria. El Señor ha hecho conocer su salvación; su justicia ha manifestado abiertamente a la vista de las naciones.

Él ha recordado su misericordia y su verdad hacia la casa de Israel: todos los fines de la tierra han visto la salvación de nuestro Dios. Haced un ruido de júbilo al Señor, toda la tierra: haced un gran ruido, y regocijaos, y cantad alabanzas. Cantad al Señor con el arpa; con el arpa y la voz de un salmo. Con trompetas y sonido de corneta, haced un ruido de júbilo delante del Señor, el Rey. Que ruja el mar, y su plenitud; el mundo y los que en él habitan. Que los ríos palmeen con las manos; que los montes se alegren juntamente delante del Señor; porque Él viene a juzgar la tierra: con justicia juzgará el mundo, y a los pueblos con equidad.

—Salmo 98:1-9

El Señor reina; tiemblen los pueblos; Él está sentado entre los querubines; se mueva la tierra. Grande es el Señor en Sion, y exaltado sobre todos los pueblos. Alaben tu gran y terrible nombre; porque Él es santo. Exaltad al Señor nuestro Dios, y postraos ante su estrado; porque Él es santo. Moisés y Aarón entre sus sacerdotes, y Samuel entre los que invocan su nombre; invocaron al Señor, y Él les respondió. Les habló desde la columna de nube; guardaron sus testimonios y el estatuto que les dio. Tú les respondiste, oh Señor nuestro Dios; fuiste un Dios que les perdonó, aunque tomaste venganza de sus invenciones. Exaltad al Señor nuestro Dios, y postraos ante su monte santo; porque el Señor nuestro Dios es santo.

—Salmo 99:1-3, 5-9

Cuando estábamos en el mundo del pecado, hacíamos las cosas de acuerdo con el mundo:

Bailábamos según el mundo. Cantábamos según el mundo, hablábamos según el mundo, y vivíamos según el mundo. Ahora, ya no somos hijos del mundo, sino hijos del Dios Altísimo, que es santo.

Entonces, si somos hijos del Padre celestial, debemos hablar conforme a Su Palabra, cantar alabanzas a Su Nombre, caminar conforme a Su Palabra, y ser santos como Cristo es santo. Si dejamos este mundo de pecado y comenzamos a caminar con Cristo, ganaremos mucho, según Apocalipsis 21:6-8.

Menciona que no solo heredaremos todas las cosas, sino que tampoco experimentaremos la segunda muerte.

Y me dijo: Hecho está. Yo soy el Alfa y la Omega, el principio y el fin. Yo daré gratuitamente al que tenga sed de la fuente del agua de la vida. El que venciere heredará todas las cosas; y yo seré su Dios, y él será mi hijo. Pero los temerosos, los incrédulos, los abominables, los asesinos, los fornicarios, los hechiceros, los idólatras y todos los mentirosos tendrán su parte en el lago que arde con fuego y azufre: que es la segunda muerte. Acérquemonos, por tanto, a Él con un corazón sincero y fiel, y sirvamos al Señor en la hermosura de la santidad, porque el Señor viene a juzgar la tierra con justicia y a los pueblos con equidad.

Su Segunda Venida

Capítulo 15
¿Qué Puedo Hacer Para Ser Salvo?

Y diciendo: El tiempo se ha cumplido, y el reino de Dios se ha acercado; arrepentíos y creed en el evangelio.

—Marcos 1:15

El Señor quiere que te arrepientas. Arrepentirse significa "sentir pesar, cambiar de opinión sobre algo; cambiar la forma de pensar". Vuelve a los caminos del Señor, porque la Escritura dice en Isaías 55:8,

"Mis pensamientos no son vuestros pensamientos, ni vuestros caminos mis caminos, dice el Señor." El Señor dice que no vino a llamar a los justos, sino a los pecadores al arrepentimiento (Mateo 9:13). Lucas 13:3 dice, "Si no os arrepentís, todos pereceréis igualmente." ¿Por qué elegir vivir en pecado y morir cuando podemos tener vida eterna? La Palabra de Dios dice, "Porque la paga del pecado es muerte, pero la dádiva de Dios es vida eterna en Cristo Jesús Señor nuestro" (Romanos 6:23). El placer del pecado es solo por un tiempo, por un breve momento. Jesús dice que si confiesas tus pecados, Él es fiel y justo para perdonarte. No solo te perdonará, sino que también te limpiará de toda injusticia (1 Juan 1:9). La Escritura dice que uno puede tener celo por Dios, pero carecer de la justicia de Dios, y al hacerlo, comenzar a establecer su propia justicia en lugar de someterse a la justicia de Dios.

La Escritura dice, "Si confesares con tu boca al Señor Jesús, y creyeres en tu corazón que Dios le levantó de los muertos, serás salvo. Porque con el corazón se cree para justicia, y con la boca se hace confesión para salvación. Porque la Escritura dice, 'Todo aquel que en él creyere no será avergonzado'" (Romanos 10:9-11). Porque todo aquel que invocare el nombre del Señor será salvo.

Busca a Dios. Humíllate y pídele a Jesús que te perdone tus pecados. Jesucristo pagó el precio completo por ellos en una cruz romana hace casi 2,000 años.

Todos hemos pecado. Todos somos culpables ante Dios. Recibe el regalo de Dios hoy: Su perdón y Su amor inagotable. La alegría de ser perdonado y tener comunión con Dios es profunda y permanente, y no hay nada como ella. Es una alegría indecible y llena de gloria; la mitad nunca ha sido contada.

Las promesas y los regalos de Dios son infinitos. Hay tantas promesas y regalos, y tanta gracia y misericordia con nuestro Señor Jesús. Sea lo que sea que necesites en esta vida, Jesús dijo que podrías pedírselo a Él o al Padre, y te será dado si crees. La Palabra de Dios declara que Su Palabra es verdad y vida, por lo que podemos poner toda nuestra confianza y esperanza en ella. Así que, Jesús nos anima en Mateo 7:7–11:

> Pedid, y se os dará; buscad, y hallaréis; llamad, y se os abrirá. Porque todo el que pide, recibe; y el que busca, halla; y al que llama, se le abrirá. ¿O qué hombre hay de vosotros que, si su hijo le pide pan, le dará una piedra? ¿O si le pide un pez, le dará una serpiente? Pues si vosotros, siendo malos, sabéis dar buenos regalos a vuestros hijos, ¿cuánto más vuestro Padre que está en los cielos dará buenas cosas a los que le pidan?

El Buen Señor quiere darte un hermoso regalo hoy; Él quiere librarte del pecado. Él dijo en Su Palabra que la paga del pecado es muerte, pero el regalo de Dios es vida eterna en Cristo Jesús nuestro Señor (Rom. 6:23). ¡Dios quiere darte vida eterna! Jesús dice en Su Palabra, "En la casa de mi Padre hay muchas moradas; si no fuera así, os lo habría dicho. Voy a preparar un lugar para vosotros" (Juan 14:2).

Su Segunda Venida

Ahora soy feliz porque he dado mi vida al Señor Jesús y he aceptado Su salvación. Ya no tengo miedo a morir ni ningún otro temor que el enemigo trate de traer sobre mí. Sé sin lugar a dudas que cuando muera, iré al lugar que Cristo preparó después de haber pagado la penalidad por mis pecados.

Juan, quien también es nuestro hermano y compañero en la tribulación y en el reino y la paciencia de Jesucristo, escribe en Apocalipsis 1:9–11 de este lugar que el Señor ha ido a preparar. Juan dice que estaba "en el Espíritu en el día del Señor", en la isla de Patmos, por la Palabra de Dios y el testimonio de Jesucristo, cuando vio esta visión. Dijo que oyó detrás de él

Él le dio una gran voz, "como de trompeta", que decía: "Yo soy el Alfa y la Omega, el primero y el último", y "Lo que ves, escríbelo en un libro y envíalo a las siete iglesias que están en Asia" (Apocalipsis 1:10-11). En Apocalipsis 21:2-7, el profeta continúa diciendo:

> "Y yo, Juan, vi la santa ciudad, nueva Jerusalén, que descendía de Dios del cielo, preparada como una novia adornada para su marido. Y oí una gran voz del cielo que decía: He aquí, el tabernáculo de Dios está con los hombres, y él morará con ellos, y ellos serán su pueblo, y Dios mismo estará con ellos, y será su Dios. Y Dios enjugará toda lágrima de los ojos de ellos; y no habrá más muerte, ni tristeza, ni llanto, ni dolor, porque las primeras cosas han pasado. Y el que estaba sentado en el trono dijo: He aquí, yo hago nuevas todas las cosas. Y me dijo: Escribe, porque estas palabras son fieles y verdaderas. Y me dijo: Hecho está. Yo soy el Alfa y la Omega, el principio y el fin. Al que tuviera sed, le daré gratuitamente de la fuente del agua de la vida. El que venciere heredará todas las cosas, y yo seré su Dios, y él será mi hijo."

El Señor es fiel a sus promesas. Las cosas de este mundo se desvanecerán y perderán su valor, y son solo por un corto tiempo.

Dr. Marlene Brown

Pero hay un nuevo mundo que espera a los creyentes que están en Cristo. ¿Por qué no te arrepientes de tus pecados hoy y te bautizas para recibir el regalo gratuito de la salvación? Invita a Jesucristo en tu corazón hoy. La Biblia dice que no hay otro nombre dado bajo el cielo por el cual los hombres puedan ser salvos, solo el nombre de Jesús (Hechos 4:12). ¡Al nombre de Jesús, toda rodilla se doblará y toda lengua confesará que Él es el Señor! (Filipenses 2:10-12).

Capítulo 16
El Pecado y su Origen

Por tanto, como el pecado entró en el mundo por un hombre, y por el pecado la muerte, así la muerte pasó a todos los hombres, por cuanto todos pecaron.

—*Romanos 5:12*

El pecado es una ofensa o rebelión contra Dios. Es un desafío deliberado, maldad o impiedad. El pecado entró en el mundo debido a la desobediencia de un hombre, cuyo nombre es Adán; y la muerte por el pecado; así, la muerte pasó a todos los hombres, por cuanto todos pecaron. La Biblia dice que todos han pecado y están destituidos de la gloria de Dios.

En Génesis 2, las Escrituras describen cómo el hombre fue formado del polvo de la tierra, la vida fue soplada en sus narices y se convirtió en un alma viviente. Las Escrituras nos dicen que Dios mandó al hombre: "Del árbol del conocimiento del bien y del mal no comerás de él; porque el día que de él comieres, ciertamente morirás" (Génesis 2:17).

El capítulo 3 de Génesis describe el evento entre un hombre y el diablo, lo que permitió que el pecado estuviera en la tierra hoy, causando que estemos eternamente separados de Dios y haciéndonos a todos pecadores.

Y la serpiente era más astuta que todos los animales del campo que Dios había hecho. Y dijo a la mujer: ¿Con que Dios os ha dicho: No comáis de todo árbol del huerto? Y la mujer respondió a la serpiente: Del fruto de los árboles del huerto podemos comer; pero del fruto del árbol que está en medio del huerto, Dios ha dicho: No comeréis de él, ni lo tocaréis, para que no muráis.

—Génesis 3:1–3.

Ahora, las Escrituras declaran que Dios mandó a Adán no comer del fruto y también no tocar el fruto del árbol en medio del huerto, según las palabras de Eva.

Y la serpiente dijo a la mujer: No moriréis; porque Dios sabe que el día que de él comáis, serán abiertos vuestros ojos, y seréis como dioses, sabiendo el bien y el mal.

—Génesis 3:4-5

Encuentro muy interesante esta declaración que Satanás hizo a Eva. ¿Estaba tratando de hacer que el verdadero y vivo Dios pareciera un mentiroso? ¿O estaba tratando de decirle a Eva que él tenía su interés en el corazón? ¿Que los ama y quiere lo mejor para ellos? ¿Que podían confiar en él? No es de extrañar que el Señor diga que todos los mentirosos tendrán su parte en el lago de fuego. Así es como trabaja el enemigo. Él trata de persuadirnos de la verdad en nuestras mentes, presentando una situación que parece una mejor salida, pero sin mostrarnos el final de ella, porque el final es la muerte. Jesús describe su carácter en Juan 8:44 y el carácter de cualquiera que lo sirva. Jesús dijo en Su Palabra que si el Espíritu de Dios no mora dentro de ti, entonces tu padre es el diablo, y te encontrarás haciendo sus obras, que son el deseo del mundo. Jesús dijo que el diablo era un asesino desde el principio y no permaneció en la verdad porque no hay verdad en él. Jesús explica que cuando el diablo habla, habla de sí mismo, porque él es un mentiroso y el padre de la mentira. Incluso hoy, las personas eligen permanecer en el pecado en lugar de aceptar el regalo del verdadero y vivo Dios. La Palabra de Dios dice que Dios tiene planes para bendecirte y no para dañarte. Sin embargo, las personas creen que si vinieran a Cristo, serían pobres y vivirían en la miseria. El enemigo sigue vendiéndoles mentiras, y todavía están siendo engañados como Eva, creyendo que Dios les está reteniendo algo y que no quiere que prosperen. Esta es la fortaleza que el enemigo puso en nuestras mentes desde el principio de los tiempos, y aún hoy juega con nuestras mentes. Pero estoy aquí para decirte que Jesús vino para darte vida y para que tengas esta vida abundante aquí en la tierra y vida eterna en el cielo.

El relato en Génesis continúa: "Y vio la mujer que el árbol era bueno para comer, y que era agradable a los ojos, y árbol codiciable para alcanzar sabiduría; y tomó de su fruto, comió, y dio también a su marido que estaba con ella, y él comió. Y fueron abiertos los ojos de ambos, y conocieron que estaban desnudos; entonces cosieron hojas de higuera y se hicieron cinturones." Aquí, puedo ver en el espíritu al enemigo riéndose de Dios, creyendo que había destruido a los hombres con el pecado para siempre. Pensaba que se había vengado de Dios por haberlo expulsado del cielo. Sentía que había hecho al hombre desobediente al Dios Altísimo para siempre, y que no habría manera de que Dios se comunicara más con Sus hijos debido al pecado en ellos. Pensaba que, debido a su desobediencia, que los llevó a pecar, Dios se apartaría de Su creación para siempre, ¡de la misma manera en que él fue echado debido al pecado en su corazón! Pero Satanás no sabía del plan maestro que Dios tenía para nosotros desde antes de la fundación del mundo. No sabía que Dios enviaría a Su Hijo en semejanza de carne pecadora para redimirnos del pecado, para salvar a la humanidad de sus pecados y para reconciliarnos con el Padre. Bendiciones, gloria, majestad y poder sean para el Dios Altísimo por este plan maestro. Amén. Así que las Escrituras continúan diciéndonos:

> Y oyeron la voz del Señor Dios que paseaba en el jardín al aire del día; y Adán y su mujer se escondieron de la presencia del Señor Dios entre los árboles del jardín. Y llamó el Señor Dios a Adán, y le dijo: ¿Dónde estás? Y él respondió: Oí tu voz en el jardín, y tuve miedo, porque estaba desnudo; y me escondí.

Dr. Marlene Brown

—Génesis 3:8–10

Ahora vemos por qué la Escritura dice que la desobediencia es el espíritu de hechicería. También vemos que cuando somos desobedientes al Dios Altísimo, esto hace que el espíritu de miedo venga sobre nosotros, y este miedo trae tormento. Por primera vez, el hombre ha temido enfrentarse a Dios Padre. La Escritura dice que Dios no nos ha dado ese espíritu de miedo, sino uno de amor, poder y mente sana. El pecado no solo trae miedo, sino que también trae consigo la desnudez. Esa santa y bendita cobertura ha sido quitada a causa del pecado. Físicamente, él pudo ver su desnudez.

La Escritura dice en el versículo 21 que el Señor Dios hizo túnicas de pieles y los vistió. El hombre ahora necesita tanto una cobertura física como espiritual. En algunas iglesias, todavía encontramos mujeres que necesitan cobertura física; esto es aún más prevalente en la industria del entretenimiento, ya que sus ojos se han vuelto ciegos al pecado. Muchos en la industria del entretenimiento creen que mientras menos ropa lleven, mejor se verán y se sentirán. ¡Qué mentira les ha vendido Satanás, y ellos la compran!

La Escritura continúa: "Y Dios les dijo: '¿Quién te ha enseñado que estabas desnudo? ¿Has comido del árbol de que te mandé que no comieras?'" (Génesis 3:11). Puedo sentir la furia de Dios cuando le hace esta pregunta a Adán:

> Y el hombre dijo: "La mujer que me diste por compañera, ella me dio del árbol, y yo comí." Y el Señor Dios dijo a la mujer: "¿Qué es esto que has hecho?" Y la mujer dijo: "La serpiente me engañó, y comí."
>
> —Génesis 3:12-13

Aquí, notamos que nadie está asumiendo la culpa por su desobediencia hacia Dios. Adán culpa a la mujer que Dios le dio, y la mujer culpa a la serpiente por haberla engañado.

> Y el Señor Dios dijo a la serpiente: "Por cuanto has hecho esto, maldita serás entre todos los animales, y entre todas las bestias del campo; sobre tu vientre andarás, y polvo comerás todos los días de tu vida. Y pondré enemistad entre ti y la mujer, y entre tu simiente y la simiente de ella; esta te herirá en la cabeza, y tú la herirás en el talón." Y a la mujer dijo: "Multiplicaré en gran manera tus dolores en el parto; con dolor darás a luz los hijos; y tu deseo será para tu marido, y él se enseñoreará de ti." Y a Adán dijo: "Por cuanto escuchaste la voz de tu mujer, y comiste del árbol de que te mandé, diciendo, 'No comerás de él', maldita será la tierra por tu causa; con dolor comerás de ella todos los días de tu vida; espinas y cardos te producirá, y comerás planta del campo; con el sudor de tu rostro comerás el pan, hasta que vuelvas a la tierra, porque de ella fuiste tomado; polvo eres, y al polvo volverás."
>
> —Génesis 3:14–19

Aquí, es evidente que el Dios Altísimo está furioso con Adán porque Él le había dado un mandato específico y esperaba que Adán estuviera en total control y total obediencia hacia Él, sin pasarle la culpa a nadie más.

Hoy en día, el Señor habla a nuestros corazones, y muchos de nosotros todavía pasamos la culpa a los demás. Seguimos culpando a nuestros esposos o esposas, nuestros hijos, nuestros jefes, nuestras madres, nuestros padres y nuestros amigos por impedirnos la obediencia total a Dios, pero Dios nos está diciendo: "¡Te di un mandato específico para que estés en total obediencia a mí a través de la sangre de Mi Hijo Jesucristo!"

La Biblia continúa diciendo:

> He aquí, el hombre es como uno de nosotros, para conocer el bien y el mal; y ahora, no sea que extienda su mano, y también tome del árbol de la vida, y coma, y viva para

siempre: Por tanto, el Señor Dios lo echó del jardín de Edén, para que labrara la tierra de la cual fue tomado. Así que echó fuera al hombre; y colocó al oriente del jardín de Edén querubines, y una espada flamígera que se volvía en todas direcciones, para guardar el camino del árbol de la vida.

—Génesis 3:22–24

¡Sí! Cometieron pecado contra el Dios del universo al desobedecer Su Palabra, por lo que cuando Eva concibió y dio a luz hijos—y todos nosotros somos sus hijos—nos marcó con el pecado, y debido al pecado, morimos una muerte espiritual y física. Este fue y sigue siendo el plan de Satanás: robar, matar y destruir a la humanidad. ¡Pero hoy tenemos buenas noticias! Jesús, el Hijo del Dios viviente, vino a la tierra para darnos vida nuevamente—vida eterna y perdurable. Él dijo en Su Palabra que Él viene a darnos vida y para que tengamos esta vida en abundancia (Juan 10:10). Jesús llegó hasta el punto de entregar Su vida por nosotros, Sus ovejas. Él nos ha dado esta nueva vida en Él como el segundo Adán. El primer Adán nos trajo muerte; el segundo Adán, Jesucristo, ahora nos trae vida, reconciliándonos con el Padre. Gloria sea a Su santo nombre.

> Porque así como por la desobediencia de un hombre muchos fueron hechos pecadores, así también por la obediencia de uno, muchos serán hechos justos. Que así como el pecado reinó para muerte, así también la gracia reine por la justicia para vida eterna por Jesucristo nuestro Señor.
>
> —Romanos 5:19, 21

Capítulo 17
Debes Nacer de Nuevo

Jesús respondió: "De cierto, de cierto te digo que el que no naciere de agua y del Espíritu, no puede entrar en el reino de Dios."

—Juan 3:5

El Nuevo Nacimiento

Jesús declaró que debes nacer de nuevo para entrar en el reino de los cielos. ¡Pero quién es este Jesús que habla con tal autoridad sobre el cielo? ¡El cielo es el lugar donde vive Jesús! Jesús dice: "Yo descendí del cielo, no para hacer mi propia voluntad, sino la voluntad de aquel que me envió" (Juan 6:38). Él tenía una identidad y existió mucho antes de entrar en la tierra como hombre. Él existió como Dios antes de convertirse en hombre.

Él era el "Verbo" o Logos de Dios. El Verbo se hizo carne, humano, y comenzó a vivir entre los hombres. Juan, el Amado, el que reposaba sobre el pecho de Jesús en la mesa (Juan 13:23), aclara la existencia real y la naturaleza divina de Jesús en su evangelio. Él fue el más cercano a Jesús de todos sus discípulos.

El Verbo se Hizo Carne

Juan dice: "En el principio era el 'Verbo,' λόγος, lógos, y el Verbo, λόγος, logos, estaba con Dios, y el Verbo era 'Dios.'" Juan hace una referencia cruzada con el capítulo 1 de Génesis: "En el principio, Dios creó los cielos y la tierra." Esta Escritura en Génesis está en la Torá y el Antiguo Testamento.

Dr. Marlene Brown

El autor, Goodspeed, planteó la pregunta: "¿Es el 'Verbo' la palabra profética y reveladora de Jehová que vino a los profetas (Jeremías 1:4; Joel 1:1, etc.), o es el 'verbo' metafísico o Logos (razón) de la filosofía estoica?"[1] Logos significaba el acto de hablar o la palabra hablada. "Palabra," como se usa en este contexto, denota la sabiduría personal, el poder y el conocimiento de Dios trabajando en unión con Dios. Él es la causa de la vida en la tierra, tanto espiritual como física.

En él, el "Verbo," o Logos, estaba la vida, que da luz a los hombres (Juan 1:4). El Logos que existía con Dios el Padre entró en el mundo con el conocimiento de su preexistencia.

El "Verbo," el Logos, se refiere a Cristo Jesús (Juan 1:1-5; Apocalipsis 19:13), lo que prueba la preexistencia de Cristo. Él es eterno, al igual que el Padre y el Espíritu Santo que conforman la Trinidad (1 Juan 5:7). Dios creó todas las cosas por medio de él (Colosenses 1:15-18). Conocer a Dios y aceptar a Jesucristo como tu Señor y Salvador garantizará tu salvación eterna, ya que Jesús es Dios y fue enviado por Dios el Padre a la tierra. Por esta razón, la misma palabra que Jesús habla da vida (Mateo 8:8). El Salmista habló de Jesús en Salmos 107:20 y dijo, "Envió su palabra y los sanó de sus enfermedades." Las palabras de Jesús tienen poder y autoridad sobre las enfermedades y dolencias. Jesús dijo: "Las palabras que yo hablo son espíritu y son vida" (Juan 6:63). Cuando Jesús resucitó de entre los muertos, les dijo a sus discípulos: "Todo debe cumplirse acerca de mí, lo que está escrito en la Ley de Moisés, los profetas y los Salmos" (Lucas 24:44).

"Todo fue hecho por medio de él; y sin él nada de lo que ha sido hecho, fue hecho. En él estaba la vida, y la vida era la luz de los hombres. Y la luz resplandece en las tinieblas, y las tinieblas no la comprendieron" (Juan 1:3-5). Jesús Cristo, el Logos, es la única

---

[1] Johnson Goodspeed, "El Evangelio de Juan." 48 no. 4 (Oct., 1916): 255-260, consultado el 7 de junio de 2014.

Su Segunda Venida

expresión y el carácter de Dios. Él representa la naturaleza de Dios y sostiene todas las cosas con su poderosa palabra (Hebreos 1:3).

En consecuencia, como el Dios-hombre y el representante de Dios, tiene gran autoridad en el cielo. Por lo tanto, como el capitán de la salvación de los hombres, Jesús declaró a todos: "Es necesario nacer de nuevo para entrar en el reino de los cielos." Escuchemos la conversación de Jesús con Nicodemo, un gran líder en Israel. Las Escrituras nos revelan:

Había un hombre de los fariseos, llamado Nicodemo, un gobernante de los judíos. Este hombre vino a Jesús de noche y le dijo: "Rabí, sabemos que has venido de Dios como maestro, porque nadie puede hacer estas señales que tú haces, si Dios no está con él."

Jesús le respondió y le dijo: "De cierto, de cierto te digo que el que no naciera de nuevo, no puede ver el reino de Dios."

Nicodemo le dijo: "¿Cómo puede un hombre nacer siendo viejo? ¿Acaso puede entrar por segunda vez en el vientre de su madre y nacer?"

Jesús respondió: "De cierto, de cierto te digo que el que no naciera de agua y del Espíritu, no puede entrar en el reino de Dios. Lo que es nacido de la carne, carne es; y lo que es nacido del Espíritu, espíritu es. No te maravilles de que te dije: 'Os es necesario nacer de nuevo.' El viento sopla de donde quiere, y oyes su sonido, pero no sabes de dónde viene ni a dónde va; así es todo aquel que es nacido del Espíritu."

Nicodemo respondió y le dijo: "¿Cómo puede hacerse esto?"

Jesús le respondió y le dijo: "¿Eres tú maestro de Israel, y no sabes esto? De cierto, de cierto te digo que nosotros hablamos lo que sabemos, y testificamos lo que hemos visto; y no recibís nuestro testimonio. Si os he dicho cosas terrenales, y no creéis, ¿cómo creeréis si os digo las cosas celestiales? Y nadie subió al cielo, sino el que descendió del cielo, el Hijo del Hombre que está en el cielo."

—Juan 3:1-13

Examínate a ti Mismo

- ✓ ¿He nacido de nuevo?
- ✓ ¿He recibido al Espíritu Santo de Dios?
- ✓ ¿Soy un pecador?
- ✓ ¿Necesito un Salvador?
- ✓ ¿Me hará santo la Ley de Moisés (Los Diez Mandamientos)?
- ✓ ¿Qué reconciliará mi corazón con Dios?
- ✓ ¿Pueden mis buenas obras salvarme de la ira de un Dios Santo?
- ✓ ¿Qué pasa si mis buenas obras no cumplen con el estándar de Dios?
- ✓ ¿Qué haré entonces?
- ✓ ¿Perdonará Dios mis pecados?
- ✓ ¿Cómo perdonará Dios mis pecados?
- ✓ Si muriera ahora mismo, ¿cuál es mi seguridad de ir al cielo?
- ✓ ¿Me salvará mi religión?
- ✓ ¿Hay seguridad para escapar del infierno?

A continuación, encontrarás las respuestas a las preguntas de esta vida. ¡Jesús ha hecho un camino para ti!

Puntos Clave:

- Jesús les declaró a los judíos: ustedes son de abajo; yo soy de arriba (Juan 8:23); mi Padre me ha enviado a la tierra (Juan 6:38-46; Juan 20:21; Juan 8:29). ¡Por lo tanto, yo conozco el camino al cielo! Jesús le dice a Nicodemo que él es el único que revela cosas acerca del cielo. Jesús es el único que ascendió al cielo. Además, él es el único que descendió del cielo (Juan 3:13). ¡Por lo tanto, Jesús está calificado para decir: escúchenme a mí y a mis palabras, y no las palabras de otro!

- Jesús declaró: "Yo soy el camino, la verdad y la vida; nadie viene al Padre sino por mí" (énfasis añadido Juan 14:6-11).

Ven a Mí – No a la Religión

Jesús declaró: "Venid a mí todos los que estáis trabajados y cargados [por los rituales religiosos que no dan paz], y yo os haré descansar [refrescando vuestras almas con salvación]. Tomad mi yugo sobre vosotros y aprended de mí [siguiéndome como mi discípulo], porque soy manso y humilde de corazón, y ENCONTRARÉIS REPOSO [renovación, bendita tranquilidad] PARA VUESTRAS ALMAS. Porque mi yugo es fácil [de llevar], y mi carga es ligera" (Mateo 11:28-30, Biblia Amplificada).

El profeta Isaías te invita a volverte a Jesús el Mesías. Isaías dijo:

> Todos los sedientos, venid a las aguas; y los que no tenéis dinero, venid, comprad y comed; sí, venid, comprad vino y leche sin dinero y sin precio. ¿Por qué gastáis dinero en lo que no es pan, y vuestro trabajo en lo que no sacia? Oídme atentamente, y comed lo que es bueno, y se deleitará vuestra alma con grosura.
>
> —Isaías 55:1-2

¡Solo Jesús puede llenar el alma anhelante, no una religión muerta que promete vida pero no tiene poder para dársela! En Jesús existe la vida. Él es el creador de la vida. Él tiene agua viva que puede llenar el alma con bondad espiritual. Hombres y mujeres, niños y niñas, están recurriendo a las drogas, el alcohol y las cosas materiales de este mundo, que solo satisfacen el alma por un corto tiempo. Luego, el alma vuelve a su lugar oscuro y vacío. ¡Solo Jesús puede satisfacer el alma! Por eso, Jesús gritó a los judíos en el último y más grande día de la fiesta. Jesús se levantó y dijo en voz alta: "Si alguno tiene sed, venga a Mí y beba" (Juan 7:37). Jesús prometió liberar corrientes de agua viva por el Espíritu Santo de Dios a cualquiera que crea en Él. ¿Qué significa creer en Jesús? Significa creer que Él es el Hijo de Dios, Cristo el Mesías, el Salvador del mundo.

Ven a Jesús para tu salvación – Sé rescatado del pecado

Es evidente en muchas Escrituras que Jesús implora a hombres y mujeres, niños y niñas, judíos y gentiles, que vengan a Él para ser salvos. Puedes hacer la pregunta, ¿por qué necesito ser salvo? ¡Necesitas ser salvo de tus pecados! ¡Para ser rescatado de un infierno eterno, donde el fuego no se apaga y el gusano no muere! Jesús quiere dar paz y descanso a tu alma. Él desea otorgarte vida eterna. Por esta razón, Dios tuvo que convertirse en hombre para salvarte de tus pecados. A Jesús le costó su vida para evitar que el hombre entre en ese lugar. Es un lugar preparado para el diablo y sus ángeles. Sin embargo, tener la semilla del pecado llevará a un hombre a entrar en ese lugar si la sangre de Jesús no limpia el alma de sus pecados. Por lo tanto, Jesús declaró:

"Escudriñad las Escrituras; porque a vosotros os parece que en ellas tenéis la vida eterna; y ellas son las que dan testimonio de mí. Y no queréis venir a mí para que tengáis vida" (Juan 5:39-40). "Porque si hubierais creído a Moisés, me habríais creído a mí; porque de mí escribió él. Pero si no creéis a sus escritos, ¿cómo creeréis a mis palabras?" (Juan 5:46-47).

Jesús habló de su naturaleza preexistente a judíos y gentiles, pero nadie recibió su mensaje. Jesús dice: "Porque así como el Padre levanta a los muertos y les da vida, así también el Hijo da vida a quienes quiere. Porque el Padre a nadie juzga, sino que todo el juicio lo ha confiado al Hijo, para que todos honren al Hijo, así como honran al Padre. El que no honra al Hijo, no honra al Padre que lo envió. De cierto, de cierto os digo: El que oye mi palabra, y cree al que me envió, tiene vida eterna, y no vendrá a condenación, mas ha pasado de muerte a vida" (Juan 5:21-24).

Enviado por Dios el Padre La Escritura dice: "Pero cuando se cumplió el tiempo, Dios envió a su Hijo, nacido de mujer, nacido bajo la ley, para redimir a los que estaban bajo la ley, a fin de que recibiéramos la adopción de hijos" (Gálatas 4:4-5). ¡Dios entra en el vientre de una mujer! ¡Nada es imposible para Dios! Él entró en el vientre de su creación, una mujer virgen. Luego se vistió con carne humana y se convirtió en hombre. Este proceso se conoce como "la unión hipostática". Es un término que se refiere a la naturaleza divina de Jesús, quien es/era completamente Dios y, sin embargo, completamente hombre (el Dios-hombre). Se refiere a la combinación de la naturaleza divina y humana de Cristo. Cuando Dios se vistió de carne humana, el proceso fue la encarnación.

Es esencial entender que la unión hipostática o la encarnación no se refiere a un hombre tomando el estatus de Dios, sino más bien a Dios condescendiendo al estatus del hombre y convirtiéndose en el Dios-hombre. Él asumió una forma inferior a la de los ángeles. Las Escrituras dicen que Él quiere identificarse con sus hermanos y saborear la muerte por todos para llevar a muchos hijos e hijas al cielo (Hebreos 2:8-10).

¡Qué hermoso Salvador! Aunque Jesús se identificó con Dios y es la imagen y expresión misma de Dios, se vistió de carne humana para revelar la naturaleza amorosa de Dios a la humanidad. Por lo tanto, ver a Jesús es ver al Padre. Amar a Jesús es amar al Padre. Jesús declaró que Él y el Padre son uno en naturaleza. Por lo tanto, Jesús dijo que así como honras al Padre, debes honrar al Hijo (Juan 5:22-23)

¿Por qué Dios deseaba ser humano?

Dr. Marlene Brown

Las Escrituras dicen: "Así que, por cuanto los hijos participaron de carne y sangre, él también participó de lo mismo, para destruir por medio de la muerte al que tenía el imperio de la muerte, es decir, al diablo, y librar a todos los que por temor a la muerte estaban sujetos a esclavitud durante toda la vida. Porque ciertamente no socorrió a los ángeles, sino a la descendencia de Abraham. Por lo cual, debía ser en todo semejante a sus hermanos, para ser misericordioso y fiel sumo sacerdote en lo que a Dios se refiere, para expiar los pecados del pueblo. Pues en cuanto él mismo padeció siendo tentado, es poderoso para socorrer a los que son tentados" (Hebreos 2:14-18). ¡Qué Salvador tan maravilloso!

La Escritura dice:

"Y nos resucitó con Cristo y nos hizo sentar con Él en los lugares celestiales en Cristo Jesús, para mostrar en los siglos venideros las abundantes riquezas de su gracia, mediante su bondad para con nosotros en Cristo Jesús" (Efesios 2:6-7).

¡Oh, la profundidad de las riquezas, tanto de la sabiduría como del conocimiento de Dios! ¡Qué insondables son sus juicios y qué inescrutables sus caminos! ¿Quién conoció la mente del Señor? ¿O quién fue su consejero? ¿O quién le dio a él primero, para que le fuera recompensado de nuevo? Porque de él, y por él, y para él son todas las cosas: a él sea la gloria por los siglos. Amén.

—Romanos 11:33-36

Jesús concebido por el Espíritu Santo

Las Escrituras dicen:

"Pero mientras José pensaba en estas cosas, he aquí, un ángel del Señor se le apareció en sueños, diciendo: 'José, hijo de David, no temas recibir a María, tu mujer, porque lo que en ella es concebido, del Espíritu Santo es. Y dará a luz un hijo, y llamarás su nombre JESÚS, porque él salvará a su pueblo de sus pecados.' Todo esto aconteció para que se cumpliese lo dicho por el Señor por medio del profeta, cuando dijo: 'He aquí que la virgen concebirá y dará a luz un hijo, y llamarán su nombre Emanuel,' que traducido es: 'Dios con nosotros.'"

—Mateo 1:20-23

Un Salvador para Toda la Humanidad Nació, Sin Importar la Raza, Cultura o Religión

Las Escrituras declaran: "Había en la misma región unos pastores que velaban y guardaban las vigilias de la noche sobre su rebaño. Y he aquí, un ángel del Señor se les presentó, y la gloria del Señor los rodeó de resplandor, y tuvieron gran temor. Pero el ángel les dijo: 'No temáis, porque he aquí os doy buenas nuevas de gran gozo que serán para todo el pueblo... que os ha nacido hoy, en la ciudad de David, un Salvador, que es Cristo el Señor.'" (Lucas 2:8-11).

Notas Clave:

- Las buenas obras no pueden salvar el alma.
- Dios dice que los actos de autojusticia son trapos sucios ante Él.

El alma está muerta por el pecado y necesita vida. ¡El pecado es una droga letal! Mata el alma. ¡Las personas se han convertido en muertos vivientes! ¡La conciencia está destruida! Necesita volver a la vida una vez más para servir al Dios viviente. Las Escrituras dicen: "Todos nos hemos vuelto como algo impuro, y todas nuestras obras justas son como trapo de inmundicia. Como el viento, todos nos desvanecemos como una hoja, y nuestras iniquidades nos alejan" (Isaías 64:6). La palabra "sucio" proviene del hebreo "iddah", que significa "los fluidos corporales del ciclo menstrual de una mujer". Esta palabra se refiere al ciclo femenino de la mujer. El proceso femenino de una mujer la hace impura. Todos los actos de autojusticia son como un producto femenino sucio ante Dios – ¡inútiles ante el Dios Santo! ¿Por qué? Las buenas obras son hechas desde un corazón corrompido por odio, celos, malicia, ira, asesinato, adulterio, fornicación, robo, comportamiento inmoral, etc. Todos estos actos son pecaminosos ante Dios, por lo que el corazón necesita ser limpiado.

La naturaleza del corazón está corrompida por el pecado. El pecado necesita ser expiado. ¿Qué significa eso? Algo debe hacerse para compensar todo el mal que el alma hizo contra el Dios santo. ¿Cómo? El alma necesita ser limpiada del pecado, y se debe hacer restitución a Dios. El hombre pecador necesita ser reconciliado con Dios. El alma debe ser restaurada a su estado original de santidad y justicia.

La Expiación con Sangre para el Alma

¿Cómo expía la sangre por el alma? El Dios soberano le dijo a Moisés que Él había provisto sangre para hacer expiación por el alma. Es la sangre la que limpia el alma del pecado. Porque la vida del hombre está en la sangre. La sangre dentro del cuerpo del hombre da vida al cuerpo. La sangre del hombre está manchada por el pecado de la raza caída de Adán. Por lo tanto, el alma del hombre necesita ser limpiada por una sangre que sea pura y santa para dar vida al alma una vez más. Por eso, Dios le dijo a Moisés que Él había provisto sangre para hacer expiación por el alma (Levítico 17:11). Es importante señalar, sin embargo, que Moisés usó la sangre de los animales como un sello de pacto ante los hijos de Israel y el Dios soberano Yahveh. Moisés usó la sangre de los animales como lo mandó Dios. La roció sobre el pueblo y dijo: "Esta es la sangre del pacto que el SEÑOR ha hecho con vosotros, conforme a todas estas palabras" (Éxodo 24:7).

La sangre de los animales no podía hacer perfecto el corazón ante Dios (Hebreos 10:4). Los bueyes y cabritos no podían quitar el pecado de una vez por todas. La sangre de los animales fue solo una introducción o sombra de las cosas por venir hasta que viniera el verdadero Cordero, Jesucristo, el Dios-hombre. Por lo tanto, cuando Jesucristo vino al mundo, dijo: "Sacrificios y ofrendas no deseas, pero un cuerpo me has preparado" (Hebreos 10:5). Dios le preparó a Jesús un cuerpo para ser el sacrificio definitivo por los pecados de todo el mundo. El alma de Jesús fue entonces hecha como una ofrenda por el pecado (Isaías 53:10). Jesús es el perfecto Cordero de Dios, cuya sangre es santa y pura para ser hecha como una ofrenda por el pecado del hombre. Juan el Bautista dio testimonio de Él y dijo: "He aquí el Cordero de Dios que quita el pecado del mundo" (Juan 1:29). La sangre de Jesús es potente para limpiar tu corazón y hacer que tu conciencia vuelva a la vida ante el Dios vivo. Su sangre dará vida al alma y limpiará el alma de toda injusticia. Jesús dice que Él salió y vino de Dios para participar de carne y sangre para que su sangre pueda expiar tus pecados (Juan 8:42; Hebreos 2:14-15). Dios le dijo a Moisés que es la sangre la que hace expiación por el alma (Levítico 17:11). Cuando Jesús derramó su sangre, la llevó directamente al cielo. La colocó sobre el propiciatorio de Dios para el perdón de tus pecados y la limpieza del alma (Hebreos 9:23-28).

Jesucristo derramó su sangre como un cordero y como el Cordero de Dios sin mancha para pagar el precio por el pecado del mundo (Juan 1:29). Este pago solo es válido cuando un individuo o persona acepta directamente el regalo de la salvación por la fe en Cristo Jesús.

¿Cómo puede ser eso?

Cada individuo debe pedirle a Jesús que lo perdone por sus pecados. En segundo lugar, el individuo debe pedirle a Jesús que entre en su corazón y lo limpie con su sangre que fue derramada como pago por los pecados. El individuo debe arrepentirse, apartarse de sus pecados y no volver a cometerlos. Luego, el individuo debe poner su confianza en la obra consumada de lo que Jesús hizo por él en la cruz. Cada persona debe aceptar este regalo por fe, pidiéndole a Jesús que entre en su corazón y sea el Señor de su vida y Salvador de su alma. El proceso es experimental. El

Espíritu Santo de Jesús entrará en el corazón del creyente y transformará el corazón de piedra del pecador en un corazón de carne. Se hará un intercambio. Jesús le dará al creyente su manto de justicia y se convertirá en pecado para el creyente (2 Corintios 5:21). Luego, Jesús toma el castigo del pecado sobre sí mismo y muere en el lugar del creyente. Al tercer día, resucita de la tumba para justificar al creyente (Romanos 4:25). Por lo tanto, al ser justificados por la fe, ahora tenemos paz con Dios por medio de nuestro Señor Jesucristo (Romanos 5:1). Porque por gracia sois salvos: No por vosotros mismos, es el regalo de Dios: No por obras; para que nadie se jacte (Efesios 2:8-9). El creyente ahora se identifica con la muerte, sepultura y resurrección de Jesús. Por lo tanto, así como Jesús resucitó de los muertos y no murió más, el creyente resucitará para encontrarse con el Señor en el aire en su Segunda Venida. El evento está confirmado. La expectativa de su venida es inminente. Por lo tanto, lo esperamos con gran gozo y anticipación por su llegada.

La Naturaleza Pecaminosa

La Escritura dice: "Por cuanto todos pecaron y están destituidos de la gloria de Dios, sin importar raza, religión o cultura" (Romanos 3:23, énfasis añadido). ¿Es verdadera esta Escritura? ¿Has pecado? ¿Qué significa eso? La humanidad ha fallado en el estándar del Dios Santo. Hemos fallado en sus requisitos justos. Pecamos no porque seamos humanos, sino porque nuestro antepasado, Adán, pecó al desobedecer a Dios. Por lo tanto, toda la humanidad hereda una naturaleza pecaminosa. La buena noticia es que Jesucristo puede cambiar esta naturaleza pecaminosa. Jesucristo se hizo pecado por nosotros, que no conocíamos el pecado, para que podamos ser hechos la justicia de Dios en Él (2 Corintios 5:21). Porque "la paga del pecado es muerte; pero la dádiva de Dios es vida eterna en Cristo Jesús, nuestro Señor" (Romanos 6:23). Los conceptos religiosos no salvarán. Las ideologías religiosas no salvarán. ¿Qué significa esto para ti?

¡Por lo tanto, debes nacer de nuevo! (Juan 3:3) No por intervención humana, ni por el acto sexual entre un hombre y una mujer. Debes nacer de nuevo desde lo alto por el Espíritu Santo de Dios. Jesús declaró: "Si uno no nace de nuevo, no puede ver el reino de los cielos." Por esta razón, Jesucristo se hizo hombre para llevarnos a Dios a través de la sangre de su cruz. Él es el único mediador entre Dios y los hombres (1 Timoteo 2:5). Por lo tanto, Jesús les dijo: "Yo soy el camino, la verdad y la vida; nadie viene al Padre, sino por mí" (Juan 14:6). ¿Está Jesús siendo exclusivo? Sí, lo está. ¿Quién le dio tal autoridad? ¡Su Padre celestial! Jesús descendió del cielo a la tierra. Él conocía el camino y tenía el poder y la autoridad para enseñar a los hombres el camino al cielo. Jesús dijo varias veces que Él es del cielo y no de esta tierra. Jesús les dijo a los judíos: "Vosotros sois de abajo, yo soy de arriba; vosotros sois de este mundo, yo no soy de este mundo." No creían que Jesús era Dios, el Mesías, el Salvador del mundo; por lo tanto, Jesús les dijo: "Moriréis en vuestros pecados; porque si no creéis que yo soy Él, moriréis en vuestros pecados." La gente le dijo: "¿Quién eres Tú?" Jesús les dijo: "¿Qué os he estado diciendo desde el principio? Tengo muchas cosas que hablar y juzgar sobre vosotros, pero el que me envió es verdadero; y las cosas que oí de Él, estas hablo al mundo." No se dieron cuenta de que Él les estaba hablando del Padre. Entonces, Jesús dijo: "Cuando levantéis al Hijo del Hombre (la crucifixión), sabréis que yo soy Él, y no hago nada por iniciativa propia, sino que hablo estas cosas tal como el Padre me enseñó. Y el que me envió está conmigo; no me ha dejado solo, porque siempre hago lo que le agrada." Mientras hablaba estas cosas, muchos creyeron en Él."

—Juan 8:23-30

Aseguranza de la Salvación

Dr. Marlene Brown

¿Es posible para ti tener la certeza de la vida eterna? Sí. Dios ha hecho posible que camines con la certeza y confianza de la salvación. La Escritura declara: "Si confiesas con tu boca al Señor Jesús y crees en tu corazón que Dios lo levantó de los muertos, serás salvo. Porque con el corazón se cree para justicia, y con la boca se confiesa para salvación. La Escritura dice: 'Todo aquel que cree en Él no será avergonzado'" (Romanos 10:9-11). Porque de tal manera amó Dios al mundo, que ha dado a su Hijo unigénito, para que todo aquel que en Él cree no se pierda, sino que tenga vida eterna. Dios no envió a su Hijo al mundo para condenar al mundo, sino para que el mundo sea salvo por Él (Juan 3:16-17). Una vez salvados, las Escrituras dicen que ya no vivimos para nosotros mismos, sino que ahora vivimos para Cristo. Las Escrituras lo explican de esta manera: "Y Él murió por todos, para que los que viven ya no vivan para sí mismos, sino para Aquel que murió por ellos y resucitó" (2 Corintios 5:15).

Posteriormente, decimos sí a Jesús al abrir las puertas de nuestro corazón para dejarlo entrar. Jesús dijo: "He aquí, yo estoy a la puerta y llamo: si alguno oye mi voz y abre la puerta, entraré a él, y cenaré con él, y él conmigo" (Apocalipsis 3:20). La Escritura declara, mientras se dice: "Hoy, si oyes su voz, no endurezcas tu corazón como en la rebelión" (Hebreos 3:15). Jesús ha aparecido para quitar el pecado mediante el sacrificio de sí mismo. A los hombres les está destinado morir una sola vez, pero después de esto viene el juicio. Así también, Cristo fue ofrecido una vez para cargar con los pecados de muchos. A los que le esperan con ansias, Él se mostrará una segunda vez, sin pecado, para salvación (Hebreos 9:25-28). Por lo tanto, nos regocijamos en nuestra salvación.

Esta sección es una oración por la salvación. La oración es simple pero muy eficaz si se ora con sinceridad y en verdad. ¡Pídele a Jesús que entre en tu corazón y te limpie de toda injusticia para recibir el perdón de tus pecados! Esta oración a Jesús es el primer paso hacia tu transformación al nacer de nuevo. El siguiente paso es ser bautizado en agua y unirte a otros creyentes, conocidos como su iglesia. Jesús es la cabeza de la iglesia. Él murió por este cuerpo de creyentes, ninguno otro. Por lo tanto, para ser parte de su cuerpo, debes arrepentirte, alejarte de tus pecados y pedirle a Jesús que te limpie de toda injusticia.

ORACIÓN DE UN PECADOR POR LA SALVACIÓN

Querido Padre Celestial,

Vengo ante ti como un pecador. Gracias por enviar a Jesús a la tierra para morir por mí y pagar el precio de mis pecados. Por favor, perdóname por mis pecados. Jesús, desde este día, me arrepiento y no los haré más. Por favor, lávame con la sangre que fue derramada por mí. Limpia mi corazón de toda injusticia. Desde este día, me arrepiento de mis pecados y me aparto de ellos.

Padre Celestial, confieso ante ti hoy que Jesucristo es el Hijo de Dios. Creo que Él bajó del cielo a la tierra para morir una muerte de pecador en la cruz y dar su vida como rescate por mis pecados. Creo que resucitó al tercer día para justificarme ante ti. Desde este día, rindo mi vida a Jesús.

Entra en mi corazón y en mi vida, y deja que tu Espíritu Santo viva dentro de mí. Enséñame tu camino de santidad y justicia. Purifica mi corazón y mi mente. De ahora en adelante, te elijo a ti como el Señor de mi vida y Salvador de mi alma. Jesús, gracias por llamarme de la oscuridad a la luz de tu glorioso reino.

¡Gracias por la vida eterna! Hazme tuyo ahora y para siempre. Amén.

* * *

Si esta oración habla a tu corazón y la dices con toda convicción, entonces humildemente arrodíllate ante el trono de gracia por fe y di esta oración en voz alta a Jesús. Él prometió que cualquier persona que lo invitara a su corazón y vida, Él entraría en sus corazones junto con su Padre, para estar con ellos para siempre. Jesús prometió que nunca rechazaría a esa persona. Jesús dice: "Todo lo que el Padre me da, vendrá a mí; y al que a mí viene, no lo echo fuera" (Juan 6:37).

Cuando dices la oración por la salvación, el Espíritu Santo de Dios entra en tu corazón y comienza a transformarlo. Él pondrá un nuevo espíritu y una mente recta dentro de ti. Si alguno está en Cristo, es una nueva criatura. Las cosas viejas pasaron; he aquí, todas son hechas nuevas (2 Corintios 5:17). El nuevo espíritu es el Espíritu Santo de Dios. ¡Él es el mismo Espíritu que levantó a Jesús de los muertos! Ahora vive dentro de ti (Romanos 8:11). El Espíritu Santo llenará tu corazón con el amor, la alegría, la paz, la bondad, la mansedumbre y el dominio propio de Dios.

Posteriormente, Jesucristo ha apartado tus pecados tan lejos como está el oriente del occidente (Salmos 103:12). Jesús ya no se acuerda de ellos (Hebreos 8:12). Tu siguiente paso es leer la Biblia diaria para tener fuerza y ánimo. A medida que leas la Biblia, la Palabra de Dios lavará tu corazón y lo limpiará desde adentro hacia afuera (Juan 15:3). Ahora Jesús busca obediencia a Su Palabra.

NUEVO CERTIFICADO DE NACIMIENTO

Yo, _____, recibí a Jesucristo en mi corazón para ser mi Salvador y Señor personal, en este día, _____. ¡Ahora soy una nueva persona en Cristo Jesús!

¡Hoy me he convertido en hijo de Dios!

He sido comprado por la preciosa sangre de Jesús. He nacido de nuevo de lo alto por el Espíritu Santo de Dios en el nombre de Jesús.

Amén.

* * *

¡Felicidades!

¡Ahora eres una nueva persona en Cristo!

Dr. Marlene Brown

Capítulo 18
Tu Nueva Identidad en Cristo

De modo que si alguno está en Cristo [es decir, injertado, unido a Él por la fe en Él como Salvador, es una nueva criatura [renacido y renovado por el Espíritu Santo]; las cosas viejas [la condición moral y espiritual previa] pasaron. He aquí, son hechas nuevas [porque el despertar espiritual trae nueva vida].

—2 Corintios 5:17

Biblia Amplificada

Jesús dice que el cielo se alegra por un solo pecador que se arrepiente (Lucas 15:7). Recuerda que las Escrituras dicen: "Porque por gracia habéis sido salvados mediante la fe; y esto no de vosotros, es don de Dios; no por obras, para que nadie se gloríe, porque somos su hechura, creados en Cristo Jesús para buenas obras." (Efesios 2:8-9). La Escritura dice: "Sabiendo que los actos de la ley no justifican a un hombre, sino por la fe de Jesucristo, nosotros también hemos creído en Jesucristo, para que la fe de Cristo nos justifique, y no por los actos de la ley, porque por los actos de la ley ninguna carne será justificada" (Gálatas 2:16).

AHORA VESTÍTE CON EL NUEVO HOMBRE

Si habéis resucitado con Cristo, buscad las cosas de arriba, donde está Cristo sentado a la diestra de Dios. Poned la mira en las cosas de arriba, no en las de la tierra. Porque habéis muerto, y vuestra vida está escondida con Cristo en Dios. Cuando Cristo, que es nuestra vida, se manifieste, entonces también vosotros seréis manifestados con Él en gloria.

Su Segunda Venida

Matad, pues, lo terrenal en vosotros: fornicación, impureza, pasión desordenada, deseo maligno y avaricia, que es idolatría; cosas por las cuales viene la ira de Dios sobre los hijos de desobediencia. Vosotros también anduvisteis en otro tiempo en ellas, cuando vivíais en ellas. Pero ahora desechad también todas estas cosas: ira, enojo, malicia, blasfemia, palabras deshonestas de vuestra boca. No os mintáis unos a otros, ya que os habéis despojado del viejo hombre con sus hechos; y habéis vestido al nuevo hombre, que se renueva en conocimiento, conforme a la imagen de aquel que lo creó: en el cual no hay griego ni judío, circuncisión ni incircuncisión, bárbaro, escita, siervo ni libre; sino Cristo es todo, y en todos.

Vestíos, pues, como escogidos de Dios, santos y amados, de entrañas de misericordia, bondad, humildad de mente, mansedumbre, paciencia; soportándoos unos a otros, y perdonándoos unos a otros, si alguno tiene queja contra otro: así como Cristo os perdonó, así también hacedlo vosotros. Y sobre todas estas cosas vestíos de amor, que es el vínculo perfecto. Y que la paz de Dios gobierne en vuestros corazones, a la que asimismo fuisteis llamados en un solo cuerpo; y sed agradecidos. La palabra de Cristo habite en vosotros abundantemente en toda sabiduría, enseñándoos y amonestándoos unos a otros con salmos, himnos y cánticos espirituales, cantando con gracia en vuestros corazones al Señor.

Y todo lo que hagáis, sea de palabra o de hecho, hacedlo todo en el nombre del Señor Jesús, dando gracias a Dios Padre por medio de Él.

— Colosenses 3:1-16

Además, los cristianos deben ser santos e irreprochables, caminando en amor (Efesios 1:4). Si pecas, confiesa tu pecado a Jesús: Él es fiel y justo para perdonar tus pecados y limpiarte de toda injusticia (1 Juan 1:9).

Dr. Marlene Brown

Además, como cristianos, pertenecemos a un cuerpo de personas, una comunidad que pertenece a Cristo. Nos reunimos cada semana para fortalecernos en la fe. Además, necesitas leer Su Palabra diariamente, que es la Biblia. Jesús se llama a sí mismo la "Palabra". ¡Su "Palabra" te seguirá fortaleciendo diariamente y te permitirá crecer de fuerza en fuerza! Ora diariamente, hablándole tantas veces como desees. ¡Las oraciones son una conversación honesta con Dios desde tu corazón! Cuéntale tus preocupaciones, fracasos y éxitos. Pídele dirección en la toma de decisiones diarias. Como cristiano, no significa que tu vida estará libre de problemas. Jesús dice, en este mundo tendréis aflicción. Pero Él dice: "Confiad, yo he vencido al mundo" (Juan 16:33). Además, Jesús dice que nunca te dejará ni te desamparará. Él estará contigo siempre, incluso hasta el fin del mundo (Mateo 28:20).

A continuación, ten un espíritu de expectativa por su regreso. Jesús dice, velad, porque no sabéis el día ni la hora en que el Hijo del Hombre aparecerá (Mateo 24:42). Su venida será como un ladrón en la noche. Jesús dice: A aquellos que lo estén esperando, aparecerá sin pecado para salvación. Él viene por aquellos que están vigilando, esperando su llegada. Se le llama el 'rapto' de la iglesia.

Que la gracia de Dios esté contigo para caminar con gracia en su salvación.

Capítulo 19
Salvación

Por gracia sois salvos por medio de la fe; y esto no de vosotros, pues es don de Dios; no por obras, para que nadie se gloríe.

—Efesios 2:8-9

La salvación significa "liberación del mal, el peligro o el problema". Es el don de Dios, a través de Cristo, entregar las almas de los hombres. Todos necesitamos un Salvador porque todos han pecado y quedado por debajo de la gloria de Dios. Cada una de nuestras almas necesita ser entregada de las fuerzas malvadas de la oscuridad. ¿Cómo recibimos la salvación? La salvación viene a través del amor, el precioso amor de Jesús. Cristo dejó su trono en gloria, bajó en forma de hombre, se tomó el pecado, a pesar de que no conocía pecado y se permitió ser crucificado en la cruz, que a través de su sangre, los hombres pueden estar libres de pecado, incluso tener el perdón de los pecados. ¡Las almas de los hombres ahora se pueden salvar! No es por obras, para que ningún hombre se jacten, ¡pero es el precioso regalo de Dios!

El Amor de Dios

Dios te ama tanto que envió a su único Hijo, Jesucristo, al mundo y le permitió ser crucificado. Su muerte en la cruz fue el último sacrificio hecho por nuestros pecados. Nos ha comprado con su sangre y pagó el precio del pecado en su totalidad. El Señor es bueno, justo y misericordioso más allá de nuestra comprensión. ¿Quién puede comprender la profundidad de su amor?

> Porque Dios amaba tanto al mundo, que le dio a su hijo, que cualquiera que crea en él no deba perecer, sino que

tenga vida eterna. Porque Dios no envió a su Hijo al mundo para condenar al mundo; pero que el mundo a través de él podría ser salvado.

—John 3: 16–17

El padre ama al hijo y ha dado todas las cosas en su mano. El que cree en el Hijo tiene una vida eterna: y el que no cree el Hijo no verá la vida, sino que la ira de Dios lo abide.

—John 3: 35–36

El amor de Dios por ti es permanente y eterno. Te ama hasta el final. Lo que hacemos, pensamos y decimos no afecta el amor de Dios. Ningún problema es demasiado grande o demasiado pequeño para que él se resuelva. La Escritura dice en Juan 13: 1: "Cuando Jesús supo que su hora había llegado de que fuera de este mundo al Padre, habiendo amado el suyo que estaba en el mundo, los amaba hasta el final". Debido a este amor que tiene por nosotros, sus preciosas heridas son sanadoras hoy. La Escritura dice:

> Pero fue herido por nuestras transgresiones; Fue magullado por nuestras iniquidades: el castigo de nuestra paz estaba sobre él, y con sus rayas, estamos curados.

—Isaías 53: 5

Quien su propio yo desnudo nuestros pecados en su propio cuerpo en el árbol, que nosotros, siendo muertos en los pecados, deberíamos vivir a la justicia.

—1 Pedro 2:24

En quien tenemos redención a través de su sangre, el perdón de los pecados, según las riquezas de su gracia.

—Efefesios 1: 7

Solo un hombre nos ama incondicionalmente a la eternidad, ¡y el nombre de ese hombre es Jesús! El único hombre dispuesto a darle su vida por nosotros le dio su vida para que podamos tener vida eterna a través de él creyendo que él es realmente el Hijo del Dios Viviente. El amor de Dios pasa a la eternidad. Romanos 8: 35–39 declara:

¿Quién nos separará del amor de Cristo? ¿La tribulación, o la angustia, o la persecución, o la hambruna, la desnudez, el peligro o la espada? Como está escrito, por tu bien, somos asesinados todo el día; Somos contabilizados como ovejas para la matanza. No, en todas estas cosas, somos más que conquistadores a través de él que nos amaba. Porque estoy persuadido de que ni la muerte, ni la vida, ni los ángeles, ni los principales, ni los poderes, ni las cosas presentes, ni las cosas por venir, ni la altura, ni la profundidad, ni ninguna otra criatura, podrán separarnos del amor de Dios, que se encuentra en Cristo Jesús nuestro Señor.

Recuerde: Cristo y sus promesas siguen siendo las mismas ayer, hoy y para siempre (Heb. 13: 8).

Dejó su Trono en Gloria

Nunca deja de sorprenderme que un rey dejara su trono en gloria para morir por un mundo que su enemigo destruyó. El único propósito de Cristo para venir era poner fin a las obras de la oscuridad para que pudiera destruir el pecado de una vez por todas. 1 Juan 3: 8 dice: "Para este propósito, el Hijo de Dios se manifestó, para que pudiera destruir las obras del diablo". La Escritura también nos dice que ha conquistado la muerte y la tumba. Él dijo: "Oh muerte, ¿dónde está tu aguijón? Oh tumba, ¿dónde está tu victoria? (1 Cor. 15:55). En Apocalipsis 1:18, Jesús dice: "Estoy vivo para siempre más amén y tengo las llaves del infierno y de la muerte".

Él Bajó en Forma Dehombre

Es un gran misterio que el Hijo del Dios Viviente elegiría venir a la Tierra en forma de hombre; de hecho, es un gran honor y misterio. Se hizo un poco más bajo que los ángeles para probar la muerte por cada hombre.

Por lo tanto, como los niños son participantes de carne y sangre, él también él mismo participó de lo mismo; que a través de la muerte podría destruirlo que tuviera el poder de la muerte, es decir, el diablo; Y entregarlos a quienes por miedo a la muerte estaban sujetos a la esclavitud de toda su vida. Porque en verdad no le tomó la naturaleza de los ángeles, pero le tomó la semilla de Abraham.

—Hebrews 2: 14–16

El no Conocía Pecado

El Padre hizo que Jesús se convirtiera en pecado para nosotros, a pesar de que Jesús no sabía pecado para que podamos ser la justicia de Dios en Él (2 Cor. 5:21). La Escritura dice: "Le complació al Señor magullarse; Él lo ha puesto en dolor: cuando hagas de su alma una ofrenda por el pecado, verá su semilla, prolongará sus días, y el placer del Señor prosperará en su mano "(Isa. 53:10). La Escritura dice que derramó su alma hasta la muerte. En la cruz, dijo: "Padre, perdónalos porque no saben lo que hacen" (Lucas 23:34). En la cruz, vemos la compasión y la misericordia de Jesús con los que lo hicieron mal. Mientras sufría, no amenazó a sus atormentadores, sino que se comprometió con el dios justo (1 Pet. 2:23).

Se Permitió ser Crucificado

Por lo tanto, mi padre me ama, porque digo mi vida, para que pueda volver a tomarla. Ningún hombre lo trae de mí, pero lo pongo de mí mismo. Tengo el poder de dejarlo, y tengo el poder de tomarlo nuevamente. Este mandamiento he recibido de mi padre.

—John 10: 17–18

Su Segunda Venida

Era testigo de alguien sobre Jesús, y él me estaba describiendo el Dios que adoraba: Buda. Me dijo que recibió lo que él le pidió a su dios Buda; Luego se volvió hacia mí y dijo: "¡El hombre Jesús estaba haciendo muchas cosas buenas y lo mataron! ¿Por qué hicieron eso? Respondí que no lo mataron; Él dejó su vida. El hombre me miró, perplejo. Así es como Jesús lo explica en Su Palabra:

En verdad, en verdad, te digo que soy la puerta de las ovejas. Todo lo que vino antes que yo fueron ladrones y ladrones, pero las ovejas no las escucharon. Yo soy la puerta: por mí, si algún hombre entra, él será salvado y entrará y saldrá y encontrará pastos. El ladrón no viene, sino para robar, matar y destruir: he venido para que puedan tener vida y tenerla más abundantemente. Soy el buen pastor: el buen pastor da su vida por las ovejas. Pero el que es un hirel, y no el pastor, cuyo propio no lo son las ovejas, ve al lobo que viene, y leava las ovejas, y volta: y el lobo las atrapa y dispersa a las ovejas. El Hireling flota porque es un hirel y no se cuesta para las ovejas. Soy el buen pastor, y conozco a mis ovejas, y soy de mí.

Como el Padre me conoce, aun así, sé que el Padre: y digo mi vida para las ovejas. Y otras ovejas que tengo, que no son de este redil: también debo traer, y ellos escucharán mi voz, y habrá un pliegue y un pastor. Por lo tanto, mi padre me ama, porque digo mi vida, para que pueda volver a tomarla. Ningún hombre lo trae de mí, pero lo pongo de mí mismo.

Tengo el poder de dejarlo, y tengo el poder de tomarlo nuevamente. Este mandamiento he recibido de mi padre.

—John 10: 7–18

Jesús dice: "Aquí estoy, la entrada, la puerta a través de la cual las ovejas entran y salen y encuentran pastos verdes. Soy el que trae salvación a aquellos que siguen mi guía. Yo soy el camino, la verdad y la vida; Nadie puede venir a Dios excepto a través de mí. Soy el buen pastor. Un pastor dará su vida por sus ovejas porque quiere protegerlas y salvarlas del malvado lobo, pero un sirviente contratado correrá cuando vea venir al lobo. Correrá porque es solo un sirviente contratado; Las ovejas no le pertenecen. No sacrificará su vida para proteger a las ovejas, pero el buen pastor lo hará". Jesús nos demostró esto cuando dejó su vida en la cruz de Calvary para salvarnos de Satanás, el lobo y el pecado para que podamos encontrar la paz a través de él y tener la vida eterna.

Consideremos a nuestro padre terrenal y cómo nos amaría si hubiéramos arriesgado nuestras vidas para proteger nuestras ovejas terrenales. David es un ejemplo perfecto. David era un hombre que caminaba con la integridad del corazón y la rectitud según los estatutos de Dios. David también era un niño pastor que atendía a las ovejas de su padre. Un día, mientras David atendía su bandada de ovejas, un león, y un oso vino a devorarlas, y arriesgó su vida para proteger a sus ovejas. En 1 Samuel 17: 34-36, David le explica a Saúl lo que ocurrió:

Y David dijo a Saúl que tu siervo mantuvo las ovejas de su padre, y allí vino un león, y un oso, y sacó un cordero del rebaño: y salí tras él, y lo sacé, y lo entregué de su boca: y cuando se abrió contra mí, lo atrapé por su barba, y lo golpeé, y lo golpeé. Tu sirviente mató tanto al león como al oso.

Jesús, sin embargo, no arriesgó su vida por sus ovejas; Dio su vida por sus ovejas y murió en nuestro lugar para que pudiéramos ser salvados a través de él.

Por medio de Su Sangre, Podemos Recibir el Perdón de los Pecados

La Escritura declara:

Bienaventurados aquellos cuyas iniquidades son perdonadas y cuyos pecados son cubiertos.

—Romanos 4:7

Su Segunda Venida

Venid luego, dice Jehová, y estemos a cuenta: si vuestros pecados fueren como la grana, como la nieve serán emblanquecidos; si fueren rojos como el carmesí, vendrán a ser como blanca lana.

—Isaías 1:18

Dr. Marlene Brown

Capítulo 20
¿Qué es la fe?

Así que la fe es por el oír, y el oír, por la palabra de Dios.

—*Romanos 10:17*

La Biblia declara que "es la fe la certeza de lo que se espera, la convicción de lo que no se ve" (Hebreos 11:1). La palabra griega para certeza es hupostasis. Hupostasis significa "tener confianza en una certeza que existe realmente, o en un ser real". También significa "la cualidad o naturaleza sustancial de una persona o cosa". La palabra griega para esperanza es elpizo, que significa "esperar la salvación con gozo y plena confianza, y confiar en esta esperanza".

Entonces, la Escritura dice que debemos tener plena confianza en creer en cualquier certeza o cosa que le pidamos al Señor y que debemos esperar la respuesta con gran gozo y confianza, creyendo que la recibiremos. Este gozo y confianza vienen al escuchar y oír la Palabra hablada de Dios. La Biblia dice que la fe viene por el oír y oír la Palabra de Dios (Romanos 10:17). Escuchar la Palabra de Dios significa que recibimos fe para nuestra salvación en la sangre de Cristo. También es por la gracia de Dios sobre nosotros que somos salvos por la fe y no por nosotros mismos. La salvación no es por obras, para que nadie se gloríe, sino que es el precioso don de Dios. Alguien puede decir, bueno, ¿qué pasa con nuestras buenas obras? La Biblia dice que fuimos creados en Cristo Jesús para hacer buenas obras, y Dios nos ordenó que anduviésemos en ellas. Sin embargo, no es por las obras que somos salvos; es el precioso don de Dios (Efesios 8-10).

Entonces, vemos que nuestra salvación no se basa en algo visto, sino más bien en la fe y la esperanza en la Palabra de Dios y Sus promesas. La Biblia declara en Romanos 8:24 que la esperanza, que se ve, no es esperanza. Porque lo que uno ve, ¿por qué todavía lo espera? Nuestra fe y esperanza también se basan en la resurrección de Cristo de entre los muertos hace más de dos mil años. Él ahora está sentado a la diestra de Dios, y promete regresar por nosotros y recibirnos en Sí mismo, para que donde Él está, allí estaremos nosotros también (1 Cor. 15:17). También se basa en Su promesa de que Él ha ido a preparar un lugar para nosotros. Esta es la gozosa esperanza que tenemos como creyentes en el Santo Cristo. Tenemos esta bendita esperanza en Él porque Sus Palabras son verdad (Juan 17:17). Sus Palabras son espíritu y son vida, según Juan 6:63. Es esta fe por la que Dios quiere que vivamos. Él dijo en Su Palabra que sin este tipo de fe en Él y Su Palabra, es imposible agradarle. Por eso, el Señor quiere que tengamos esta gran fe en Él y en Su Hijo. Él quiere que esperemos a Su Hijo con gozo y confianza mezclados con gran expectativa, creyendo que Él regresará a la tierra nuevamente y teniendo pleno conocimiento de que nuestra fe no es inútil ni en vano. Dios quiere que tengamos esta fe en Su Hijo. Él claramente declaró que todo lo que le pidamos cuando oremos en Su nombre, Él nos lo dará si creemos. Así, Él declaró en Su Palabra que "sin fe es imposible agradar a Dios; porque es necesario que el que se acerca a Dios crea que le hay" (Hebreos 11:6). Entonces, la pregunta es: ¿Quién es Dios? En la Biblia se dan varios nombres para indicar el carácter o la cualidad peculiar de una persona. Dios expresó sus atributos a través de la fe en Su nombre.

Los Nombres de Dios

Dios se le reveló a Moisés a través de algunos de Sus nombres. Estos son algunos de Sus nombres que denotan Sus atributos y deidad como Dios.

La Biblia dice que Él es Jehová Jireh, el Dios que ve. Él ve todo lo que estás pasando, sabe todo lo que estás pasando y proveerá.

Jehová Jireh ve y también provee. Él proveerá para ti durante tu tiempo de necesidad, durante tu tiempo de dificultad cuando tengas problemas en esta vida. Él quiere que tengas completa fe y confianza en Él y en Su nombre como el gran proveedor. Dios también es conocido como Jehová Rapha, que significa que Él es el Dios que te sana. Él es el gran médico, el gran sanador. Él restaura tanto a las personas como a las naciones. Dios dice en Su Palabra en Éxodo 15:26 que si escuchamos atentamente Su voz, le obedecemos, hacemos lo que es recto ante Sus ojos y atendemos a Sus mandamientos, Él no nos enviará ninguna de las enfermedades que trajo sobre los egipcios. "Porque él es el Señor tu sanador". Él es Jehová Rapha, el Dios que sana.

Él es Jehová Shalom, que significa "Jehová es paz". Este tipo de paz sobrepasa todo entendimiento. Él dice en Su Palabra que si mantenemos nuestras mentes en Él y permitimos que Su presencia y unción saturen nuestras mentes durante nuestros tiempos de dificultad, Él nos mantendrá en perfecta paz.

Otro nombre que habla de su deidad es El Olam. Esto significa "el Dios perdurable". La Escritura declara que Él nunca se cansa y nunca desmaya. Cuando te sientas débil en el corazón y en el cuerpo, entonces clama al Dios Todopoderoso, El Shaddai, quien es fuerte en fuerza, te fortalecerá y te sustentará con la diestra de Su justicia.

En Isaías 40:25, 28–31, Él dice:

¿A quién, pues, me haréis semejante o me compararéis? Dice el Santo. ¿No lo sabes? ¿No has oído que el Dios eterno, Jehová, el Creador de los confines de la tierra, no desmaya; ¿No se cansa? No hay quien alcance a su entendimiento. Él da esfuerzo al cansado, y multiplica las fuerzas al que no tiene ningunas. Los muchachos se cansarán y se cansarán, y los jóvenes caerán por completo. Pero los que esperan en Jehová tendrán nuevas fuerzas; levantarán alas como las águilas; correrán, y no se cansarán; caminarán, y no se fatigarán.

Su Segunda Venida

Dios dijo: ¡No temamos al enemigo! Sólo pongamos nuestra fe y confianza en Él, y Él nos ayudará. Él nos fortalecerá, dice Él; Él nos ayudará y nos sustentará con la diestra de Su justicia. Creo que la característica esencial de Dios es el amor. La Escritura declara en 1 Juan 4:16-20 que Dios es amor. Así que, sabiendo que nuestro Padre celestial es el amor mismo, podemos acercarnos al propiciatorio con gran confianza para recibir gracia y abundancia de favor de nuestro Padre celestial. Sólo cuando busquemos Su rostro diligentemente Él nos dará nuestras recompensas. Como Él declara en Su Palabra, Él es una recompensa para aquellos que lo buscan diligentemente. Así, el Dios del universo dice: "Si crees en Mí, crees en Mi amor por ti, conoces Mi nombre, pones tu confianza en Mí, me reconoces y buscas Mi consejo, entonces enderezaré tu camino y enderezaré el camino torcido. Nada te será imposible para Mí, porque, para Dios, nada es imposible" (ver Hebreos 11:6). La Escritura pregunta retóricamente: "¿Hay algo demasiado difícil para el Señor?" (Génesis 18:14). Esta fue la pregunta que Dios le hizo a Abraham cuando le dijo que Sara, su esposa, le daría un hijo en su vejez.

Jeremías 32:27 dice:

"Yo soy el Dios de toda carne; ¿hay algo que sea difícil para Mí?" También señala que Su mano no se ha acortado, que no se puede salvar, o que Su oído está tan pesado que no puede oír. Así, el Señor del universo quiere que nos acerquemos a Su propiciatorio creyendo que todo lo que pidamos en Su nombre, Él nos lo dará si tan solo creemos en Él. Como Él señaló, si no creemos en Él, quien es el Dios sobrenatural y Su poder, será imposible agradarle porque necesitamos vivir por fe en el ámbito de lo sobrenatural. Habacuc 2:4 dice: "El justo por su fe vivirá".

En Mateo 6:30–33, la Biblia dice:

Pues si la hierba del campo que hoy es, y mañana se echa en el horno, Dios la viste así, ¿no hará mucho más a vosotros, hombres de poca fe? No os afanéis, pues, diciendo: ¿Qué comeremos, o qué beberemos, o con qué nos cubriremos? (Porque los gentiles buscan todas estas cosas), pero vuestro Padre celestial sabe que tenéis necesidad de todas estas cosas. Mas buscad primeramente el reino de Dios y su justicia, y todas estas cosas os serán añadidas. y todas estas cosas os serán añadidas.

Si tenemos fe en Dios, la Escritura nos dice que traerá un buen informe a nuestras vidas. La fe recibirá buenas noticias (Hebreos 11:2). Mi fe en Dios me ayudó a atravesar el proceso del parto de mi segundo hijo, que nació muerto y que salió sin respirar durante quince minutos. Simplemente seguí confiando y creyendo que Dios me ayudaría mientras continuaba orando y suplicando la sangre de Jesús donde yacía el niño. Incluso recuerdo haber citado esta Escritura: "Invócame en el día de la angustia; Te libraré, y tú me honrarás" (Salmos 50:15).

Entonces, le recordé al Señor Su Palabra y, efectivamente, escuché un grito débil que venía del área donde tenían al bebé.

El grito era más suave que el maullido de un gato. Sin embargo, eso fue suficiente para mí. Luego trajeron al bebé, que pesaba 9 libras y media y no tenía mucha vida en su cuerpo, pero eso fue suficiente para que supiera que mi Dios había escuchado y respondido mi oración. El bebé está vivo y bien y ahora tiene veintiún años. La fe sin duda traerá buenos resultados en tu vida. Esta clase de fe también trae salvación a través de Jesucristo.

Capítulo 21
Dudas sobre tu salvación

Fíate de Jehová con todo tu corazón, y no te apoyes en tu propia prudencia. Reconócelo en todos tus caminos, y él enderezará tus veredas.

—*Proverbios 3:5-6*

La Biblia dice que si confiesas con tu boca que Jesús es el Señor, y crees con tu corazón, serás salvo. Si has hecho la oración con toda convicción y crees con tu corazón, ¡eres salvo en verdad! La Biblia dice que no es por obras que eres salvo. La Escritura dice en Efesios 2:8-10:

Porque por gracia sois salvos por medio de la fe; y esto no de vosotros, pues es don de Dios; no por obras, para que nadie se gloríe. Porque somos hechura suya, creados en Cristo Jesús para buenas obras, las cuales Dios preparó de antemano para que anduviésemos en ellas.

Sin embargo, habrá momentos en que el diablo vendrá ante ti con tu pasado ante tus ojos, diciéndote: "¡No eres realmente salvo!".

Es entonces cuando necesitas fe para aferrarte a la Palabra de Dios. Reprende al enemigo, y huirá de ti (Santiago 4:7). Jesús dice que Satanás es mentiroso y padre de mentira (Juan 8:44). La Biblia declara: "Con el corazón se cree para justicia, pero con la boca se confiesa para salvación" (Romanos 10:9-11). La Biblia también declara: "Todo aquel que invocare el nombre del Señor, será salvo" (Romanos 10:13). ¡No dijo que solo aquellos con unos pocos pecados! ¡No! No dijo que solo aquellos con pecados que no sean demasiado terribles, o que solo se excluyan asesinos y homosexuales, ¡no! Él dice: "Todo aquel".

La mayoría de nosotros no seremos hallados culpables de matarnos unos a otros; Sin embargo, ciertamente somos culpables de usar nuestras lenguas para asesinarnos unos a otros. Por eso, le agradezco a Dios que haya dicho: "¡Todo aquel que me invoque será salvo!". Esta es la oferta más hermosa dada al hombre bajo el cielo. Él no dijo que serás salvo solo si nunca has cometido abortos o abortos masivos; Él dijo en Su Palabra: "Quienquiera que seas, si me invocas, serás salvo". Esa declaración me hace pensar en lo maravilloso que es Dios. ¡El Señor no dijo solo si nunca has practicado la prostitución! ¡No dijo solo si tienes cierto color de piel! No dijo que la salvación era solo para los judíos. Y la lista continúa. Sí, la salvación también está disponible para los musulmanes y los hindúes en la fe. Vemos que el amor de Dios se extiende más profundamente, más y más profundamente, más amplio y más completo. Nuestro Dios es un Dios de amor. Por eso, en Su Palabra, Él declara que no importa en qué estado nos tenía el enemigo antes o qué fortaleza tenía el enemigo en nuestra vida; Su sangre es pura, santa y lo suficientemente poderosa para sacarnos de la tierra y lavarnos hasta dejarnos blancos como la nieve. Así, el hermoso Señor dice: "¡Todo aquel que invoque mi nombre, será salvo!". Ser "salvo" significa ser hecho completo en cuerpo, mente, alma y espíritu.

Ahora que somos salvos, debemos volvernos de nuestra vida pasada a la justicia. Ahora, solo hacemos las cosas de Dios según Su Palabra. Recuerde lo que dice la Palabra de Dios: "Si alguno está en Cristo, nueva criatura es; las cosas viejas pasaron... todas son hechas nuevas" (2 Corintios 5:17). Este es el milagro o la experiencia más hermosa que un hijo de Dios puede tener: la experiencia de nacer de nuevo. Lo que sucede es que una vez que recibes a Cristo en tu corazón, Su Espíritu Santo entra dentro de ti y expulsa todas las fuerzas malignas de las tinieblas. Las fuerzas de las tinieblas ya no te controlan; ahora eres controlado por el Espíritu

Santo de luz en Cristo. Una vez que Su espíritu vive dentro de ti, eres sellado para siempre con la vida eterna. Notarás que tu andar y tu hablar han cambiado, y la forma en que ves la vida y el mundo ha cambiado completamente. Ahora tienes pensamientos y deseos que son de Cristo. La Biblia dice que ahora eres llamado embajador de Jesucristo y reconciliado con el Santo Padre. La Palabra de Dios dice: "Porque Cristo se hizo pecado para que nosotros fuésemos hechos justicia de Dios en él" (2 Cor. 5:20-21). Sin embargo, necesitas renovar tu mente con la Palabra de Dios diariamente para completar la transformación de tu mente (Rom. 12:2). Lee la Palabra de Dios y haz lo que la Palabra de Dios dice para que puedas experimentar la transformación completa de la vida. Ahora que hemos sido liberados del pecado, la Escritura dice que nos hemos convertido en siervos de la justicia.

> La Escritura explica: "Así como para la iniquidad presentamos nuestros miembros a la inmundicia y a la iniquidad, así también para la santificación presentamos nuestros miembros a la justicia". Muchos de nosotros nos avergonzamos de las cosas que hemos hecho en el pasado, y los frutos de esas cosas traen la muerte. Como dice la Biblia, la paga del pecado es muerte, pero la dádiva de Dios es vida eterna en Cristo Jesús, nuestro Señor. Pero ahora, hemos sido liberados del pecado y nos hemos convertido en siervos de Dios, de modo que los frutos que estaremos produciendo serán la santidad, y el fin de la santidad es la vida eterna.
>
> —Romanos 6:19-23

Dr. Marlene Brown

Capítulo 22
El significado de la sangre

Pero ahora en Cristo Jesús, vosotros que en otro tiempo estabais lejos, habéis sido hechos cercanos por la sangre de Cristo.

— *Efesios 2:13*

La sangre es el fluido que da vida al cuerpo. En el Antiguo Testamento, se la considera como la sede de la vida, pero como la sangre derramada significa muerte, la palabra se usa tanto para vida como para muerte. La vida del cuerpo se encuentra en la sangre. La sangre también hace expiación por el alma, lo que significa que la sangre se usa para limpiar el alma del pecado. El significado de la sangre de Jesús ahora se entiende claramente, ya que es sangre sin mancha ni defecto, que se usa para la expiación de nuestra alma para limpiarnos de todos los pecados (Levítico 17:11)

En los días del Antiguo Pacto, solo el sumo sacerdote entraba en el aposento interior cada año, no sin sangre. El "aposento interior" es el lugar del Lugar Santísimo. El sumo sacerdote tomaba la sangre de machos cabríos y de becerros, que ofrecía a Dios primero por sus pecados y luego por los pecados del pueblo. El Espíritu Santo no revelaba el camino al Lugar Santísimo mientras el primer tabernáculo estaba presente. Las ofrendas y los sacrificios ofrecidos durante este tiempo ceremonial no podían limpiar y purificar la conciencia de los adoradores, porque la sangre de animales, toros y machos cabríos no podía quitar los pecados (Hebreos 9:5-10).

Pero estando ya presente Cristo, sumo sacerdote de los bienes venideros, por el más amplio y más perfecto tabernáculo, no hecho de manos, es decir, no de esta creación, y no por sangre de machos cabríos ni de becerros, sino por su propia sangre, entró una vez para siempre en el Lugar Santísimo, habiendo obtenido eterna redención. [Así que ahora somos santificados mediante la ofrenda del cuerpo de Jesucristo hecha una vez para siempre] Porque si la sangre de los toros y de los machos cabríos, y las cenizas de la becerra rociadas a los inmundos, santifican para la purificación de la carne, ¿cuánto más la sangre de Cristo, el cual mediante el Espíritu eterno se ofreció a sí mismo sin mancha a Dios, limpiará vuestras conciencias de obras muertas para que sirváis al Dios vivo?

—Hebreos 9:11-14

Ahora voy regularmente a la cruz de Jesús, pidiéndole a Cristo, mi sumo sacerdote, que me limpie de mis pecados a través de Su sangre y purifique mi conciencia de obras muertas para servir al Dios vivo. Porque Cristo fue quien ofreció el sacrificio, y Él fue el sacrificio mismo. No solo superficialmente, sino que Su sangre purificó tu conciencia, quitando la contaminación del pecado desde lo más profundo de tu ser.

Cuando Cristo vino al mundo, dijo:

Sacrificio y ofrenda no quisiste, pero me preparaste un cuerpo; holocaustos y expiaciones por el pecado no te agradaron. Entonces dije: He aquí que vengo (en el rollo del libro está escrito de mí), para hacer, oh Dios, tu voluntad. Cuando dijo arriba: Sacrificio y ofrenda y holocaustos y expiaciones por el pecado no quisiste, ni te agradaron, las cuales cosas se ofrecen según la ley, Entonces dijo: He aquí que vengo, oh Dios, para hacer tu voluntad. Quita lo primero, para establecer lo segundo, por cuya voluntad somos santificados mediante la ofrenda del cuerpo de Jesucristo hecha una vez para siempre.

—Hebreos 10:5–10

Dr. Marlene Brown

La Palabra de Dios dice que todo sacerdote está de pie cada día, ministrando y ofreciendo los mismos sacrificios año tras año. Este tipo de sacrificio nunca puede quitar el pecado de una vez por todas, pero después de que Jesús ofreció un sacrificio por los pecados para siempre, se sentó a la diestra de Dios, perfeccionando a los que son santificados para siempre. Y el Espíritu Santo, dice la Biblia, es un testigo para nosotros. Porque el Señor dijo antes en Su Palabra:

> Este es el pacto que haré con ellos Después de aquellos días, dice el Señor: Pondré mis leyes en sus corazones, Y en sus mentes las escribiré; Y nunca más me acordaré de sus pecados y transgresiones. Y donde hay remisión de éstos, no hay más ofrenda por el pecado.
>
> —Hebreos 10–18

> Porque no entró Cristo en el santuario hecho de mano, figura del verdadero, sino en el cielo mismo para presentarse ahora por nosotros ante Dios; y no para ofrecerse muchas veces, como entra el sumo sacerdote en el santuario cada año con sangre ajena; De otra manera le hubiera sido necesario padecer muchas veces desde el principio del mundo; pero ahora, en la consumación de los siglos, se presentó una sola vez por el sacrificio de sí mismo para quitar de en medio los pecados. Así también Cristo fue ofrecido una sola vez para llevar los pecados de muchos; y aparecerá por segunda vez, sin relación con el pecado, para salvar a los que le esperan.
>
> —Hebreos 9:24–26, 28

Su Segunda Venida

Capítulo 23
El poder purificador de la sangre de Jesús

Pero si andamos en luz, como él está en luz, tenemos comunión unos con otros, y la sangre de Jesucristo su Hijo nos limpia de todo pecado.

—1 Juan 1:7

Para creer en el poder purificador de la sangre de Jesucristo, primero hay que hacerse la pregunta: "¿Fue Jesús sólo un hombre, o sólo otro profeta? ¿O era el Hijo del Dios viviente?" Para encontrar la respuesta correcta, tenemos que ir directamente a las Escrituras. La Biblia nos dice que Jesús vino en forma de carne pecaminosa. Tomó la forma de hombre. ¿Por qué? Para poder destruir al que tenía el poder de la muerte, es decir, al diablo. La siguiente pregunta es: ¿Por qué? ¡La respuesta es que Él podía liberarnos a nosotros, que habíamos estado en esclavitud por el temor a la muerte! Así que, la Biblia dice que Él no tomó la naturaleza de los ángeles, sino la descendencia de Abraham. La Biblia dice que Él quiso ser como nosotros, teniendo el mismo origen, siendo hecho como hombre en vez de como ángel (Fil. 2:7), para poder llegar a ser un misericordioso y fiel sumo sacerdote en lo que a Dios se refiere, para expiar los pecados del pueblo. Puesto que Él sufrió y fue tentado como hombre, de la misma manera puede ayudarnos a nosotros que somos tentados (Heb. 2:14-18).

Jesús, estando lleno del Espíritu Santo, operó como 100 por ciento hombre. De esta manera, Él fue a la cruz para ser crucificado. Aunque Jesús fue 100 por ciento hombre en la tierra, también fue 100 por ciento Dios y se lo dejó muy claro a María, cuyo hermano

Lázaro había muerto antes de que Él lo resucitara de entre los muertos.

Jesús le dijo: Yo soy el DIOS VIVO: La resurrección y la vida; el que cree en mí, aunque muera, vivirá. Y todo aquel que vive por la fe en mí, no morirá jamás. ¿Crees esto?"

"¡Sí, Señor!" Ella respondió: "Creo que tú eres el Cristo, el Hijo de Dios, el que habíamos esperado que viniera al mundo" (Juan 11:24-27 NVI). Jesús dio a conocer su deidad una vez más y dijo: "De cierto, de cierto os digo: el que oye mi palabra y cree al que me envió, tiene vida eterna y no será condenado, sino que ha pasado de muerte a vida" (Juan 5:24 NVI).

(Es importante señalar aquí que Jesús se convirtió en Hijo de Dios no porque Dios deseara una esposa para tener relaciones sexuales, según lo que enseñan muchas religiones, sino por la voluntad perfecta del Padre).

Jesús se convirtió en Hijo de Dios por un decreto que Dios Padre le había dicho desde la eternidad pasada según el salmista: Proclamaré el decreto que me habló el Señor: "Tú eres mi Hijo, yo te he engendrado hoy" (Salmos 2:7).

La Escritura en otro lugar dice: "Porque ¿a cuál de los ángeles dijo Dios jamás: "Tú eres mi Hijo; yo te he engendrado hoy"? O también: "Yo le seré Padre, y él me será Hijo" (Hebreos 1:5). Jesús, siendo Dios perfecto, tuvo que hacerse hombre perfecto, llamado por Dios para ser el Sumo Sacerdote perfecto para ministrar las cosas de Dios. De la misma manera, Cristo no tomó sobre sí la gloria de hacerse sumo sacerdote. Pero Dios le dijo: "Tú eres mi Hijo; yo te he engendrado hoy" (Hebreos 5:5).

En consecuencia, este gran Sumo Sacerdote también ofrecería un don y un sacrificio a Dios como los demás sumos sacerdotes. Este Dios-hombre se ofrecería a sí mismo como sacrificio vivo como don a Dios por el duro pago del sufrimiento de la humanidad. Su alma

Su Segunda Venida

sería ofrecida en ofrenda por el pecado. "Vería el fruto de su ofrenda y quedaría satisfecho" (Isaías 53:10-11, Texto Masorético). La sangre del Santo Dios-hombre quitaría el pecado del mundo.

Jesús es el cordero perfecto de Dios. Como Dios-hombre, Su sangre sería perfecta para hacer expiación por el pecado. La Escritura declara que al día siguiente, Juan vio a Jesús que venía hacia él y dijo:

> He aquí el Cordero de Dios, que quita el pecado del mundo. Este es de quien yo dije: Después de mí viene un varón, el cual es antes de mí; porque era primero que yo. Y yo no lo conocía; pero para que fuese manifestado a Israel, por eso vine yo bautizando con agua. Y Juan dio testimonio, diciendo: Vi al Espíritu que descendía del cielo como paloma, y permaneció sobre él. Y yo no lo conocía; pero el que me envió a bautizar con agua, ése me dijo: Sobre quien veas descender el Espíritu y que permanece sobre él, ése es el que bautiza con el Espíritu Santo. Y yo le vi, y he dado testimonio de que éste es el Hijo de Dios. Al día siguiente otra vez estaba Juan y dos de sus discípulos, y mirando a Jesús que andaba por allí, dijo: He aquí el Cordero de Dios.
>
> —Juan 1:29–36

Antes de ir a la cruz para ser crucificado, Jesús les dijo a sus discípulos que su cuerpo sería destruido, pero que lo resucitaría al tercer día. Esto lo hizo, venciendo tanto a la muerte como al sepulcro. Hoy, Jesús está sentado a la diestra de Dios, intercediendo por nosotros. Es muy importante que entendamos esto y conozcamos la verdad. La Biblia dice que es esta verdad la que nos hará libres. ¡Es necesario decir esta verdad! Si Jesús fuera un hombre común y corriente o un profeta que vino a la tierra para mostrarnos cómo vivir conforme a alguna fe, entonces su muerte sacrificial no podría salvarnos de nuestros pecados. No habría poder en su sangre derramada para perdonarnos nuestros pecados y limpiarnos de toda maldad (1 Juan 1:9). La Biblia dice que el

Espíritu Santo dio testimonio de que Él era el Hijo de Dios con poder cuando resucitó de entre los muertos (Romanos 1:3–4).

El mismo Espíritu Santo que vive dentro de los cuerpos de los creyentes también da testimonio de que Jesús es exactamente quien dice ser, ¡el Hijo del Dios viviente! Jesús mismo dijo en Su Palabra que si no crees en Su Palabra, debes creer en las mismas obras que Él hace porque Él no hace nada por Sí mismo, sino que todo lo que el Padre le dijo que hiciera, Él lo hace (Juan 10:37-38). Entonces sabrás que Él salió del seno mismo de Su Padre para ser el sacrificio máximo por el pecado y el Salvador del alma del hombre (Juan 1:18; 8:42).

Ahora, profundicemos en la Palabra de Dios, y veremos por qué el poder purificador de Jesús puede y nos hace limpios (más blancos que la nieve). Recuerda, las palabras de Jesús son verdad, espíritu y vida. Jesús dice en Su Palabra:

> Venid luego, dice el Señor, y estemos a cuenta: si vuestros pecados fueren como la grana, como la nieve quedarán emblanquecidos; si fueren rojos como el carmesí, vendrán a ser como blanca lana.
>
> —Isaías 1:18

Jesús está diciendo que Su sangre puede lavarte y limpiarte. Recuerda, Dios le dijo a Moisés que la sangre limpia el alma del pecado. La sangre se usa como expiación por el alma (Levítico 17:11). Jesús nos dice en Su Palabra que no tenemos vida dentro de nosotros a menos que comamos Su carne y bebamos Su sangre. Somos como muertos vivientes. En nuestra sociedad actual, encontramos a muchas personas que andan por ahí diciendo que son buenas personas mientras tratan de convencerse a sí mismas de que tienen derecho a entrar en el reino de los cielos. Jesús dice: "Si mi sangre no te lava y te limpia, no tienes parte en mí. Eres como un muerto viviente. Toda tu justicia es como trapo de inmundicia delante de mí" (ver Isaías 64:6). No tienes luz dentro de ti: no tienes vida dentro de ti (Juan 8:12). Así como el pan da vida al cuerpo, así también el cuerpo de Cristo, que es el verdadero pan, el pan vivo da vida al mundo espiritualmente y nos da vida eterna. La Biblia dice que la sangre de Cristo nos ha redimido. A través de Su sangre, nuestros pecados pueden ser perdonados (Efesios 1:7). Él nos ha comprado y nos ha restaurado al Padre por Su sangre. Es Su sangre y la fe en el poder de Su sangre lo que nos ha dado una bendita seguridad y paz mental de que nuestra eternidad está segura en Él.

Hebreos 10:19-22 dice:

> Así que, amados hermanos y hermanas, podemos entrar confiadamente al Lugar Santísimo del cielo debido a la sangre de Jesús. Por su muerte, Jesús abrió un camino nuevo y vivificante a través de la cortina hacia el Lugar Santísimo. Y ya que tenemos un gran Sumo Sacerdote que gobierna sobre la casa de Dios, entremos directamente a la presencia de Dios con corazones sinceros y confiando plenamente en Él. Porque nuestras conciencias culpables han sido rociadas con la sangre de Cristo para hacernos limpios, y nuestros cuerpos han sido lavados con agua pura.

Por eso, Dios le ha dado a Cristo el Mesías un cuerpo humano, no un cuerpo de ángeles, para que a través de su cuerpo, que es el velo o la cortina, se abra un camino consagrado para la humanidad. Ahora es posible que la humanidad entre al Lugar Santísimo delante de Dios por la sangre de Cristo. Esta es la esperanza que Jesucristo nos ha dado. Cristo le ha dado a la humanidad un ancla firme y segura para el alma (Hebreos 6:19).

Esta sangre, dice la Biblia, es sin mancha ni defecto; es santa. La Biblia dice que este es un camino nuevo y vivo (Hebreos 9:11). Ahora podemos acercarnos confiadamente ante el trono de Dios para recibir la gracia. Esto ahora es posible mediante la sangre limpiadora y expiatoria de Jesucristo. Por esta razón, debemos dar gracias al Padre:.. que nos hizo aptos para participar de la herencia de los santos en luz; el cual nos ha librado de la potestad de las tinieblas, y trasladado al reino de su amado Hijo; en quien tenemos redención por su sangre, el perdón de pecados. El cual es la imagen del Dios invisible, el primogénito de toda creación. Porque en él fueron creadas todas las cosas, las que hay en los cielos y las que hay en la tierra, visibles e invisibles; sean tronos, sean dominios, sean principados, sean potestades; todo fue creado por medio de él y para él. Y él es antes de todas las cosas, y en él todas las cosas subsisten. Y él es la cabeza del cuerpo que es la iglesia, y él es el principio, el primogénito de entre los muertos, para que en todo tenga la preeminencia.

> Por cuanto agradó al Padre que en él habitase toda plenitud, y por medio de él reconciliar consigo todas las cosas, así las que están en la tierra como las que están en los cielos, haciendo la paz mediante la sangre de su cruz.
>
> —Colosenses 1:12–20

A Jesucristo, "el testigo fiel, el primogénito de los muertos, y el soberano de los reyes de la tierra. Al que nos amó, y nos lavó de nuestros pecados con su sangre, y nos hizo reyes y sacerdotes para Dios, su Padre; a él sea gloria e imperio por los siglos de los siglos. Amén" (Apocalipsis 1:5-6).

Su Segunda Venida

Capítulo 24
Comunicación directa con Jesús, nuestro Sumo Sacerdote

Juró Jehová, y no se arrepentirá: Tú eres sacerdote para siempre según el orden de Melquisedec.

—*Salmo 110:4*

Es en verdad un maravilloso privilegio para nosotros acercarnos al trono del Dios Altísimo por medio de la sangre de su Hijo Jesucristo, nuestro gran Sumo Sacerdote. Tenemos un Sumo Sacerdote que está sentado a la diestra del trono de la Majestad en los cielos. Acerquémonos con un corazón sincero y humilde.

Porque convenía a aquel por cuya causa son todas las cosas y por quien todas las cosas subsisten, que habiendo de llevar muchos hijos a la gloria, perfeccionase por aflicciones al autor de la salvación de ellos. Así que, por cuanto los hijos participaron de carne y sangre, él también participó de lo mismo, para destruir por medio de la muerte al que tenía el imperio de la muerte, esto es, al diablo, y librar a todos los que por el temor de la muerte estaban durante toda la vida sujetos a servidumbre. Porque ciertamente no tomó sobre sí la naturaleza de los ángeles, sino que tomó sobre sí la descendencia de Abraham. Por lo cual debía ser en todo semejante a sus hermanos, para venir a ser misericordioso y fiel sumo sacerdote en lo que a Dios se refiere, para expiar los pecados del pueblo. Pues en cuanto él mismo padeció siendo tentado, es poderoso para socorrer a los que son tentados.

Dr. Marlene Brown

—Hebreos 2:10, 14–18

La Escritura nos reveló por qué se le dio un cuerpo a Jesús. Jesús quería experimentar el mismo sufrimiento que el hombre experimentó en el cuerpo. Jesús quiere identificarse con los humanos para ser un sumo sacerdote misericordioso y fiel en lo que concierne a Dios por nosotros. Como sumo sacerdote, su trabajo es hacer la reconciliación por los pecados del pueblo. Como capitán de nuestra salvación, también quiere experimentar el sufrimiento como humano para poder destruir a Satanás mediante su muerte. Satanás tenía el poder de la muerte. Otra razón importante por la que Jesús tuvo que hacerse humano fue para cumplir las palabras habladas por Isaías, quien dijo que el Mesías sería un siervo sufriente.

El profeta Isaías dijo:

> Ciertamente llevó él nuestras enfermedades, y sufrió nuestros dolores; y nosotros le tuvimos por azotado, por herido de Dios y abatido. Mas él herido fue por nuestras rebeliones, molido por nuestros pecados; el castigo de nuestra paz fue sobre él, y por su llaga fuimos nosotros curados.

—Isaías 53:4

El apóstol Pedro dijo: "Él mismo llevó nuestros pecados" en su cuerpo en la cruz para que pudiéramos morir a los pecados y vivir para la justicia; "por sus heridas fuisteis sanados" (1 Pedro 2:24). Nuestro gran Sumo Sacerdote tomó sobre sí la responsabilidad de la maldición del pecado (Gálatas 4:13). Él no se parece a ningún otro. Solo Él debe ser adorado como nuestro gran sumo sacerdote. Tenemos un Sumo Sacerdote cuya sangre se usa para salvarnos y cuyo cuerpo se usa para sanarnos. Tenemos un Sumo Sacerdote que intercede por nosotros diariamente mientras está sentado a la diestra del Altísimo. Esto es excelente en verdad. Es un pacto mucho mejor que el primero.

Su Segunda Venida

Las Escrituras nos alientan ahora a acercarnos directamente a nuestro sumo sacerdote que está delante del trono de la gracia:

Por tanto, teniendo un gran sumo sacerdote que traspasó los cielos, Jesús, el Hijo de Dios, mantengamos firme nuestra profesión. Porque no tenemos un sumo sacerdote que no pueda compadecerse de nuestras debilidades, sino uno que fue tentado en todo según nuestra semejanza, pero sin pecado. Acerquémonos, pues, confiadamente al trono de la gracia, para alcanzar misericordia y hallar gracia para el oportuno socorro.

—Hebreos 4:14–16

Así que ahora, hermanos, entramos confiadamente en el Lugar Santísimo por la sangre de Jesús cuando oramos. Es nuestro camino nuevo y vivo que Cristo ha consagrado para nosotros. Ahora tenemos un sumo sacerdote en la casa de Dios; acerquémonos con corazón sincero, en plena certidumbre de fe, rociados los corazones con su sangre para limpiar toda mala conciencia, y lavados los cuerpos con agua pura para servir al Dios vivo.

Dr. Marlene Brown

Capítulo 25
El significado de la cruz

Porque la palabra de la cruz es locura a los que se pierden, pero a los que se salvan, a nosotros, es poder de Dios.

—1 Corintios 1:18

La cruz es un símbolo del cristianismo; significa salvación. También significa vida, así como muerte por crucifixión. No es de extrañar que Pablo diga que debemos morir a nosotros mismos diariamente, y Jesús dice que debemos negarnos a nosotros mismos y tomar nuestra cruz para seguirlo (Lucas 9:23).

Para entender completamente el gran significado de la cruz, primero hay que observar el mundo de la crucifixión. ¿Qué significa la crucifixión? ¿Qué le sucede a alguien cuando es crucificado? ¿Cuáles son las características del tipo de personas que fueron crucificadas? Solo a través de la revelación de estos hechos y verdades podemos llegar a la profunda realidad y apreciación de lo que Jesús hizo por nosotros cuando fue a la cruz.

También es importante notar que antes de ir a la cruz, Jesús reveló a sus discípulos qué muerte sufriría y cómo resucitaría al tercer día (Mateo 20:18-19). También les aclaró que nadie le quitó la vida, sino que Él mismo la entregó para poder tomarla de nuevo: Él tiene el poder de ponerla y tomarla de nuevo. Jesús dijo en Su Palabra que recibió este mandamiento de Su Padre; al hacer esto, Él sabía que Su Padre lo amaría porque Él entregó Su vida para tomarla de nuevo. Luego dejó muy claro que Él es el buen pastor, y el buen pastor está dispuesto a dar Su vida por Sus ovejas. Señaló que un sirviente asalariado vería venir al lobo y correría porque las ovejas no le pertenecen. El buen pastor, sin embargo, dará Su vida para rescatar a Sus ovejas. El buen pastor también dejará noventa y nueve ovejas para salir a buscar a la perdida (Juan 10:11-18). Jesús también habló estas palabras a la gente acerca de quién es Él y qué muerte sufriría: "Y yo, si fuere levantado de la tierra, a todos atraeré a mí mismo" (Juan 12:32). Declaró nuevamente en Juan 8:28-29: "Cuando hayáis levantado al Hijo del Hombre, entonces conoceréis que yo soy, y que nada hago por mí mismo, sino que hablo como me enseñó el Padre. Porque el que me envió, conmigo está; no me ha dejado solo el Padre, porque yo hago siempre lo que le agrada". Jesús le dijo a Nicodemo que "como Moisés levantó la serpiente en el desierto, así es necesario que el Hijo del Hombre sea levantado, para que todo aquel que en él cree, no se pierda, mas tenga vida eterna" (Juan 3:14-15).

La cruz significa vida. Representa el amor de Dios hacia el hombre. El hombre estaba desesperado en el pecado y en extrema necesidad de un Salvador, por lo que Dios tuvo que enviar a Su Hijo, a quien Su amor puede redimir a través de la muerte de Su Hijo en la cruz. Jesús señaló que cuando lo levantamos en esa cruz, Él comenzará a atraer a todos los hombres hacia Él por Su amor por ellos, para que a través de Él, tengan vida eterna. Él dice que nadie tiene mayor amor que dar su vida por su amigo.

Ahora vemos que cuando Cristo fue a la cruz, fue a cumplir un mandato del Dios eterno, Su Padre. Para apreciar plenamente la cruz y la crucifixión de Cristo, necesitamos entender los procedimientos por los que pasa uno cuando va a la cruz para ser crucificado. ¿Quiénes fueron las personas que fueron crucificadas?

La Crucifixión, según los Autores del Primer Siglo

A continuación se encuentran los horripilantes detalles de la crucifixión realizada por los soldados romanos, como lo describen los autores del primer siglo. La palabra griega para crucificar es stauroo, que significa "clavar estacas". Este es un medio romano de ejecución en el que las víctimas, como los ladrones, eran clavadas en una cruz. Los autores del primer siglo nos describen vívidamente la agonía y la desgracia de ser crucificado. Nos dicen que Jesús fue tendido sobre la implementación de la tortura:

Sus brazos estaban extendidos a lo largo de las vigas transversales, y en el centro de las palmas abiertas, se colocó la punta de un enorme clavo de hierro, que, mediante el golpe de un mazo, se hundió en la madera. Luego, a través de cada pie por separado, o posiblemente a través de ambos juntos, otro enorme clavo se abrió paso a través de la carne temblorosa al colocarlos uno sobre el otro. [Esto puede confirmarse por mi visión de Cristo en la cruz. Sus brazos estaban extendidos a lo largo de las vigas transversales con las palmas abiertas en el centro. Ambos pies estaban juntos, uno sobre el otro, con las rodillas dobladas.] Si el sufriente también estaba atado a la cruz, no lo sabemos; pero, para evitar que las manos y los pies se desgarraran por el peso del cuerpo, se colocó un saliente de madera, lo suficientemente fuerte como para sostener al menos en parte, un cuerpo humano, que pronto se convirtió en un peso de agonía.

La fuerza y el grito que dio Jesús demostraron que Él no murió la muerte común de los crucificados; aquellos hombres que comúnmente sufrían largos períodos de completa agonía y agotamiento generalmente quedaban inconscientes antes de morir. Leemos en la Biblia que Jesús no estuvo inconsciente durante Su largo período de sufrimiento y agonía porque las Escrituras declaran que Él clamó a gran voz y luego entregó el espíritu (Mateo 27:50).

Capítulo 26
La experiencia de la cruz de Jesús

Al que no conoció pecado, por nosotros lo hizo pecado, para que nosotros fuésemos hechos justicia de Dios en él.

—2 Corintios 5:21

Sí, Jesús fue a la cruz, la que acabamos de describir. Él soportó todo lo que implica la crucifixión. Sin embargo, había un solo problema: no fue hallado culpable de ninguna manera, forma o modo antes de ir a la cruz o incluso durante el proceso de la crucifixión. La Biblia dice que fue llevado como cordero al matadero; y como oveja, ante el que la trasquila enmudece, así abrió, no Su boca. Ni se halló engaño ni amargura en Su boca. La Escritura dice en Filipenses que fue obediente hasta la muerte en la cruz.

Más de cuatrocientos años antes del nacimiento de Cristo, el profeta Isaías profetizó acerca de la cruz y de lo que el Mesías pasaría. Esto es lo que vio el profeta Isaías: Despreciado y desechado entre los hombres, varón de dolores, experimentado en quebranto; y como que escondimos de él el rostro; fue menospreciado, y no lo estimamos. Ciertamente llevó él nuestras enfermedades, y sufrió nuestros dolores; y nosotros le tuvimos por azotado, por herido de Dios y abatido. Mas él herido fue por nuestras rebeliones, molido por nuestros pecados; el castigo de nuestra paz fue sobre él, y por su llaga fuimos nosotros curados. Todos nosotros nos descarriamos como ovejas, cada cual se apartó por su camino; mas Jehová cargó en él el pecado de todos nosotros. Angustiado él, y afligido, no abrió su boca; como cordero fue llevado al matadero; y como oveja delante de sus trasquiladores, enmudeció, y no abrió la boca. Por cárcel y por juicio fue quitado; ¿y su generación, quién la contará? Porque fue cortado de la tierra de los vivientes; por la rebelión de mi pueblo fue herido. Y se dispuso con los impíos su sepultura, mas con los ricos fue en su muerte; porque nunca hizo maldad, ni hubo engaño en su boca. Con todo, Jehová quiso quebrantarlo, sujetándole a padecimiento; cuando haya puesto su vida en expiación por el pecado.

—Isaías 53:3–10

El rey David también tuvo una visión de la cruz cuando imaginó lo que pasaría el Mesías. Dio detalles de lo que Jesús estaba sintiendo mientras estaba en la cruz. Esto fue antes del nacimiento de Cristo y está registrado en el Salmo 22:13–20:

Abrieron sobre mí su boca como león rapaz y rugiente. Estoy derramado como aguas, y todos mis huesos se descoyuntaron; mi corazón fue como cera, derritiéndose en medio de mis entrañas. Como un tiesto se secó mi vigor, y mi lengua se pegó a mi paladar, y me has puesto en el polvo de la muerte. Porque perros me han rodeado, me ha cercado cuadrilla de malignos; horadaron mis manos y mis pies. Contar todos mis huesos; ellos me miran y me observan. Reparten entre sí mis vestidos y echan suertes sobre mi ropa. Pero tú, Señor, no te alejes de mí: Oh fortaleza mía, apresúrate a ayudarme. Libra mi alma de la espada; a mi amado del poder del perro.

Veamos el cumplimiento de la profecía de Cristo el Mesías cuando fue a la cruz ante Poncio Pilato, el gobernador, para recibir Su sentencia de muerte por los pecados del mundo.

La Escritura nos dice que llevaron a Jesús ante el gobernador, y mientras estaba de pie, el gobernador le preguntó: "¿Eres tú el Rey de los judíos?" Él respondió y dijo: "Tú lo dices". Pero cuando el

Su Segunda Venida

sumo sacerdote y los ancianos lo acusaron, no dijo una palabra. Entonces Pilato le dijo: "¿No has oído cuántas cosas testifican contra ti?" Él le respondió, sin decir palabra, de modo que el gobernador se maravilló mucho. Creo que en este punto, Jesús ya había sido fortalecido a través de la oración en mente y espíritu para pasar por la ejecución ante Él, por lo que tratar de defenderse hubiera sido inútil. La Biblia dice que era costumbre que el gobernador soltara un preso al pueblo en esa fiesta en particular. Entonces, cuando estaban reunidos, Pilato les preguntó: "¿A quién queréis que os suelte: a Barrabás o a Jesús, llamado el Cristo?". Ellos respondieron: "¡A Barrabás!". La Biblia dice que Pilato sabía que habían entregado a Jesús por envidia.

Personalmente, encuentro esta declaración notable. Revela que Pilato sabía la razón por la cual trajeron a Jesús ante él. Él sabía que la gente le tenía mucha envidia. ¡Esto era tan obvio! ¿Por qué le tenían envidia?, uno podría preguntarse. ¡Porque Él anduvo haciendo mucho bien! Su único crimen fue ser demasiado bueno con la sociedad. Anduvo por ahí sanando a los enfermos, limpiando leprosos, expulsando demonios y sanando a la gente en cuerpo, mente y espíritu. Jesús dice en Mateo 7:6 que Él da testimonio del mundo, de que sus obras son malas, ¡por eso el mundo lo odia! Efectivamente, vemos esto con los escribas y fariseos a quienes no les gustaba. Él era demasiado ungido; era demasiado bueno. La unción de Dios era demasiado poderosa sobre Él.

Es importante notar que este tipo de celos y envidia existían no solo en tiempos bíblicos sino también hoy entre los cristianos. Por esta razón, Pablo nos advierte que no permitamos que los celos y la envidia, entre otros pecados, "sean nombrados entre ustedes al llegar a ser santos".

La Escritura dice que el sumo sacerdote y los ancianos persuadieron a la multitud para que pidiera la libertad de Barrabás y la muerte de Jesús. En este punto, alguien podría preguntar: "¿Cuál es el papel del sumo sacerdote y los ancianos?" Su papel era entrar en el lugar santísimo (del cual estaban excluidos los demás sacerdotes) y ofrecer sacrificios por sus propios pecados, así como por los pecados del pueblo. También presidían el Consejo Supremo cuando se reunía para deliberaciones judiciales. Entonces Pilato les preguntó: "¿Qué debo hacer con este hombre Jesús?". Ellos respondieron y dijeron: "¡Sea crucificado!". Pilato luego preguntó a la multitud: "¿Qué mal ha hecho?". Pero ellos gritaron aún más, dice la Biblia, diciendo: "¡Sea crucificado!". Cuando Pilato se dio cuenta de que no podía hacerles cambiar de opinión ni prevalecer contra ellos, se lavó las manos con agua y dijo: "¡Mirad que soy inocente de este justo!". Lo que dijo la multitud fue muy interesante. Gritaron una respuesta escalofriante: "¡Su sangre sea sobre nosotros y sobre nuestros hijos!". Entonces Pilato les soltó a Barrabás y, cuando terminó de azotar a Jesús, lo entregó para que lo crucificaran. La flagelación era el método romano de azotar. Utilizaban un látigo hecho de varias tiras de cuero en las que se incrustaban (cerca de los extremos) trozos de hueso y plomo. Los judíos limitaban el número de azotes que podía recibir la víctima (en la práctica, daban treinta y nueve azotes en caso de un error en el conteo). Los romanos, sin embargo, no ponían tales limitaciones en el número de azotes, y las víctimas de los azotes romanos la mayoría de las veces no sobrevivían; a veces, las víctimas morían antes de la ejecución. Ahora vemos por qué Jesús cayó bajo la cruz. Siendo tan solo un hombre, la mayor parte de sus fuerzas ya se habían agotado por este tipo de flagelación, con los pedazos de hueso y plomo quemándole la carne.

Luego llevaron a Jesús al salón común y reunieron a su alrededor a toda la banda de soldados, quienes lo desnudaron y le pusieron un manto escarlata. Luego trenzaron una corona de espinas, se la pusieron en la cabeza y pusieron una caña en su mano derecha. La corona de espinas provenía de una planta espinosa. La palabra griega para espinas significa "zarzas"; muchas se encuentran en la Tierra Santa. El manto y la corona eran partes del atuendo que le pusieron a Jesús para burlarse de Él. Luego se inclinaron ante Él y se burlaron de Él, diciendo: "¡Salve, Rey de los judíos!". Y

Su Segunda Venida

escupieron sobre Él, tomaron la caña y lo golpearon en la cabeza. Y después de burlarse de Él, le quitaron el manto, le pusieron su propia ropa y lo llevaron para crucificarlo.

¡Qué trato tan horrible sufrió Jesús por nosotros! ¡No es de extrañar que algunas religiones enseñen que Él no fue a la cruz! Lo que Cristo sufrió por nosotros fue vergüenza y degradación total. Fue despojado de toda su ropa delante de todos los soldados, luego le pusieron una corona de espinas o cardos en la cabeza. Luego se burlaron de Él y le escupieron mientras la gente lo golpeaba en la cabeza. Sin mencionar las llagas que todavía le picaban en la espalda por la carne que había sido desgarrada por la flagelación. ¡Esto fue definitivamente demasiado para que Jesucristo lo soportara como hombre! No es de extrañar que cuando fue al jardín de Getsemaní para orar, lloró y dijo: "Padre, si es posible, pase de mí esta copa.

Pero no se haga mi voluntad, sino la tuya". Dijo que deseaba que hubiera otra manera de redimir al hombre en lugar de pasar por lo que Él estaría pasando. ¡Tenía que convertirse en pecado! ¡Tenía que probar el pecado! ¡Tenía que experimentar estar separado del Padre por primera vez para convertirse en pecado! La santidad de quién es Él no podía soportar la idea de contaminarse y ensuciarse ante el Dios santo, ya que los ojos de Dios son demasiado puros para mirar el pecado. Pero Él sabía que tenía que beber de esa copa en particular. ¡Dios lo diseñó para que Él pasara por este proceso como hombre para llevar nuestros pecados! Sin embargo, les dijo a Sus discípulos que Su alma estaba sumamente triste, hasta la muerte.

Estas fueron las cosas horribles que Jesús pasó por nosotros. Él tomó sobre Sí toda la vergüenza y la desgracia de nuestro pasado. No es de extrañar que haya dicho en Su Palabra que ninguna condenación para aquellos que toman Su nombre y Su identidad; aquellos que permanecen en Él y no andan según la carne sino según el espíritu. Jesús nos está diciendo que Él pasó por todo tipo de condenación por nosotros, y una vez que tomas sobre ti Su nombre e identidad, ya no hay más condenación. Él nunca te condenará. Él te encontrará dondequiera que estés en pecado, te lavará y te limpiará. Ningún dolor es tan grande que Él no pueda sentir ni pecado tan profundo que Él no pueda soportarlo. La Biblia dice que Cristo lo ha llevado todo. Por esta razón, Él se conmueve con los sentimientos de nuestro dolor y nuestras debilidades. La Escritura dice que Cristo se había hecho pecado mismo, quien no conoció pecado, para que podamos ser hechos justicia de Dios en Él, según 2 Corintios 5:21.

El relato bíblico de la ejecución de Jesús dice que, mientras los soldados y Jesús se dirigían al Calvario, encontraron a un hombre de Cirene, llamado Simón, a quien obligaron a llevar la cruz. En ese momento, el peso era demasiado para que Cristo lo soportara. Mientras leía este pasaje, me vino a la mente un himno: "¿Debe Jesús llevar la cruz solo, y todo el mundo quedará libre? Hay una cruz para todos, y hay una cruz para mí". Jesús también dijo en las Escrituras que si alguno viene en pos de Él, debe negarse a sí mismo, tomar su cruz y seguirlo (Mateo 16:24). Como cristianos, debemos entender el tipo de guerra que atravesamos constantemente. La Palabra de Dios señala que nuestra guerra no es contra carne y sangre, sino contra principados y potestades, gobernantes de las tinieblas de este mundo. Se trata de que el príncipe de este mundo entre en el corazón del hombre para condenarlo y engañarlo para que continúe viviendo en pecado. Así pues, la cruz que tendremos que llevar como cristianos se compone de las decisiones que tomemos día a día mientras continuamos viviendo en la carne pero andando en el espíritu. Esto significa que nuestros corazones y mentes deben estar firmes en las cosas de Dios, ya sean cosas de la tierra o cosas del cielo. La Palabra de Dios nos controla. Estas decisiones deben reflejar los frutos del espíritu en nuestras vidas y representar a Cristo, aunque nos cueste la vida. Como señaló Jesús en Apocalipsis, debemos ser fieles hasta la muerte, ¡y entonces Él nos dará la corona de vida! Él garantiza esta promesa.

La Biblia declara:

Su Segunda Venida

Y cuando llegaron al lugar llamado Gólgota, que significa, lugar de la Calavera, le dieron a beber vinagre mezclado con hiel; pero después de probarlo, no quiso beberlo. Y le crucificaron, repartieron sus vestidos, echando suertes, para que se cumpliese lo dicho por el profeta: Repartieron entre sí mis vestidos, y sobre mi ropa echaron suertes. Y sentados le guardaban allí, y pusieron sobre su cabeza su causa escrita: ESTE ES JESÚS, EL REY DE LOS JUDÍOS.

—Mateo 27: 33–37

La Escritura continúa diciendo que fue crucificado entre dos ladrones, uno a la derecha y otro a la izquierda. Y cuando la gente que pasaba, le injuriaba, meneando la cabeza y diciendo: Tú que derribas el templo, y en tres días lo reedificas, sálvate a ti mismo. Si eres Hijo de Dios, desciende de la cruz.

En su ignorancia, no podían comprender que Jesús se estaba refiriendo a Su cuerpo. La Biblia dice que nuestro cuerpo es el templo del Señor. Además, Él murió y resucitó al tercer día. La Palabra de Dios continúa:

De la misma manera también los principales sacerdotes, con los escribas y los ancianos, se burlaban de él, diciendo: A otros salvó, a sí mismo no se puede salvar. Si es el Rey de Israel, que descienda ahora de la cruz, y creeremos en él. Confió en Dios; líbrele ahora, si es que lo tiene; porque dijo: Soy Hijo de Dios. Los ladrones que estaban crucificados con él le echaron la culpa.

—Mateo 27:41–44

Cuando leo este versículo, sacudo la cabeza ante estas personas porque entonces me doy cuenta de lo simples que son los hombres en sus pensamientos y lo simples que pueden ser. La Biblia señala que el hombre natural no puede entender las cosas espirituales de

Dios porque se disciernen espiritualmente. Estas personas no sabían que Él era en verdad el Hijo del Dios viviente y que podía haber llamado a una hueste de ángeles para destruir el mundo y liberarlo. Sin embargo, las Escrituras deben cumplirse. Y Su propósito en la tierra debe completarse. Como Él señaló en las Escrituras, nadie le quitó Su vida, sino que Él la entregó para poder recogerla de nuevo. Las Escrituras continúan diciendo:

> Desde la hora sexta hubo tinieblas sobre toda la tierra hasta la hora novena. Y cerca de la hora novena, Jesús clamó a gran voz, diciendo: Elí, Elí, ¿lama sabactani? Esto es: Dios mío, Dios mío, ¿por qué me has abandonado? Al oír esto, algunos de los que estaban allí dijeron: Este llama a Elías. Y al instante, uno de ellos corrió, tomó una esponja, la empapó de vinagre, la puso en una caña y le dio de beber. Los otros dijeron: Deja, veamos si viene Elías a librarlo. Jesús, habiendo clamado otra vez a gran voz, entregó el espíritu. Y he aquí, el velo del templo se rasgó en dos, de arriba abajo; la tierra tembló y las rocas se partieron, dándonos libre acceso al Padre, al precioso trono de la gracia. Y se abrieron los sepulcros, y muchos cuerpos de santos que habían dormido se levantaron; y saliendo de los sepulcros, después de la resurrección de él, vinieron a la santa ciudad, y aparecieron a muchos.
>
> —Mateo 27:45–53

¡Maravilloso Salvador en verdad! Creo que aparte de la sangre de Jesús que fue derramada para redimir al hombre y las llagas en Su cuerpo que nos han dado nuestra sanidad, rasgar el velo de arriba abajo fue lo más hermoso que podríamos pedir como creyentes. El rasgado del velo nos brinda el asombroso privilegio de ir directamente ante el trono de Dios. El velo era la cortina interior que usaban para separar el lugar santo del lugar santísimo. Entonces, cuando este velo o cortina se rasgó en dos, significó que Cristo había derribado la pared intermedia de separación entre Dios y el hombre.

Su Segunda Venida

Ahora, Él hace posible que un hombre venga directamente ante el trono de Dios y ante Su presencia para recibir Su amor, gracia, perdón y misericordia sin un sacerdote terrenal (Hebreos 9:1-14; 10:14-22). Cristo ahora se ha convertido en el Sumo Sacerdote del hombre, sentado a la diestra de Dios, intercediendo por nosotros. Él es el mediador entre Dios y el hombre. Ahora, vemos el sacrificio máximo que Jesús hizo por nosotros. La Biblia dice que Él se hizo pobre para que tú y yo podamos ser ricos. La cruz era la única manera en que el Padre podía redimir a un hombre. La cruz era la única manera en que Dios podía comunicarse con un hombre una vez más como lo hizo con Adán en el jardín en el fresco del día antes del pecado. La cruz permitió al hombre recuperar esta gran relación con el Padre, ya que destruye el pecado en nuestras vidas y nos da la justicia de Dios a través de Jesucristo. Nos devuelve el lugar que nos corresponde en la tierra una vez más para gobernar, reinar en justicia y verdadera santidad, y tener dominio, permitiendo así que el reino de Dios venga a la tierra como en el cielo. La cruz nos da el derecho de convertirnos en hijos de Dios; nos da vida eterna y una herencia con los santos. Este es el gran significado de la cruz.

Ahora vemos por qué Dios ha exaltado a Jesús hasta lo sumo según Filipenses 2:9-11, porque Él merece tal gloria, honor y alabanza. La Escritura dice:

> Dios también lo exaltó hasta lo sumo, y le dio un nombre que es sobre todo nombre, para que en el nombre de Jesús se doble toda rodilla de los que están en los cielos, y en la tierra, y debajo de la tierra; y toda lengua confiese que Jesucristo es el Señor, para gloria de Dios Padre.

A través de la preciosa sangre de la cruz, las personas siguen siendo salvadas, liberadas y puestas en libertad, y el poder de Sus llagas sigue sanando a otras hoy.

Dr. Marlene Brown

Capítulo 27
Nacido muerto durante 15 minutos: la cruz

Y todo aquel que invocare el nombre del Señor, será salvo.

—Hechos 2:21

Las heridas y las llagas de Cristo siguen sanando a la gente hoy en día. Soy prueba viviente de que la Palabra de Dios es verdadera y fiel y que por sus llagas somos sanados. Permítanme compartir con ustedes mi experiencia del nacimiento de mi segundo hijo: cómo las llagas de Jesús lo sanaron y lo hicieron completo. Esta historia del nacimiento de mi hijo y el milagro que Dios realizó en él por medio de las llagas de Jesús también se transmitió en "Something Good Tonight Hour of Healing". La fecha de emisión fue el 12 de enero de 2004, en el programa de televisión de Richard Roberts en todo el mundo y en las estaciones de Internet. Después de leer mi historia sobre el nacimiento y la recuperación de mi hijo, verán que Jesús, el Hijo de Dios, todavía está en el negocio de la sanación debido a su gran amor y misericordia hacia nosotros, sus hijos.

El 22 de febrero de 2002, di a luz a un hermoso bebé llamado Brian, pero mi terrible experiencia puso a prueba mi fe. En el momento del nacimiento, el médico había cortado el cordón umbilical alrededor del cuello del bebé mientras el cuerpo del bebé todavía estaba dentro del útero sin que yo lo supiera. Él debió haber pensado que el proceso sería fácil porque la cabeza del bebé era pequeña. Sin embargo, estaba equivocado porque el bebé tardó cinco minutos o más en salir completamente. Cuando salió, era enorme. Pesaba 9 libras y 8 onzas y no respiraba ni lloraba. Los médicos comenzaron a trabajar en él, pero no hubo respuesta. Luego escuché varias sirenas en el hospital y alguien hablando por el intercomunicador, diciendo ¡código rosa! Luego vi que la habitación comenzaba a llenarse de médicos y enfermeras que intentaban desesperadamente salvar al bebé. Durante este tiempo, permanecí tranquila. No tuve ni un ápice de miedo. Mientras el médico todavía estaba trabajando en mi cuerpo, extendí mi mano hacia el área donde tenían al bebé y traté de reanimarlo. Estaba en intensa oración a mi Señor Jesús. Comencé a decir: "Señor, no, así no. Por favor, no dejes que el enemigo me haga esto". Recordé una Escritura específica que el Señor me había dado mientras estaba embarazada, y decía así: "Invócame en el día de la angustia; Yo te responderé, y tú me honrarás" (Salmo 50:15).

Entonces, comencé a hacer esta oración y a recordarle al Señor Su Palabra. También comencé a suplicar la sangre de Jesús. Después de un buen rato de intensa oración con el Señor (quince minutos o más), escuché un llanto débil del bebé. Eso era todo lo que necesitaba escuchar. El llanto era más suave que el maullido de un gato. Pero para mí, estaba bien. El bebé iba a estar bien. Tenía un tubo de oxígeno en la cara cuando me lo trajeron. Su cuerpo era enorme y apenas había vida en su organismo. Lo llevaron rápidamente a la unidad de cuidados intensivos. Cuando terminó la terrible experiencia, me llevaron a mi habitación. Luego llamé a la UCI para saber cómo estaba mi bebé. La enfermera que respondió al teléfono me preguntó si quería que el médico me visitara para explicarle lo que estaba pasando con el bebé. Inmediatamente dije: "Claro", sin pensarlo dos veces.

Al cabo de unos minutos, el médico vino a mi habitación y se presentó como especialista en bebés. Me dijo que le habían hecho una radiografía del tórax al bebé y descubrieron que solo tenía un pulmón completamente desarrollado y un lado del diafragma estaba paralizado. Luego me mostró la radiografía para que la mirara. Y, efectivamente, podía ver costillas en un lado y niebla en el otro.

También podía ver un lado del diafragma hacia arriba y otro lado hacia abajo. El especialista me aseguró que estaría bien porque, según me explicó, muchas personas viven con un solo pulmón. Mi respuesta fue: "De verdad, bueno, déjame decirte algo: ¡el Señor lo va a sanar! ¡No quiero saber nada de eso porque el Señor lo sanará!" Por supuesto, él pensó que yo estaba loca por decir que mi hijo se sanaría. Cuando regresé a mi sala de maternidad, mi médico de familia vino a visitarme, y esta fue su respuesta: "Vi al bebé; es un bebé muy grande, pero no hay mucha vida en su cuerpo para su tamaño. Solo tiene un pulmón funcionando, pero muchas personas viven con un solo pulmón hoy en día. Le quitarían un pulmón, especialmente si fuma y tiene cáncer de pulmón. No se preocupe por eso; debe tener cuidado si se resfría. Le sería más difícil respirar", explicó. Respondí: "De verdad, bueno, déjame decirte algo: ¡mi Dios lo sanará! No quiero saber nada de eso porque se sanará". Me miró como si yo estuviera loca por decir eso. Recuerdo que mi esposo le preguntó a uno de los especialistas si podían hacerle una operación en el pecho para arreglarlo. Y la respuesta fue que era demasiado joven y débil. No hay nada que podamos hacer.

También estaban pensando en enviar a Brian a un hospital para niños enfermos en Toronto, Canadá, debido a la gravedad de su condición.

Sin embargo, ese hospital no tenía camas disponibles. Creo que el plan del Señor era mostrar Su misericordia y Su poder hacia nosotros para traer gloria a Su nombre. Casi cada hora del día, íbamos a visitar a Brian. Su rostro parecía cada vez más brillante, y se veía cada vez más fuerte. Brian pasó menos de dos semanas en el hospital, y el único tratamiento que los médicos le dieron durante su estadía fue un tubo de oxígeno. No recibió ningún tipo de medicación de los médicos. Mientras estuvo en el hospital, los médicos le hicieron dos radiografías.

Lectura de la radiografía

Su Segunda Venida

Tórax pediátrico: Este paciente recién nacido está intubado con la punta del tubo endotraqueal justo por encima de la carina y se puede retraer ligeramente. La opacificación en la zona superior derecha del pulmón puede representar el colapso del timo o del lóbulo superior derecho. Se recomienda un seguimiento. Segunda radiografía de Brian

El resultado de la segunda radiografía de tórax pediátrica decía: Comparación con radiografías anteriores del 22 de febrero de 2002. Se ha quitado el tubo endotraqueal. La opacidad que se había visto anteriormente y que se proyectaba sobre la zona superior derecha del pulmón ya no es evidente. Sin embargo, el volumen del pulmón derecho sigue siendo menor que el del izquierdo con elevación del hemidiafragma derecho.

Estos fueron los resultados de las dos radiografías que le hicieron a Brian mientras estaba en el hospital. Como se mencionó anteriormente, pasó menos de dos semanas en el hospital. La semana siguiente, le hicimos la primera radiografía de seguimiento del tórax. Cuando fuimos a ver al especialista para obtener el resultado, ¡el resultado fue excelente!

Seguimiento de Brian con el especialista después de 2 semanas

Debido a la mejoría que mostró la segunda radiografía de Brian, los médicos le dieron el alta del hospital y nos advirtieron que viéramos a un especialista en corazón y pulmones. El especialista nos advirtió que le hiciéramos otra radiografía de tórax para ver cuánta hinchazón tenía en la cabeza.

Tercera lectura de la radiografía

Decía: "Tórax: el corazón y las estructuras del mediastino están normales. Los pulmones están despejados". Todo eso estaba escrito en la hoja. El especialista de Brian se dirige a Brian como el bebé milagroso. No podía creer que Brian se hubiera curado sin ningún medicamento ni operación. No hace falta decir que yo estaba saltando y gritando y dándole la gloria a Dios en su consultorio.

El Señor del universo, Jesús, en Su nombre, se inclinó y realizó una operación que los médicos no podían hacer. A Él sea todo el honor y la gloria. Sí, por sus llagas, ¡Brian fue curado!

Brian también está excepcionalmente bien. Ha estado hablando desde que tenía diez meses y caminaba al año. Su vocabulario es extenso y sus palabras son claras. Es muy guapo, fuerte y saludable. A Dios sea toda la gloria, el honor y la alabanza.

Jesús fue a la cruz por ti y por mí. ¡Nadie tiene amor más grande que el que da la vida por sus amigos! Él dijo en Su Palabra que ya no somos siervos sino amigos. "En esto se mostró el amor de Dios para con nosotros, en que Dios envió a su Hijo unigénito al mundo, para que vivamos por él. En esto consiste el amor: no en que nosotros hayamos amado a Dios, sino en que él nos amó a nosotros, y envió a su Hijo en propiciación por nuestros pecados" (1 Juan 4:9-10). ¡La cruz significa vida! Es nuestra única esperanza. "Porque de tal manera amó Dios al mundo, que ha dado a su Hijo unigénito, para que todo aquel que en él cree, no se pierda, mas tenga vida eterna" (Juan 3:16).

Su Segunda Venida

Capítulo 28
La resurrección de Cristo

¿Dónde está, oh muerte, tu aguijón? ¿Dónde, oh sepulcro, tu victoria?

—*1 Corintios 15:55*

Jesucristo resucitó de entre los muertos. ¡Aleluya! La resurrección de Cristo es el acontecimiento más crucial que jamás haya tenido lugar en el mundo. Es el corazón del cristianismo. Nuestra esperanza en Cristo se basa en el hecho de que Él ha vencido a la muerte y al infierno. Cristo ha conquistado el sepulcro, y porque Él vive, los que confían en Él también vivirán.

Repasemos el acontecimiento que tuvo lugar el día en que Cristo resucitó. Esto se encuentra en Lucas 24. La Escritura declara que "el primer día de la semana, muy de mañana, vinieron al sepulcro, trayendo las especias aromáticas que habían preparado, y algunas otras personas con ellas" (Lucas 24:1). El primer día de la semana significa que era domingo. Según el tiempo judío, el domingo comienza al anochecer del sábado. Esto les dio tiempo a las mujeres para comprar especias para el día siguiente, que era domingo.

> Y encontraron removida la piedra del sepulcro. Y entraron, pero no hallaron el cuerpo del Señor Jesús. Y estando ellas perplejas por esto, he aquí se pusieron junto a ellas dos varones con vestiduras resplandecientes. Y como tuvieron miedo, y bajaron el rostro a tierra, les dijeron: ¿Por qué buscáis entre los muertos al que vive? No está aquí, sino que ha resucitado. Acordaos de lo que os habló cuando aún estaba en Galilea, diciendo: Es necesario que el Hijo del

Hombre sea entregado en manos de hombres pecadores, y que sea crucificado, y resucite al tercer día. Y ellas se acordaron de sus palabras, y volviendo del sepulcro, dieron nuevas de todas estas cosas a los once, y a todos los demás. Eran María Magdalena, Juana, María la madre de Jacobo, y otras mujeres que estaban con ellas, las que dieron estas cosas a los apóstoles. Y sus palabras les parecieron vanas, y no las creyeron.

—Lucas 24:2–11

Ahora vemos que las mujeres fueron las primeras en predicar la resurrección de Cristo. La Biblia también declara que los apóstoles tomaron el mensaje como cuentos vanos. No solo no creyeron a las mujeres, sino que también olvidaron las palabras que les habló directamente Jesucristo mismo, el Hijo del Dios viviente. Esto me hace preguntarme: ¿creyeron a Cristo cuando les mencionó que moriría y luego resucitaría al tercer día? ¿O se estaban diciendo a sí mismos que esto todavía está sucediendo entre nosotros hoy en día; el Señor está hablando, pero muchos de nosotros simplemente no estamos escuchando o simplemente no creemos en Su mensaje? Así que oímos la Palabra, y luego rápidamente olvidamos Su Palabra.

La Biblia continúa diciendo:

> Entonces Pedro se levantó y corrió al sepulcro; y agachándose, vio las vendas puestas solas; y se fue, maravillándose de lo que había sucedido. Y he aquí, dos de ellos iban aquel mismo día a una aldea llamada Emaús, que estaba a sesenta estadios de Jerusalén. Y conversaban entre sí de todas estas cosas que habían acontecido. Y aconteció que mientras hablaban y discutían entre sí, Jesús mismo se acercó y caminaba con ellos; pero los ojos de ellos estaban velados, para que no le conocieran. Y les dijo: ¿Qué pláticas son estas que tenéis entre vosotros mientras camináis, y estáis tristes? Respondiendo uno de ellos, que se llamaba Cleofás, le dijo: ¿Eres tú el único forastero en

Jerusalén que no has sabido las cosas que en ella han acontecido estos días? Él les dijo: ¿Qué cosas? Y ellos le dijeron: De Jesús Nazareno, que fue un profeta poderoso en obra y en palabra delante de Dios y de todo el pueblo; y de cómo los principales sacerdotes y nuestros gobernantes le entregaron para ser condenado a muerte, y le crucificaron. Pero nosotros esperábamos que él era el que había de redimir a Israel; y además de todo esto, hoy es el tercer día que esto ha acontecido.

—Lucas 24:12–21

La Biblia dice que cuando Jesús terminó de hablar, les mostró sus manos y sus pies. "Y como ellos aún no lo creían de gozo, y estaban maravillados, les dijo: ¿Tenéis aquí algo de comer? Y le dieron parte de un pez asado y un panal de miel. Y él lo tomó, y comió delante de ellos" (Lucas 24:23–43). Creo que Jesús pidió carne para comer, no porque tuviera hambre, sino por la incredulidad presente. Quería eliminar la duda o sospecha sobre si era un espíritu.

Así que, para demostrarles que era de carne y sangre, no solo les mostró sus manos y sus pies, sino que también les pidió alimento para comer, borrando así cualquier duda de sus mentes.

El Evangelio de Lucas continúa diciendo:

Y les dijo: Estas son las palabras que os hablé, estando aún con vosotros: que era necesario que se cumpliese todo lo que está escrito de mí en la ley de Moisés, en los profetas y en los salmos.

> Entonces les abrió el entendimiento, para que comprendiesen las Escrituras; y les dijo: Así está escrito, y así fue necesario que el Cristo padeciese, y resucitase de los muertos al tercer día; y que se predicase en su nombre el arrepentimiento y el perdón de pecados en todas las naciones, comenzando desde Jerusalén. Y vosotros sois testigos de estas cosas.

Dr. Marlene Brown

—Lucas 24:44-48

Me emociona que Jesús se tomara el tiempo de explicarles a los discípulos lo que estaba escrito en los Salmos y en la ley de Moisés acerca de Él. Me deleita que les haya abierto el entendimiento, borrando toda duda sobre quién es Él realmente. Puedo ver el gozo y la felicidad en sus rostros en el espíritu al saber que Dios finalmente había enviado a su Mesías. El Cristo que les fue prometido por sus antepasados finalmente había llegado. ¡Su Mesías había llegado! Su libertador está aquí. Creo que desde ese día en adelante, se llenaron de renovada fuerza y poder para enfrentarse al mundo. Estaban listos para cualquier desafío que la vida les ofreciera, predicando en el poderoso nombre de Jesús. Ahora estaban comprometidos y listos para perecer por el evangelio de Cristo. Creo que en ese momento, estaban listos para seguir adelante con todo lo que tenían para que la gente supiera que Jesucristo es el Señor. Ahora, estaban listos para vender todo lo que tenían y dar todo lo que tenían para predicar las buenas nuevas, expulsar demonios, sanar a los enfermos y caminar en el poder y la autoridad de Su nombre.

La Escritura nos dice que Jesús entonces les dijo a Sus discípulos que Él enviaría la promesa de Su Padre sobre ellos y que debían quedarse o permanecer en la ciudad de Jerusalén hasta que fueran investidos con poder desde lo alto. Luego los sacó hasta Betania, levantó Sus manos y los bendijo. Mientras Jesús los bendecía, ocurrió el evento más asombroso: se separó de ellos y fue llevado al cielo. Y ellos lo adoraron, y regresaron a Jerusalén con gran gozo: Y estaban siempre en el templo, alabando y bendiciendo a Dios. Amén. (Véase Lucas 24:49-53.) ¡Hermoso, hermoso Salvador en verdad! ¡No hay nadie más con quien compararse!

Él es, en verdad, gloriosamente maravilloso. Todas las naciones deben postrarse ante Él y adorarlo. La Biblia declara que Dios se manifestó en carne como hombre. Se le dio el nombre de Jesús. No hay otro hombre que pueda compararse con Él. Como hombre, Él

Su Segunda Venida

era perfecto y sin mancha. Era un Cordero sin defecto, el Cordero perfecto de Dios que quita el pecado de este mundo.

En Apocalipsis 1, leemos que Jesús estaba nuevamente en el esplendor que había tenido desde antes del comienzo del mundo.

Juan, uno de los discípulos de Jesús, vio a Jesús en Su gloria mientras estaba en la Isla de Patmos por la Palabra de Dios y el testimonio de Jesús. Estaba en el espíritu en el día del Señor cuando oyó una voz, como de trompeta, que decía: "Yo soy el Alfa y la Omega, el primero y el último; escribe en un libro lo que ves, y envíalo a las siete iglesias" (Apocalipsis 1:11). Entonces Juan se volvió para ver la voz que le hablaba y vio siete candeleros de oro, y en medio de ellos estaba Jesús.

> Estaba vestido con una túnica que le llegaba hasta los pies, y ceñido por el pecho con un cinto de oro. Su cabeza y sus cabellos eran blancos como la lana, como la nieve; sus ojos como llama de fuego; sus pies semejantes al bronce bruñido, refulgente como en un horno; y su voz como estruendo de muchas aguas. Tenía en su diestra siete estrellas; de su boca salía una espada aguda de dos filos; y su rostro era como el sol cuando resplandece en su fuerza. Y cuando lo vi, caí como muerto a sus pies. Y él puso su diestra sobre mí, diciéndome: No temas; yo soy el primero y el último; el que vivo, y estuve muerto; mas he aquí que vivo por los siglos de los siglos, Amén; y tengo las llaves de la muerte y del Hades.
>
> —Apocalipsis 1:13–18

Juan también vio cuatro seres vivientes y veinticuatro ancianos que se postraban delante del Cordero:

Todos tenían arpas y copas de oro llenas de incienso, las oraciones de los santos. Y cantaron un cántico nuevo, diciendo:

Digno eres de tomar el libro y de abrir sus sellos; porque tú fuiste inmolado, y con tu sangre nos has redimido para Dios, de todo linaje y lengua y pueblo y nación; y nos has hecho para nuestro Dios reyes y sacerdotes, y reinaremos sobre la tierra. Y miré, y oí la voz de muchos ángeles alrededor del trono, y de los seres vivientes, y de los ancianos; y su número era millones de millones, que decían a gran voz: El Cordero que fue inmolado es digno de tomar el poder, las riquezas, la sabiduría, la fortaleza, la honra, la gloria y la alabanza.

> Y a todo lo creado que está en el cielo, y sobre la tierra, y debajo de la tierra, y en el mar, y a todas las cosas que en ellos hay, oí decir: Al que está sentado en el trono, y al Cordero, sea la alabanza, la honra, la gloria y el poder, por los siglos de los siglos. Y los cuatro seres vivientes decían: Amén. Y los veinticuatro ancianos se postraron y adoraron al que vive por los siglos de los siglos. Amén.

—Apocalipsis 5:8–14

Su Segunda Venida

Capítulo 29
Dudas sobre la resurrección de Cristo

Luego dijo a Tomás: «Pon tu dedo aquí, mira mis manos; acerca tu mano y métela en mi costado; no dudes, y cree.

—Juan 20:27

¡N uestro hermoso Señor Jesús es en verdad Salvador y Señor! Él es en verdad el Dios del universo. ¡Rey de reyes y Señor de señores! No hay nadie que se le compare. Antes de Él, no había ningún Dios formado, y después de Él, no lo habrá. Él dijo en Su Palabra en Isaías: Él no sabe de ninguno. No habrá ninguno. Él dijo en Su Palabra en Isaías: Él no sabe de ninguno. Como Jesús proclamó en Su Palabra: «Yo soy la resurrección y la vida; el que cree en mí, aunque esté muerto, vivirá» (Juan 11:25).

Pablo, un apóstol de Jesucristo, fue cuestionado en cuanto a su predicación de esperanza en Jesucristo y Su resurrección. Cuando fue llevado ante el concilio, que consistía del sumo sacerdote Ananías (pronunciado An-a-ni'-as), los fariseos y los saduceos (pronunciado Sad'-du-cees), fue condenado por ambos hasta que les declaró que era fariseo. Los fariseos creían en la resurrección de los muertos, mientras que los saduceos creían que no había resurrección de los muertos, ni ángel, ni espíritu, pero los fariseos confesaban ambos (Hechos 23:1-8).

Pablo ahora escribió una carta a la iglesia recordándoles lo que las Escrituras dicen acerca de Cristo para que la fe permaneciera viva. Les recordó que las Escrituras dicen que Cristo murió por sus pecados y que fue sepultado y resucitó al tercer día, de acuerdo con las Escrituras. También les recordó: "Cristo apareció a Cefas, después a los doce. Después apareció a más de quinientos hermanos a la vez; de los cuales muchos aún viven, pero algunos duermen". Luego mencionó que Cristo fue visto por Jacobo, luego por todos los apóstoles. Por último, Pablo dice que Cristo fue visto por él. Señaló que sabía cómo había perseguido a la iglesia de Dios, pero que esto lo hizo aún más decidido a traer almas a Cristo. Pablo le dijo a la iglesia que había visto a Cristo y también muchos otros, por lo que predicaron la resurrección para que creyeran que Cristo había resucitado de entre los muertos (1 Cor. 15:1-10).

Ahora, Pablo está abordando el verdadero tema de la resurrección. Dijo:

> Si se predica que Cristo resucitó de entre los muertos, ¿cómo dicen algunos entre vosotros que no hay resurrección de muertos? Pues si no hay resurrección de muertos, tampoco Cristo resucitó. Y si Cristo no resucitó, vana es entonces nuestra predicación, vana es también vuestra fe. Y somos hallados falsos testigos de Dios; porque hemos testificado de Dios que él resucitó a Cristo, al cual no resucitó, si es que los muertos no resucitan. Porque si los muertos no resucitan, tampoco Cristo resucitó; y si Cristo no resucitó, vuestra fe es vana; aún estáis en vuestros pecados. Entonces también los que durmieron en Cristo perecieron. Si en esta vida solamente esperamos en Cristo, somos los más dignos de conmiseración de todos los hombres.
>
> —1 Corintios 15:12–19

No sólo tenemos esperanza en Él en este mundo, sino también en el mundo venidero. En Él y por medio de Él, tenemos vida eterna. Puesto que Cristo resucitó primero de entre los muertos, los que mueren en Cristo también resucitarán de entre los muertos; porque Él vive, ellos también vivirán.

Su Segunda Venida

Nuestra fe cristiana se basa en el principio de que Jesucristo resucitó de entre los muertos. Si esto no es verdad, tal como declara Pablo, nuestra predicación es en vano.

El nacimiento de Cristo fue en verdad un gran milagro. Esto es un milagro, si se piensa que una virgen pudo concebir y dar a luz un hijo sin fertilización in vitro o sin inseminación artificial. Es notable creer que el Espíritu Santo del Dios viviente la cubrió con su sombra y la fecundó con la Palabra viviente que existía con el Padre antes de la creación del tiempo. Luego, esta Palabra viviente se hizo humana, este Dios se hizo hombre, y recibió el nombre de Jesús, porque su propósito al ser humano era salvar a su pueblo de sus pecados.

La historia milagrosa no terminó allí, porque este Jesús que fue crucificado en la cruz para llevar los pecados de la humanidad y destruir el pecado, fue al sepulcro, tomó las llaves del infierno y de la muerte de manos de Satanás, quitó el aguijón de la muerte por nosotros y conquistó la muerte. Cuando Jesús resucitó, declaró: "¿Dónde está, oh sepulcro, tu victoria? ¿Dónde está, oh muerte, tu aguijón?". ¡Jesús destruyó el infierno, la muerte y el sepulcro! ¡Este mismo Espíritu Santo que produjo Su nacimiento humano entró nuevamente en Su cuerpo y lo trajo a la vida nuevamente! ¡Este es el milagro más espectacular que el mundo haya conocido! Es tan espectacular que muchos creen en Su nacimiento, pero no en Su muerte y resurrección. Esta es una obra del Dios viviente para que a través de Su resurrección, los hombres crean y sepan que Él es Cristo, el ungido: el Hijo de Dios que vino a quitar el pecado del mundo. ¡Este es el principio en el que se basa la fe cristiana! Este mismo Jesús luego ascendió a lo alto. Se fue a preparar un lugar para nosotros, Sus hijos, donde estaremos donde Él está allí. Él dijo que en la casa de Su Padre, hay muchas moradas; si no fuera así, Él nos lo hubiera hecho saber. Él regresará a la tierra nuevamente para recibir solamente a aquellos que ponen su fe y confianza en Él, que lo han hecho Señor de sus vidas y Salvador de sus almas, tal como Él prometió, para llevarlos a la cena de bodas, una ocasión especial para los santos. Sí, la Escritura declara en Apocalipsis, "Bienaventurados los que son llamados a la cena de las bodas del Cordero" (Ap. 19:9).

¡Ninguna otra religión ofrece una esperanza tan bendita! ¡Ninguna otra religión ofrece promesas tan firmes y seguras! Y porque Él vive, nosotros también viviremos. ¡Nuestra fe no está basada en dudas sino en un fundamento sólido! Nuestra creencia no está basada en alguien que está en la tumba sin poder para salir, sino en alguien que ha vencido a la tumba y está vivo en el cielo hoy.

La Escritura dice, así como en Adán, todos mueren; así también, en Cristo todos serán vivificados.

> Pero cada uno en su debido orden: Cristo, las primicias; Luego los que son de Cristo, en su venida. Luego el fin, cuando entregue el reino al Dios y Padre, cuando haya suprimido todo dominio, toda autoridad y potencia. Porque es necesario que él [Cristo] reine hasta que haya puesto a todos sus enemigos debajo de sus pies. El último enemigo que será destruido es la muerte.
>
> —1 Corintios 15:23–26

Pablo nos está dejando en claro a nosotros y a la iglesia en Corinto que habrá una resurrección de los muertos cuando muramos. Dijo, hablando de la resurrección, por esta razón, estamos en peligro cada hora. Estamos en constante peligro por parte del enemigo. La Escritura dice que el enemigo anda como león rugiente buscando a quién devorar. Pablo dijo que por esta razón, muere diariamente en la carne. También dijo que si los muertos no resucitan, debemos comer y beber, porque mañana moriremos. Pablo consideró que la comunicación de aquellas personas que declaraban que no hay resurrección de entre los muertos era mala, por lo que nos advierte que no debemos dejarnos engañar por estas religiones (1 Cor. 15:27-33).

Ahora, Pablo está animando a la iglesia a que despertemos a la justicia y no al pecado. Porque aunque hemos nacido de nuevo, no muchos saben cuál es la voluntad de Dios, y no muchos conocen el conocimiento de Dios. Debido a esta falta de conocimiento de Dios, muchos preguntarán: "¿Cómo resucitan los muertos? ¿Y con qué cuerpo vienen?" "¡Necio!", dice Pablo. Señala que "lo que tú siembras no se vivifica, a menos que muera" (1 Cor. 15:35-36). Esto significa que siempre que plantas una semilla en la tierra, no te sirve de nada a menos que muera. La semilla debe morir para germinar y dar mucho fruto o trigo. Continuó diciendo que todo lo que siembras, lo siembras para recibir, no lo que sembraste, sino que siembras para recibir trigo o algún otro grano. "Dios le da el cuerpo como él quiso, y a cada semilla su propio cuerpo" (1 Cor. 15:38). Tal como en el caso de la carne:

> No toda carne es la misma carne, sino que una es la carne de los hombres, otra la de los animales, otra la de los peces y otra la de las aves. Hay cuerpos celestiales y cuerpos terrestres, pero una es la gloria de los celestiales y otra la de los terrestres. Así también es la resurrección de los muertos. Se siembra en corrupción, resucitará en incorrupción; se siembra en deshonra, resucitará en gloria; se siembra en debilidad, resucitará en poder; se siembra cuerpo animal, resucitará cuerpo espiritual. Hay cuerpo animal y cuerpo espiritual. Así también está escrito: El primer hombre, Adán, fue hecho alma viviente; el último Adán, espíritu vivificante. El primer hombre es de la tierra, terrenal; el segundo hombre, que es el Señor, es del cielo. Como el terrenal, tales son también los terrenales; y como el celestial, tales también los celestiales. Y así como hemos traído la imagen del terrenal, traeremos también la imagen del celestial. Pero esto digo, hermanos: que la carne y la sangre no pueden heredar el reino de Dios, ni la corrupción hereda la incorrupción.
>
> —1 Corintios 15:39-40,42-45,47-50

Dr. Marlene Brown

Así que, hermanos míos amados, estad firmes y constantes, creciendo en la obra del Señor siempre, sabiendo que vuestro trabajo en el Señor no es en vano.

—1 Corintios 15:58

Capítulo 30
He ido a prepararos un lugar

Porque mejor es un día en tus atrios que mil fuera de ellos. Escojo antes estar a la puerta de la casa de mi Dios, que morar en las moradas de maldad.

—*Salmo 84:10*

¡Cuán felices son los santos al saber que Jesús es fiel a sus promesas! En Juan 14:1, nos dice que no debemos dejar que nuestro corazón se turbe. A menudo he notado que cuando Jesús habla, sus palabras son las mismas. "No temáis, ni desmayéis", dijo en Josué 1:9. Sus palabras siempre están llenas de consuelo y buen ánimo.

El Rey del universo nos prometió que prepararía un lugar para nosotros. ¡Qué excelente garantía nos ha dado! Dijo que hay muchas mansiones en la casa de su Padre; Jesús también señaló que el camino a la mansión de su Padre es solo a través de Él. La palabra griega para la mansión es mone, traducida como "lugar de estancia, morada o habitación". Jesús continuó diciendo que nos lo habría dicho si no fuera así. Cristo también dijo que si Él se va, vendrá otra vez y nos recibirá a Sí mismo, que donde Él está, allí estaremos también nosotros. (Aquí, Jesús señaló claramente que Él es de arriba y tiene el poder y la autoridad para llevarnos a la casa de Su Padre. Así que, Jesús señaló claramente aquí que Él es el camino al cielo, Él es la verdad, y no sólo es la verdad, sino que Él es la vida misma.) Continúa diciendo que nadie viene al Padre sino aquel que va por medio de Él. (Véase Juan 14:2–6.)

El lugar que el Hijo del Dios Altísimo había ido a preparar fue visto por uno de los apóstoles, Juan. Juan estaba en la isla de Patmos, en el espíritu en el día del Señor, para el testimonio de Jesús y la Palabra de Dios, cuando vio un cielo nuevo y una tierra nueva, así como el lugar que el Señor había ido a preparar. Juan dice en Apocalipsis 21:

> Y yo Juan vi la santa ciudad, la nueva Jerusalén, descender del cielo, de Dios, dispuesta como una esposa ataviada para su marido. Y oí una gran voz del cielo que decía: He aquí el tabernáculo de Dios con los hombres, y él morará con ellos; y ellos serán su pueblo, y Dios mismo estará con ellos como su Dios.
>
> Y enjugará Dios toda lágrima de los ojos de ellos; y ya no habrá muerte, ni habrá más llanto, ni clamor, ni dolor; porque las primeras cosas pasaron.
>
> —Apocalipsis 21:2–4

¡Guau! La Escritura dice que no habrá más muerte, ni clamor, ni dolor. ¡Esto es el cielo, en verdad! Como pueblo de Dios, necesitamos vencer al enemigo en este mundo para estar en este lugar.

La Escritura continúa diciendo:

> Y el que estaba sentado en el trono dijo: He aquí, yo hago nuevas todas las cosas. Y me dijo: Escribe; porque estas palabras son fieles y verdaderas. Y me dijo: Hecho está. Yo soy el Alfa y la Omega, el principio y el fin. Al que tuviere sed, yo le daré gratuitamente de la fuente del agua de la vida. El que venciere heredará todas las cosas, y yo seré su Dios, y él será mi hijo. Pero los cobardes e incrédulos, los abominables y homicidas, los fornicarios y hechiceros, los idólatras y todos los mentirosos tendrán su parte en el lago que arde con fuego y azufre, que es la muerte segunda.
>
> —Apocalipsis 21:5–8

A menudo me he preguntado por qué los "cobardes" serán partícipes de la misma muerte que los asesinos, los hechiceros y los que hacen actos abominables. Muchas personas en el mundo de hoy son cristianas, pero aún tienen miedo en sus vidas. Tienen miedo de su pasado, miedo de su situación presente y miedo de su futuro. Algunos incluso tienen miedo de los espíritus malignos. Entonces encontré la respuesta en la Palabra de Dios: "Dios no nos ha dado un espíritu de cobardía, sino de poder, de amor y de dominio propio". El Señor del universo sabe que el miedo se deriva de un espíritu maligno, y Él no nos ha dado ese tipo de espíritu. Nos ha dado un espíritu de amor. El amor perfecto, dice, echará fuera todo temor. Continuó diciendo que mayor es el espíritu dentro de nosotros que él en el mundo (1 Juan 4:4). Entonces, si el espíritu dentro de nosotros es mucho mayor, ¿por qué tendríamos miedo de algo o de alguien? Él dijo en Su Palabra que nos había dado poder sobre todo el poder del enemigo, por eso nos llamó a ser vencedores. Él dijo que somos más que vencedores por medio de Cristo, quien nos ama. Necesitamos entender estas Escrituras como conocimiento intelectual y creer para que Su Palabra eche raíces en nuestras vidas. A menudo citamos las Escrituras, pero si no ejercitamos las palabras y creemos en el poder de la palabra, nunca seremos cristianos victoriosos. El enemigo seguirá tratando de atacar nuestras mentes con temor. Pero cuando creemos en la verdad, entonces esta verdad revelará el poder que está dentro de nosotros por medio de Jesucristo, y es esta verdad la que nos hará libres.

Continuemos en Apocalipsis 21:9. La Escritura dice que uno de los siete ángeles que tenían las siete copas llenas de las siete últimas plagas vino a Juan y habló con él, diciendo: "Ven acá, te mostraré la desposada, la esposa del Cordero". Uno puede estar preguntándose: "¿Quién es el Cordero?" El Cordero es Jesús. Como dijo Juan en Juan 1:29: "He aquí el Cordero de Dios, que quita el pecado del mundo". Juan el Revelador nos dice que uno de los siete ángeles vino y lo llevó en el Espíritu a un monte grande y alto, y le mostró la gran ciudad, la santa Jerusalén, que descendía del cielo, de Dios, teniendo la gloria de Dios. Juan dijo que su luz era semejante a la de una piedra preciosísima, como piedra de jaspe, diáfana como el cristal.

La ciudad, dijo Juan, tenía un muro grande y alto. También tenía doce puertas, y en las puertas, doce ángeles y nombres escritos en ellas, que son los nombres de las doce tribus de los hijos de Israel: Al oriente tres puertas; al norte tres puertas; al sur tres puertas; y al occidente tres puertas. Y el muro de la ciudad tenía doce cimientos y sobre ellos los nombres de los doce apóstoles del Cordero.

Y el que hablaba conmigo tenía una caña de oro para medir la ciudad, sus puertas y su muro. La ciudad está situada en cuadro, y su longitud es igual a su anchura. Midió la ciudad con la caña: doce mil estadios. Su longitud, su anchura y su altura son iguales.

> Midió también su muro, ciento cuarenta y cuatro codos, de medida de hombre, la cual es de ángel. El material de su muro era de jaspe, y la ciudad era de oro puro, semejante al vidrio limpio. Los cimientos del muro de la ciudad estaban adornados con toda clase de piedras preciosas. El primer cimiento era de jaspe; el segundo, de zafiro; el tercero, de calcedonia; el cuarto, de esmeralda; el quinto, de ónice; el sexto, de sardio; el séptimo, de crisólito; el octavo, de berilo; el noveno, de topacio; el décimo, de crisopraso; el undécimo, de jacinto; el duodécimo, de amatista. Las doce puertas eran doce perlas; cada una de las puertas era de una perla; y la calle de la ciudad era de oro puro, como vidrio transparente. Y no vi en ella templo; porque el Señor Dios Todopoderoso es el templo de ella, y el Cordero. La ciudad no tenía necesidad de sol ni de luna que resplandecieran en ella; porque la gloria de Dios la iluminaba, y el Cordero era su lumbrera. Y las naciones que hubieren sido salvas andarán a la luz de ella; y los reyes de la tierra traerán su gloria y honra a ella. Y sus puertas nunca serán cerradas de día, porque allí no habrá noche. Y traerán la gloria y la honra de las naciones a ella. Y no entrará en

Su Segunda Venida

ella ninguna cosa inmunda, ni que hace abominación y mentira, sino solamente los que están inscritos en el libro de la vida del Cordero.

—Apocalipsis 21:15–27

¡Vaya, qué ciudad tan hermosa! La Escritura dice que las calles estaban pavimentadas con oro que parecía cristal transparente. ¡La Biblia también declara que allí no hay noche ni nada que contamine o sea abominación! Sé que estaré allí. Como dice la Escritura, retén lo que tienes y que nadie tome tu corona. No es de extrañar que el apóstol Pablo dijera en Su Palabra que vivir es vivir para Cristo y morir; lo ganarás a Él. La Palabra de Dios es verdadera y fiel.

Nada en la faz de esta tierra debería ser de más valor o interés para ti que vivir para Cristo. Estoy esperando ansiosamente Su regreso. ¿Y tú?

Dr. Marlene Brown

Capítulo 31
Señales del fin del mundo

Y será predicado este evangelio del reino en todo el mundo, para testimonio a todas las naciones; y entonces vendrá el fin.

—Mateo 24:14

Todos saben que estamos en los últimos y definitivos días, ¡sin importar cuán tontos sean o si creen en un Dios o no! Podemos ver la agitación en la que se encuentra el mundo. Esto es lo que Jesús tiene que decir al respecto.

En Lucas capítulo 12, Jesús habló a la gente acerca de discernir los tiempos en los que ahora vivimos. Dijo que cuando ves que la nube se levanta desde el oeste, inmediatamente sabes que habrá un chaparrón, y viene un chaparrón, y cuando ves que sopla el viento del sur, sabes que viene calor, y tenemos calor. Ahora, Él está haciendo la pregunta al decir: ¿por qué somos tan hipócritas? Podemos estudiar la faz del cielo y de la tierra, pero no podemos discernir ni decir qué tan cerca está el fin del mundo (Lucas 12:54-56).

En Mateo 24, leemos acerca de Jesús enseñando a sus discípulos las diversas señales que debían buscar hacia su venida y el fin del mundo. Cuando Jesús salió del templo y sus discípulos se acercaron a él para mostrarle los diversos edificios del templo, les dijo: "¿Veis todo esto? De cierto os digo que no quedará aquí piedra sobre piedra que no sea derribada. Y estando él sentado en el monte de los Olivos, los discípulos se le acercaron aparte, diciendo: Dinos, ¿cuándo serán estas cosas, y qué señal habrá de tu venida y del fin del mundo?" (Mateo 24:1-3). El monte de los Olivos es una larga cresta que va de

Su Segunda Venida

norte a sur y se encuentra justo al este de Jerusalén. La Escritura dice que los discípulos tenían dos preguntas básicas en sus mentes. Primero, querían saber cuándo sería destruido el templo como Jesús dijo que sería, y, segundo, cuál sería la señal de Su venida, que coincidiría con el fin del mundo. La primera parte de la pregunta se responde en Lucas 21:20-24, y la Escritura dice: cuando veáis a Jerusalén rodeada de ejércitos, sabed entonces que la destrucción de Jerusalén está cerca. Jesús continuó diciendo que habría angustia en la tierra e ira sobre el pueblo de Jerusalén. También mencionó que caerían a espada y serían llevados como prisioneros a todas las naciones.

Jerusalén será pisoteada por los gentiles hasta que se cumplan los tiempos de los gentiles.

La segunda parte de la pregunta se responde en Mateo 24:3-10.

La Escritura dice que Jesús respondió y les dijo:

> Mirad que nadie os engañe. Muchos vendrán en mi nombre, diciendo: Yo soy el Cristo, y engañarán a muchos. Y oiréis de guerras y rumores de guerras; mirad que no os turbéis, porque es necesario que todo esto acontezca; pero aún no es el fin. Porque se levantará nación contra nación, y reino contra reino; y habrá pestes, y hambres, y terremotos en diferentes lugares. Y todo esto será principio de dolores. Entonces os entregarán a tribulación, y os matarán, y seréis aborrecidos de todas las gentes por causa de mi nombre. Y muchos se escandalizarán entonces, y se entregarán unos a otros, y unos a otros se odiarán.

El Señor Jesús dice que habrá gran persecución por causa de Su nombre. Esto me hace preguntarme realmente cuántos de nosotros estamos dispuestos a sufrir persecución en el nombre de Cristo. El nombre de Cristo no sólo significa vida eterna, sino también persecución. Por eso, Jesús dijo en Su Palabra que si me amáis, tomad vuestra cruz y seguidme. Así como Él sufrió persecución en este mundo, así también sufriréis vosotros, porque el siervo no es mayor que su amo. Las Sagradas Escrituras me recuerdan a los cristianos del norte de Sudán que son torturados, asesinados o esclavizados por el nombre de Cristo. La Biblia dice que su recompensa en el cielo será grande.

Jesús continuó diciendo: "Muchos falsos profetas se levantarán y engañarán a muchos; y por haberse multiplicado la maldad, el amor de muchos se enfriará. Pero el que persevere hasta el fin, éste será salvo. Y será predicado este evangelio del reino en todo el mundo, para testimonio a todas las naciones; y entonces vendrá el fin" (Mateo 24:10-14). Jesús declara que el fin del mundo llegará cuando el evangelio se predique en todo el mundo como testimonio a todas las naciones. No habrá excusa para no ser salvo.

La Escritura continúa diciendo en Mateo 24:15: "Por tanto, cuando veáis en el lugar santo la abominación de la desolación de que habló el profeta Daniel (el que lee, entienda)". Esta abominación de la desolación se encuentra en Daniel 9:24, así como en Daniel 10:3. Jesús señaló que esos días serán días de venganza. Él dijo:

Los que estén en Judea, huyan a los montes. El que esté en la azotea, no descienda para tomar algo de su casa; y el que esté en el campo, no vuelva atrás para tomar su capa. ¡Ay de las que estén encintas y de las que críen en aquellos días! Orad, pues, que vuestra huida no sea en invierno ni en día de reposo; porque habrá entonces gran tribulación, cual no la ha habido desde el principio del mundo hasta ahora, ni la habrá. Y si aquellos días no fuesen acortados, nadie sería salvo; mas por causa de los escogidos, aquellos días serán acortados. Entonces, si alguno os dijere: Mirad, aquí está el Cristo, o mirad, allí está, no lo creáis.

> Porque se levantarán falsos Cristos, y falsos profetas, y harán grandes señales y prodigios, de tal manera que engañarán, si fuere posible, aun a los escogidos.

Su Segunda Venida

—Mateo 24:16-24

Jesús continuó diciendo: He aquí, os lo he dicho antes. Así que, si os dicen: Mirad, está en el desierto, no salgáis; mirad, está en las cámaras, no lo creáis. Como el relámpago que sale del oriente y resplandece hasta el occidente, así será también la venida del Hijo del Hombre. Porque dondequiera que estuviere el cadáver, allí se juntarán las águilas. E inmediatamente después de la tribulación de aquellos días, el sol se oscurecerá, y la luna no dará su resplandor, y las estrellas caerán del cielo, y las potencias de los cielos serán conmovidas. Entonces aparecerá la señal del Hijo del Hombre en el cielo; y entonces lamentarán todas las tribus de la tierra, y verán al Hijo del Hombre viniendo sobre las nubes del cielo, con poder y gran gloria. Y enviará sus ángeles con gran voz de trompeta, y juntarán a sus escogidos, de los cuatro vientos, desde un extremo del cielo hasta el otro.

—Mateo 24:25–31

Jesús también dio una parábola sobre la higuera. Jesús dijo que cuando veáis que la rama de la higuera está tierna y brotan sus hojas, entonces sabréis que el verano está cerca. Jesús está diciendo que es lo mismo cuando vemos todas estas cosas; deberíamos saber que el fin del mundo está cerca, incluso a las puertas.

De cierto os digo que no pasará esta generación hasta que todas estas cosas acontezcan. El cielo y la tierra pasarán, pero mis palabras no pasarán. Pero del día y la hora nadie sabe, ni siquiera los ángeles de los cielos, sino sólo mi Padre. Mas como en los días de Noé, así será la venida del Hijo del Hombre. 11 Porque como en los días antes del diluvio estaban comiendo y bebiendo, casándose y dando en casamiento, hasta el día en que Noé entró en el arca, y no entendieron hasta que vino el diluvio y se los llevó a todos, así será también la venida del Hijo del Hombre. Entonces estarán dos en el campo; uno será tomado, y el otro dejado. Dos mujeres estarán moliendo en un molino; una será tomada, y la otra dejada. Velad, pues, porque no sabéis a qué hora ha de venir vuestro Señor.

Pero sabed esto: si el padre de familia supiese a qué hora el ladrón habría de venir, velaría, y no dejaría minar su casa. Por tanto, también vosotros estad preparados, porque el Hijo del Hombre vendrá a la hora que no pensáis. ¿Quién es, pues, el siervo fiel y prudente, al cual puso su señor sobre su casa para que les dé el alimento a tiempo? Bienaventurado aquel siervo al cual, cuando su señor venga, le halle haciendo así. De cierto os digo que sobre todos sus bienes le pondrá.

> Pero si aquel siervo malo dijere en su corazón: Mi señor tarda en venir; y comenzare a golpear a sus consiervos, y aun a comer y a beber con los borrachos, vendrá el señor de aquel siervo en día que éste no espera, y a la hora que no sabe, y lo castigará duramente, y pondrá su parte con los hipócritas; allí será el llanto y el crujir de dientes.
>
> —Mateo 24:34–51

Así que, estemos preparados y esperando, porque el Hijo del Hombre vendrá en el momento que no pensemos. Que todos seamos hallados dignos en el nombre de Jesús. Amén.

Capítulo 32
Los que se creen justos

Si decimos que no hemos pecado, le hacemos a él mentiroso, y su palabra no está en nosotros.

—*1 Juan 1:10*

Alguien puede decir hoy: "Soy una buena persona; ¡nunca he hecho nada malo en toda mi vida!" La Biblia tiene que decir esto acerca de los que se creen justos:

Todos somos cosas inmundas: También dijo que toda nuestra justicia es como trapo de inmundicia (Isaías 64:6). Esto significa que nuestras buenas obras ante Dios no pueden hacernos justos. Por esta razón, Dios envió a Su Hijo para que podamos ser hechos justicia de Dios en Él y por medio de Él. 2 Corintios 5:21 dice: "Al que no conoció pecado, por nosotros lo hizo pecado, para que nosotros fuésemos hechos justicia de Dios en él". Nunca seremos suficientemente buenos ni justos por nuestros buenos méritos ni por guardar la ley: nuestra justicia sólo puede venir por medio de Jesucristo, quien se convirtió en nuestro pecado y nos dio Su justicia. Mientras éramos todavía pecadores, Cristo murió por los impíos. Por tanto, así como el pecado entró en el mundo por medio de un hombre, Adán, y la muerte por medio del pecado, de modo que todos pecaron, el don gratuito de la justicia vino por medio de un hombre, Cristo Jesús Señor nuestro. (Ver Romanos 5:12-15.) Así, pues, vemos que sólo por la gracia de Dios, por medio de la justicia en Cristo, podemos recibir la vida eterna.

La justicia fuera de Cristo no aprovecha nada. Tampoco podemos ser hechos justos por nuestra raza, credo o color, ni por ser judíos o gentiles. La Biblia dice que todos estamos bajo pecado, y que nadie es justo, ni siquiera uno. El hombre no alcanza los estándares de Dios. "Por cuanto todos pecaron, y están destituidos de la gloria de Dios" (Rom. 3:23). La Biblia declara que la vida del cuerpo está en la sangre. La sangre hace expiación por el alma; es lo único que puede limpiar el alma de todo pecado (Levítico 17:11). La sangre de Jesús se usa para la expiación del alma para limpiar el alma del pecado. La sangre de Jesús es pura, sin manchas ni imperfecciones.

Uno no puede ser salvo por su raza, color o credo. Tampoco puede ser salvo por ser judío o gentil. La Biblia dice que todos nacemos en pecado y somos formados en iniquidad. Es necesario que haya un sacrificio por nuestros pecados. Y casi todas las cosas son purificadas con sangre por la ley; sin derramamiento de sangre, no puede haber remisión de pecados (Hebreos 9:22). Uno de los atributos de Dios es mostrar misericordia. En el cielo, hay querubines de gloria que cubren el propiciatorio. Dios le dio a Moisés esta idea cuando le dijo que construyera un Tabernáculo. Por eso, Moisés hizo el "Arca del Pacto", un santuario para que Dios habitara entre su pueblo. Moisés recibió las instrucciones de Dios para el diseño del Arca (Éxodo 25:1-40).

En el tabernáculo estaba el incensario de oro, y el arca del pacto recubierta de oro por todos lados. También tenía la urna de oro con el maná, la vara de Aarón que reverdeció, y las tablas del pacto; sobre ella, los querubines de gloria que cubrían el propiciatorio (Hebreos 9:5). Ahora bien, allí estaban el sacerdote y el sumo sacerdote que llevaban a cabo su deber sacerdotal delante de Dios. Sólo el sacerdote podía entrar en la primera área del Tabernáculo. Sin embargo, en la segunda área detrás del velo, sólo el sumo sacerdote podía entrar cada año, y no sin sangre: Este era el Lugar Santísimo de todos. Y casi todo es purificado según la ley con sangre, y sin derramamiento de sangre no se hace remisión.

Posteriormente, el sumo sacerdote entra en el lugar santísimo dentro del Tabernáculo, con la sangre de los becerros y de los machos cabríos y las cenizas de una becerra para rociar a los inmundos a fin de que la carne pueda ser purificada y santificada delante de Dios.

> Así que, si la sangre de los toros y de los machos cabríos, y las cenizas de una becerra rociadas a los inmundos, santifican para la purificación de la carne, ¿cuánto más la sangre de Cristo, el cual mediante el Espíritu eterno se ofreció a sí mismo sin mancha a Dios, limpiará vuestras conciencias de obras muertas para que sirváis al Dios vivo? Por eso es mediador de un nuevo pacto, para que interviniendo muerte para la remisión de las transgresiones que había bajo el primer pacto, los llamados recibieran la promesa de la herencia eterna.
>
> —Hebreos 9:6-15.

Por eso, Jesús se ha convertido en el único mediador entre Dios y el hombre. Ha abierto un camino nuevo y vivo a través de su sangre. A través del Espíritu Santo, se ofreció a Dios para permitir que su sangre limpie tu conciencia de obras muertas y te libere de la culpa del pecado para que puedas ser inocente ante el Dios Santo. Un hombre corrupto no puede pagar a Dios un rescate por su alma. Solo el Dios-hombre perfecto y Santo puede hacerlo.

La Escritura dice:

> Mas él herido fue por nuestras transgresiones, molido por nuestros pecados; el castigo de nuestra paz fue sobre él, y por su llaga fuimos nosotros curados. Todos nosotros nos descarriamos como ovejas, cada cual se apartó por su camino; mas Jehová cargó en él el pecado de todos nosotros. Angustiado él, y afligido, no abrió su boca; como cordero fue llevado al matadero; y como oveja delante de sus trasquiladores, enmudeció, y no abrió su boca. Por cárcel y por juicio fue quitado; ¿y su generación, quién la

contará? Porque fue cortado de la tierra de los vivientes, por la rebelión de mi pueblo fue herido.

Y se dispuso con los impíos su sepultura, mas con los ricos fue en su muerte; porque nunca hizo maldad, ni hubo engaño en su boca. Con todo, Jehová quiso quebrantarlo, sujetándole a padecimiento. Cuando haya puesto su vida en expiación por el pecado, verá linaje, vivirá por largos días, y la voluntad de Jehová será en su mano prosperada. Verá el fruto de la aflicción de su alma, y quedará satisfecho; por su conocimiento justificará mi siervo justo a muchos, y llevará las iniquidades de ellos. Por tanto, yo le daré parte con los grandes, y con los fuertes repartirá despojos, por cuanto derramó su vida hasta la muerte, y fue contado con los transgresores, habiendo él llevado el pecado de muchos, e intercedido por los transgresores.

—Isaías 53:5–12

Ahora hemos nacido de su simiente; ya no de una simiente corruptible procedente del pecado de un hombre, que es Adán, sino de la simiente incorruptible de Cristo. Jesucristo se había entregado a sí mismo por nosotros como ofrenda y sacrificio por el pecado a Dios en olor fragante (Efesios 5:2). Como declara la Escritura:

Porque de tal manera amó Dios al mundo, que ha dado a su Hijo unigénito, para que todo aquel que en él cree, no se pierda, mas tenga vida eterna. Porque no envió Dios a su Hijo al mundo para condenar al mundo, sino para que el mundo sea salvo por él.

—Juan 3:16–17

El Señor está llamando a todos aquellos que se consideran justos a buscarlo ahora. La Escritura declara en Isaías 55:6-9 que debemos:

Buscad a Jehová mientras puede ser hallado, llamadle en tanto que está cercano. Deje el impío su camino, y el hombre inicuo sus pensamientos, y vuélvase a Jehová, el cual tendrá de él misericordia, y al Dios nuestro, el cual será amplio en perdonar. Porque mis pensamientos no son vuestros pensamientos, ni vuestros caminos mis caminos, dijo Jehová. Como son más altos los cielos que la tierra, así son mis caminos más altos que vuestros caminos, y mis pensamientos más que vuestros pensamientos.

Cuando recibes la justicia de Su Hijo, entonces los pensamientos de Cristo se convierten en tus pensamientos, y la mente de Cristo se convierte en la tuya. 1 Corintios 2:16 dice que tenemos la mente de Cristo. El espíritu de Dios ahora mora dentro de nosotros, el mismo Espíritu que levantó a Jesús de entre los muertos. La Escritura dice en Romanos 8:2 que es el Espíritu de vida que está en Cristo Jesús el que te hará libre de la ley del pecado y de la muerte. Y en Romanos 8:9, la Escritura dice: "Si alguno no tiene el Espíritu de Cristo, no es de él".

Dr. Marlene Brown

Capítulo 33
La importancia del bautismo

El que haya creído [en Mí] y haya sido bautizado será salvo [de la pena de la ira y el juicio de Dios]; pero el que no haya creído será condenado.

—*Juan 16:16 NVI*

Una vez que un creyente es salvo (es decir, ha aceptado a Jesucristo como su Señor y Salvador), es extremadamente importante que el creyente sea bautizado. La palabra bautizar proviene de la palabra griega baptizo que se pronuncia baptid'-zo. Esto significa "ser bautizado o ser limpiado de sus pecados o de su vida pasada al ser sumergido en agua". Este es un rito de purificación. Cuando los hombres confiesan sus pecados, quedan sujetos a un cambio espiritual. Recibieron el perdón de Dios por sus pecados pasados mientras abrían paso al Mesías.

El primer bautismo del que leemos en la Biblia fue el bautismo de Juan. Juan era un profeta enviado por Dios. Juan fue lleno del Espíritu Santo desde el vientre de su madre (Lucas 1:15). Fue en el espíritu y poder de Elías. La Palabra de Dios dice que Juan debía hacer volver los corazones de los padres a los hijos y de los desobedientes a la prudencia de los justos, para preparar al Señor un pueblo bien dispuesto (Lucas 1:17). Juan bautizó en el desierto y predicó el bautismo de arrepentimiento para perdón de pecados. La Biblia nos dice que Juan bautizó a Jesús cuando vino. Juan siempre había predicado que vendría uno más poderoso que él: Juan les respondió a todos: "Yo os bautizo con agua, pero vendrá uno más poderoso que yo, de quien no soy digno de desatar la correa de sus sandalias. Él os bautizará en Espíritu Santo y fuego" (Lucas 3:16).

Su Segunda Venida

Así que, la Biblia declara que Juan dio testimonio de Jesús y que Él sería el que bautizaría con el Espíritu Santo. Juan declaró:

> Vi al Espíritu que descendía del cielo como paloma, y permaneció sobre él. Y yo no le conocía; pero el que me envió a bautizar con agua, ése me dijo: Sobre quien veas descender el Espíritu y que permanece sobre él, ése es el que bautiza con el Espíritu Santo.
>
> —Juan 1:32–33

Sin embargo, es importante notar que este pasaje bíblico en particular en Juan nos señala que el proceso del bautismo vino directamente de Dios, primero a Juan, luego a Jesús y luego a Sus discípulos.

Ahora, necesitamos profundizar en la Palabra de Dios acerca del bautismo en agua y ver la relevancia o el significado de ser bautizado.

En Juan 3:2–7, leemos acerca de un hombre llamado Nicodemo, que era miembro de los fariseos y un principal de los judíos. Jesús vino a Jesús de noche y le dijo:

> Rabí, sabemos que eres maestro que viene de Dios; porque nadie puede hacer estas señales que tú haces, si no está Dios con él. Jesús le respondió y le dijo: De cierto, de cierto te digo que el que no naciere de nuevo, no puede ver el reino de Dios. Nicodemo le dijo: ¿Cómo puede un hombre nacer siendo viejo? ¿Puede acaso entrar por segunda vez en el vientre de su madre, y nacer? Jesús le respondió: De cierto, de cierto te digo que el que no naciere de agua y del Espíritu, no puede entrar en el reino de Dios. Lo que es nacido de la carne, carne es; y lo que es nacido del Espíritu, espíritu es. No te maravilles de que te dije: Os es necesario nacer de nuevo.

Dr. Marlene Brown

Jesús le estaba explicando a Nicodemo que nacer del agua y del Espíritu es un renacimiento espiritual y que este es un criterio muy importante que se necesita para ver el reino de Dios y poder entrar en él. A medida que profundizamos en las Escrituras, leemos acerca de cómo nacemos de nuevo cuando entramos en este proceso espiritual llamado bautismo por agua, así como bautismo por el Espíritu Santo. Jesús señaló en Su Palabra que, a menos que un hombre nazca del agua y del Espíritu, no puede entrar en el reino de Dios. Estos son criterios importantes que debemos cumplir. Sin embargo, la pregunta sigue siendo: "¿Qué significa ver el reino? ¿Y cómo entramos?"

La palabra griega para ver es eido, que significa "percibir con los ojos; determinar o discernir lo que debe hacerse". Entonces, Jesús le estaba diciendo a Nicodemo que sin este renacimiento espiritual, no podría percibir con los ojos espirituales ni discernir el reino de Dios. Podía ver las obras que Jesús estaba haciendo, pero estaba espiritualmente ciego a la voluntad y el plan de Dios.

Jesús luego le señaló a Nicodemo que primero necesitamos ver el reino de Dios por el agua y el espíritu, y luego podremos entrar en el reino de Dios. Es importante notar que el reino de Dios está dentro de ti, según Lucas 17:21, y que nuestros cuerpos son el templo del Dios viviente.

Entonces, la pregunta es: "¿Cómo entramos en el reino de Dios?" La palabra griega para entrar es eiserchomai, que significa "venir a la existencia o venir a la vida". Entonces, cuando leemos Mateo 18:1-3, Jesús les dijo a Sus discípulos que no puedes entrar en el reino de Dios a menos que te conviertas y te vuelvas como un niño pequeño. Así que, es a través de la humildad que entramos, no de una falsa humildad. Sin embargo, la verdadera humildad viene a través del arrepentimiento genuino por los pecados y el lavado espiritual por el agua y por la Palabra. Entonces, este nuevo hombre comienza a ver el reino y entra en él.

Su Segunda Venida

Por lo tanto, la Palabra de Dios está diciendo que cuando naces de nuevo a través de ese renacimiento espiritual y eres bautizado, puedes ver la obra que Su reino en la tierra necesita. Comenzamos a ver las cosas que son necesarias para que Su reino se establezca cuando entramos a través de la humildad. Es solo a través de la humildad que estas cosas pueden establecerse. Ahora vemos cuán importante y significativo es para un creyente en Cristo ser bautizado.

Sin embargo, es importante notar que el renacimiento espiritual no se detiene en el bautismo. Una vez que recibimos este renacimiento espiritual, nuestras mentes necesitan ser renovadas por la Palabra de Dios para que nuestra nueva identidad ahora pueda verse en Él. La Biblia dice, dejen que su luz brille delante de los hombres para que vean sus buenas obras y glorifiquen a Dios en el cielo. "No os conforméis a este siglo, sino transformaos por medio de la renovación de vuestro entendimiento, para que comprobéis cuál sea la buena voluntad de Dios, agradable y perfecta" (Rom. 12:2). "En cuanto a la pasada manera de vivir, despojaos del viejo hombre, que está viciado conforme a los deseos engañosos, y renovaos en el espíritu de vuestra mente, y vestíos del nuevo hombre, creado según Dios en la justicia y santidad de la verdad" (Efesios 4:22-24).

Dr. Marlene Brown

Capítulo 34
El Espíritu Santo, o el Consolador

La gracia del Señor Jesucristo, el amor de Dios y la comunión del Espíritu Santo sean con todos vosotros. Amén.

—2 Corintios 14:14

Muchos de nosotros creemos y también enseñamos que el Espíritu Santo sirve simplemente para hablar en diferentes idiomas o lenguas, como se describe en Hechos 2:1–8. Es importante que cada creyente experimente el poder de hablar en otras lenguas según el Espíritu le dé la capacidad de hablar, ya que hay gran fuerza y poder en el hablar en lenguas. Por ejemplo, cuando uno es atacado por el enemigo, ya sea en la vida cotidiana o en una visión o sueño, el poder de hablar en lenguas a Dios y la unción que fluye de ello derrotan al enemigo. Se basa en una fuerza sobrenatural que no existe en lo natural, ya que el poder del Espíritu Santo se desata para derrotar al enemigo en el reino espiritual.

Sin embargo, hay otra razón por la cual necesitamos ser llenos del Espíritu Santo: Él nos capacita para el servicio.

El Espíritu Santo nos libera una revelación profunda de la Palabra de Dios, que no viene a través de la teología y no se puede aprender en un seminario, sino que se nos revela a través de Su Santa unción.

El Espíritu Santo o el Consolador (Parakletos) es el que vino a estar con los apóstoles en lugar de Cristo (después de que Cristo subió para estar con el Padre), y que llevó a los discípulos a un conocimiento más profundo de la verdad del evangelio. El Consolador también les dio la fuerza divina que necesitaban para soportar pruebas y persecuciones en nombre del reino divino de Dios.

La Biblia nos dice que el Espíritu Santo nos revela las cosas profundas de Dios. Como dice la Escritura en 1 Corintios 2:9-11:

> Como está escrito: Cosas que ojo no vio, ni oído oyó, Ni han subido en corazón de hombre, Son las que Dios ha preparado para los que le aman. Pero Dios nos las reveló a nosotros por el Espíritu; porque el Espíritu todo lo escudriña, aun lo profundo de Dios. Porque ¿quién de los hombres sabe las cosas del hombre, sino el espíritu del hombre que está en él? Así tampoco nadie conoció las cosas de Dios, sino el Espíritu de Dios.

El Espíritu Santo, que es el intercesor, ha prometido estar con nosotros por medio de Cristo, y su propósito es consolar y enseñar a los creyentes el camino de Cristo y también hacer de los creyentes testigos más poderosos y eficaces del evangelio de Cristo, ya que el reino de Dios no se basa en palabras, sino en poder.

Leemos por primera vez que el Espíritu Santo descendió del cielo cuando Jesús estaba siendo bautizado y orando. Leemos que los cielos se abrieron y "descendió el Espíritu Santo sobre él en forma corporal, como una paloma, y vino una voz del cielo que decía: Tú eres mi Hijo amado; en ti tengo complacencia" (Lucas 3:22). Entonces Jesús fue lleno del Espíritu Santo y fue llevado al desierto por el Espíritu. Ayunó cuarenta días sin comer y fue tentado por el diablo durante cuarenta días. Durante su tentación o su prueba, el diablo no tuvo el poder de vencerlo porque el Espíritu Santo ya lo había capacitado para servir al Dios Altísimo. La Biblia dice que el diablo lo tentó, diciendo:

> Si eres Hijo de Dios, di a esta piedra que se convierta en pan. Y Jesús le respondió, diciendo: Escrito está: No sólo de pan vivirá el hombre, sino de toda palabra de Dios. Y le llevó el diablo a un alto monte, y le mostró en un momento

todos los reinos del mundo. Y le dijo el diablo: A ti te daré todo este poder, y la gloria de ellos; porque a mí me ha sido entregada, y a quien yo quiera la doy. Pues si me adorares, todos serán tuyos.

—Lucas 4:3–7

Jesús sabía por qué había venido a la tierra; la Biblia dice que su propósito era destruir al que tenía el imperio de la muerte, es decir, al diablo (1 Juan 3:8).

Jesús sabía que había venido a destruir al diablo y su poder, por lo que no era necesario que se rebajara a sí mismo postrándose para adorar a su adversario. Jesús también les dijo a sus discípulos que les había dado poder sobre todos los poderes del enemigo. Aunque el mundo fue entregado en manos de Satanás, Jesús lo había dejado sin poder al destruir principados y potestades y burlarse abiertamente de ellos al ir a la cruz.

Jesús le dijo: "Dicho está: No tentarás al Señor tu Dios" (Lucas 4:12). Jesús estaba lleno de la Palabra de Dios. Cuando el diablo se dio cuenta de que no podía seducir a Jesús con las cosas de este mundo, la Biblia dice que lo dejó solo por un tiempo (Lucas 4:13).

Ahora, es aquí donde vemos que comenzó el ministerio de Jesús. Cuando regresó a Galilea, lleno del Espíritu Santo, comenzó a enseñar en las sinagogas y era reconocido y glorificado por todos. La Biblia dice que llegó a Nazaret, donde se había criado, y, según la costumbre, entró en la sinagoga el día de reposo y se levantó a leer.

> Y le fue entregado el libro del profeta Isaías. Y cuando abrió el libro, halló el lugar donde estaba escrito: El Espíritu del Señor está sobre mí, Por cuanto me ha ungido para dar buenas nuevas a los pobres; Me ha enviado a sanar a los quebrantados de corazón; A pregonar libertad a los cautivos, Y vista a los ciegos; A poner en libertad a los

oprimidos; A predicar el año agradable del Señor. Y enrollando el libro, se lo devolvió al ministro, y se sentó. Y los ojos de todos en la sinagoga estaban fijos en él. Y comenzó a decirles: Hoy se ha cumplido esta Escritura delante de vosotros. Y todos daban testimonio de él, y estaban maravillados de las palabras de gracia que salían de su boca. Y decían: ¿No es éste el hijo de José?

—Lucas 4:17–22

Una vez que Jesús recibió el Espíritu Santo y fue lleno de gran poder y unción, vemos que comenzó a hacer la obra de Su Padre. Había sido equipado para el ministerio. Enseñó en las sinagogas y sanó a los enfermos, resucitó a los muertos y echó fuera demonios. La función del Espíritu Santo es equiparte y darte poder para hacer la obra de Dios.

La Escritura dice que Jesús salió de Galilea, fue a una ciudad llamada Capernaúm, una ciudad de Galilea, y comenzó a enseñarles en los días de reposo. La gente estaba asombrada de Su doctrina y del poder de Su Palabra. La Biblia nos dice que la primera demostración del poder de Jesús se vio en la sinagoga. Un hombre que tenía un demonio inmundo clamó a gran voz, diciendo: Déjanos. ¿Qué tienes con nosotros, Jesús de Nazaret? ¿Has venido para destruirnos? Yo sé quién eres: el Santo de Dios. Jesús le reprendió, diciendo: Cállate, y sal de él. Y el demonio, derribándole en medio, salió de él, y no le hizo daño. Y todos estaban atónitos, y hablaban entre sí, diciendo: ¿Qué palabra es ésta? Porque con autoridad y poder manda a los espíritus inmundos, y salen. Y su fama se difundió por todos los lugares de la comarca.

—Lucas 4:37–39

También lo vemos reprendiendo a la suegra de Pedro por una fiebre.

Dr. Marlene Brown

En Lucas 11:13, la Biblia nos dice que el Espíritu Santo es un buen don de nuestro Padre celestial, y Él dará el Espíritu a quienes se lo pidan. También leemos en Juan 1:33-14 que Jesús, el Hijo del Dios viviente, es quien bautiza con el Espíritu Santo. Así que, Juan dijo que lo vio y dio testimonio de que Él era el Hijo de Dios. Ahora sabemos que el bautismo del Espíritu Santo proviene de Jesús.

Este bautismo del Espíritu Santo es extremadamente importante para los creyentes, ya que Jesús dice que Él (el Espíritu Santo) nos enseña todas las cosas. Esto lo explicó en Juan 14:26: "Mas el Consolador, el Espíritu Santo, a quien el Padre enviará en mi nombre, él os enseñará todas las cosas, y os recordará todo lo que yo os he dicho". En Juan 15:26, Jesús dijo: "Pero cuando venga el Consolador, a quien yo os enviaré del Padre, el Espíritu de verdad, el cual procede del Padre, él dará testimonio de mí". Cristo señaló a sus discípulos que no sólo el Espíritu Santo sería su testigo, sino también ellos (es decir, sus discípulos) porque han estado con él desde el principio. Así que ahora vemos por qué necesitamos este bautismo del Espíritu Santo como creyentes en Cristo, ya que el Espíritu Santo nos enseñará todas las cosas. En Juan 16:8-15, Jesús les dijo a sus discípulos que necesitaba irse para enviar al precioso Consolador. Jesús dice que si no se va, el Consolador no vendrá. Jesús también explica que cuando el Consolador venga, reprenderá al mundo de pecado, justicia y juicio. Otra palabra para reprender es convencer.

El Consolador sacará a la luz el pecado y lo expondrá por lo que es. También hablará del juicio venidero de Dios, y también de Su justicia.

> De pecado, por cuanto no creen en mí; de justicia, por cuanto voy al Padre, y no me veréis más; de juicio, por cuanto el príncipe de este mundo ha sido juzgado. Muchas cosas tengo que deciros, pero ahora no las podéis sobrellevar. Pero cuando venga el Espíritu de verdad, él os guiará a toda la verdad; porque no hablará por su propia

Su Segunda Venida

cuenta, sino que hablará todo lo que oiga, y os hará saber las cosas que habrán de venir.

—Juan 16:9–13

¡La Biblia dice que el Espíritu Santo os mostrará las cosas que habrán de venir! Esto lo hizo cuando me reveló las muchas visiones y sueños proféticos, y también me mostró cosas personales en mi vida que necesitaban hacerse, para el reino o para otra cosa.

Jesús dice: "Él me glorificará; porque tomará de lo mío, y os lo hará saber. "Todo lo que tiene el Padre es mío; por eso dije que tomará de lo mío, y os lo hará saber" (Juan 16:14-15). Estoy muy feliz de que Jesús haya señalado que el Espíritu Santo no hablaría por sí mismo, sino que todo lo que Jesús diga o quiera que veamos, Él nos lo revelará, y al hacerlo, Jesús será glorificado.

Dr. Marlene Brown

Capítulo 35
Recibiendo el Espíritu Santo

Yo a la verdad os bautizo en agua para arrepentimiento; pero el que viene tras mí, cuyo calzado yo no soy digno de llevar, es más poderoso que yo; él os bautizará en Espíritu Santo y fuego.

—Mateo 3:11

Hechos 2:1–7, 13–18 nos describe lo que experimentaron los apóstoles al recibir el bautismo del Espíritu Santo.

La Escritura dice:

Cuando llegó el día de Pentecostés, estaban todos unánimes juntos. Y de repente vino del cielo un estruendo como de un viento recio que soplaba, el cual llenó toda la casa donde estaban sentados; y se les aparecieron lenguas repartidas, como de fuego, asentándose sobre cada uno de ellos. Y fueron todos llenos del Espíritu Santo, y comenzaron a hablar en otras lenguas, conforme el Espíritu les daba que hablasen. Moraban entonces en Jerusalén judíos, varones piadosos, de todas las naciones que hay bajo el cielo. Y hecho este estruendo, se juntó la multitud; y estaban confusos, porque cada uno les oía hablar en su propia lengua. Y todos estaban atónitos y maravillados, diciéndose unos a otros: Mirad, ¿no son galileos todos estos que hablan? Otros, burlándose, decían: Están llenos de mosto. Entonces Pedro, poniéndose en pie con los once, alzó la voz y les habló diciendo: Varones judíos, y todos los que habitáis en Jerusalén, esto os sea notorio, y oíd mis palabras; porque éstos no están ebrios, como vosotros suponéis, puesto que es la hora tercera del día. Mas esto es lo dicho por el profeta Joel: Y en los postreros días, dice Dios, Derramaré de mi Espíritu sobre toda carne, Y vuestros hijos y vuestras hijas profetizarán; Vuestros jóvenes verán visiones, Y vuestros ancianos soñarán sueños. Y sobre mis siervos y sobre mis siervas en aquellos días Derramaré de mi Espíritu, y profetizarán; y profetizarán.

He experimentado personalmente el ser llena del bautismo del Espíritu Santo. Para mí, la experiencia comenzó con un sueño antes de que Él se hiciera realidad en mi vida. Creo que el buen Señor Jesús quería que yo lo experimentara en mi sueño primero para deshacerme de todas las ideas preconcebidas y temores que pudiera haber tenido con respecto a Su bautismo. Aquí está la visión profética.

Promesa profética de recibir el Espíritu Santo

La quinta visión celestial o sueño que yo, Marlene, tuve.

Tuvo lugar el 24 de diciembre de 2000.

Me desperté a las 11:56 p.m.

Soñé que estaba en una reunión grupal de la iglesia. Estábamos teniendo esta reunión en un espacio abierto al aire libre. El área estaba muy oscura. El pastor entonces le dijo a un grupo de nosotros: "Todos los que quieran recibir el Espíritu Santo deben unirse de las manos". Luego comenzó a leer una Escritura en particular. Mis manos estaban en el aire, lista para recibir el Espíritu Santo. De repente, vi a un joven aparecer en el cielo. Empecé a señalarlo, tratando de llamar la atención de una chica que estaba parada a mi lado. Quería que ella viera a ese hombre en el cielo porque yo no podía hablar. Creo que era un ángel con apariencia de hombre.

Entonces escuché un espíritu dentro de mí que decía: "¡Mantén tu atención en él!". Así que seguí observándolo. De repente, me escuché decir: "¡El Señor dice, y el Señor dice, y el Señor dice!". Esto venía desde lo más profundo de mi vientre y no podía detenerlo. En el sueño, me dije a mí misma: "¡Pero estoy profetizando! ¿Cómo es que no estoy diciendo nada más que 'el Señor dice'?". Entonces una fuerza poderosa me golpeó. De repente, me encontré hablando en un idioma diferente, en una lengua diferente. Comencé a escucharme a mí misma enrollando mi lengua y hablando en lenguas. Entonces me desperté de mi sueño. ¡Bendito sea el Señor! ¡El Señor es digno de toda alabanza! ¡Gloria y Honor a Su Santo Nombre! Amén.

Con este sueño, creo que el Señor quería que yo tuviera la experiencia primero en mi sueño antes de experimentar la realidad, especialmente con la profecía y el hablar en lenguas que venían desde lo más profundo de mi vientre. Así que, el 28 de enero de 2001, experimenté la realidad. La experiencia fue muy hermosa. Experimenté el poder del Dios todopoderoso. Es un gran honor compartir esta experiencia con ustedes.

Experiencia del Bautismo del Espíritu Santo

El 28 de enero de 2001, un amigo me invitó a una iglesia. Era una mañana de domingo muy fría. El predicador predicaba un sermón muy poderoso. El título era "La mujer con el flujo de sangre". Luego combinó este tema con la Escritura que dice: "Prosigan a la meta del llamamiento supremo, que es en Cristo Jesús". El predicador predicaba bajo la unción del Espíritu Santo. En un momento dado, comenzó a gatear boca abajo mientras predicaba, mostrando a la mujer con el flujo de sangre, arrastrándose para tocar el borde del manto de Jesús para que ella pudiera ser sanada. En otra ocasión, se arrodilló ante el altar, exclamando: "¡Te exalto, Señor, te exalto, Señor!". Les aseguro que la unción lo cubría por completo.

Mientras predicaba, sentí la presencia del Señor. Seguí llorando, llorando, llorando mientras predicaba. Me veía luchando como la mujer con el flujo de sangre; sin embargo, en mi caso, era para perseverar en el bautismo del Espíritu Santo. Así que, después de la predicación, hubo un llamado al altar. Corrí inmediatamente al altar. Más tarde, me dijeron que era la primera en llegar. Sabía que debía perseverar en el altar para recibir este bautismo del Espíritu Santo.

Mientras oraba en el altar con otras personas, sentí que alguien me golpeaba en la espalda. Miré a mi alrededor y vi a una chica saltando en el espíritu. Me sacó de mi pensamiento espiritual de querer perseverar en recibir el bautismo del Espíritu Santo y me devolvió a la carne, rompiendo toda la unción interior y el sentimiento de que tenía que orar. ¡Esta chica me estaba golpeando muy fuerte en la espalda! Por supuesto, el diablo planeaba distraerme para evitar que recibiera el bautismo del Espíritu Santo. Sin embargo, no estaba sola. El buen Señor había enviado a una joven que se acercó y me sostuvo. Esta joven seguía animándome a orar. El diálogo fue así: "¡Vamos, ora!", dijo. Empecé a orar cuando la sensación desapareció. Me detuve. "¡No puedo!", dije. Ella repitió: "Vamos, ora". Entonces empecé a concentrarme en el Señor, igual que en el sueño, cuando el espíritu me dijo que me concentrara, y luego desapareció. Así que me detuve y le dije: "¡No hay nada!". Entonces me preguntó: "¿Qué es lo que quieres conseguir?". "¡El bautismo del Espíritu Santo!", respondí. Su comentario fue: "¡No quieres esto!". Creo que eso fue todo lo que necesitó decir, porque empecé a concentrarme en Jesús, en la visión de Él visitándome en el cielo con un ángel. Me oí gritar: "¡Jesús! ¡Aleluya! ¡Jesús!". Entonces me oí decir unas palabras extrañas. La joven me abrazó y sus palabras fueron muy alentadoras. Decía: "¡Vamos, ya está! ¡Vamos, ya está!". Entonces me puse rígido y hablé con un poco más de fluidez. Sentí las manos del pastor sobre mi cabeza y supe que me escuchaba. Sentí el micrófono en la boca y él le dijo a la congregación: "¡Alguien acaba de recibir el bautismo del Espíritu Santo!". Sentí que mi cuerpo se alejaba de todos en el altar. Entonces, me encontré danzando en el espíritu; parecía que iba en cámara lenta. Choqué con alguien que también estaba entrando en el espíritu. Recuerdo haberme alejado de ella y caminar como si estuviera en el aire. Sentí un gran poder en mi ser. Tenía la espalda encorvada y caminaba con los dedos apuntando como si reprendiera al enemigo. ¡En mi cabeza, todo proceso mental se desvaneció! Mi mente se llenó del Espíritu como si hubiera cambiado. Comencé a escucharme hablar en un nuevo idioma, como si no tuviera control sobre mi boca ni sobre lo que decía. Creo que esto confirma la Escritura de que la carne y la sangre no pueden entrar en el reino de Dios. Hay que nacer del agua y por su Espíritu. Después de escucharme un rato, me desplomé en el suelo y mis pies patearon lateralmente. No gritaba ni chillaba, solo pateaban lateralmente. Era como un robot en movimiento, caído, pero aún pateando porque la energía dentro del robot seguía activa.

Cuando las patadas se calmaron, me quedé quieto en el suelo en posición fetal, totalmente asombrado por la experiencia y, al mismo tiempo, sintiéndome agotado. Entonces sentí la mano del predicador sobre mi cabeza y me dijo: "¡Dios te elige!". Este comentario me recordó cuando el ángel le dijo a María que Dios la favorecía enormemente. Como aún estaba débil, la única respuesta que pude dar fue asentir con la cabeza. Debo decir, sin embargo, que ni un millón de dólares me habría dado esas palabras de satisfacción para completar ese día. ¡Pero esas palabras sí! En posición fetal, sentí un fuerte dolor en el ombligo.

Así que me quedé quieta y en silencio, con los pies en posición fetal, acurrucada por el calambre que sentía en el ombligo y el dolor. De hecho, el dolor provenía de la misma zona donde di a luz a mi hijo, Brandon. En ese momento, mi hijo tenía varios meses. Sin embargo, el dolor era como si me hubiera roto una zona dolorida del útero que necesitaba sanar desde el nacimiento de mi hijo. La joven me dijo que se llama renacimiento. Supongo que esto explica el dolor. Mencionó que la Biblia dice que ríos de agua viva fluirán de tu vientre. Su explicación me ayudó, ya que era bastante nueva en mi fe.

Su Segunda Venida

Al día siguiente, me desperté y sentí una gran paz que me invadió. No podía comprender esa paz. Me volví hacia mi esposo y le dije: «Siento una gran paz, como si nada en el mundo pudiera perturbarme». En ese momento, no recordaba la Escritura que describe la paz de Dios. Jesús describe esta paz como la paz que sobrepasa todo entendimiento (Juan 14:27; Filipenses 4:7). Dijo en su Palabra que esta es la paz que nos dio: que no dejemos que nuestros corazones se turben ni teman.

Así que, con este sueño del Espíritu Santo, el Señor me permitió experimentar su poder en el sueño y el nacimiento del Espíritu Santo antes de experimentarlo en la realidad.

A Dios pertenece toda la gloria, todo el honor y la alabanza por permitirme experimentar el bautismo del Espíritu Santo. Él es un Dios fiel, lleno de bondad y fiel a su Palabra. ¡Él es verdaderamente el mismo Dios, ayer, hoy y por los siglos!

Jesús también señaló que nos convertiríamos en testigos de Él. En Romanos 1:8, nos dijo que recibiríamos poder, después de que el Espíritu Santo viniera sobre nosotros, y seríamos testigos de Él hasta los confines de la tierra. Sí, debo declarar que he sido testigo. Primero, lo he presenciado en mi comunidad, luego en África e India, proclamando también su venida en una iglesia en Jerusalén, en el Caribe y Estados Unidos, y muy pronto hasta los confines de la tierra.

Este Espíritu Santo que recibimos no es como el Espíritu del mundo. Este Espíritu es de Dios. Él nos lo ha dado para que conozcamos las cosas que Dios nos da gratuitamente. Este Espíritu Santo no enseña con palabras humanas, sino con las que Dios enseña. "Comparando lo espiritual con lo espiritual..." (1 Corintios 2:13). La Biblia dice: "El hombre natural no percibe las cosas que son del Espíritu de Dios, porque para él son locura, y no las puede entender, porque se disciernen espiritualmente" (1 Corintios 2:12-14).

Dr. Marlene Brown

Muchas iglesias hoy enseñan que el Espíritu Santo ha terminado con los discípulos y ya no se manifiesta con tanto poder. Estas personas "tienen apariencia de piedad, pero niegan la eficacia de ella; a éstos, apártate" (2 Timoteo 3:5). Estas personas están debilitando el cuerpo de Cristo. Muchas personas se dejan engañar por las mentiras de estos pastores, lo que debilita el cuerpo de Cristo. En lugar de que todo el cuerpo de Cristo reciba el poder para destruir las obras de las tinieblas, tenemos entre nosotros personas espiritualmente débiles. Son débiles porque carecen de la unción que viene del Espíritu Santo. La Biblia dice que la unción rompe el yugo de la esclavitud en nuestras vidas y libera a los cautivos (Isaías 10:27).

Capítulo 36
¿Quién soy yo en Cristo?

Mas vosotros sois linaje escogido, real sacerdocio, nación santa, pueblo adquirido por Dios, para que anunciéis las virtudes de aquel que os llamó de las tinieblas a su luz admirable;

—*1 Juan 2:9*

La Biblia dice que ahora sois llamados embajadores de Cristo y reconciliados con el Padre. La Palabra de Dios dice: "Porque Cristo se hizo pecado para que nosotros fuésemos hechos justicia de Dios en él" (2 Cor. 5:21). Ahora somos un pueblo nuevo; hemos nacido de nuevo. Hemos nacido de un nuevo espíritu de Cristo Jesús nuestro Señor. En 1 Pedro 2:9, se nos llama linaje escogido. Pedro dice que no sólo somos escogidos, sino también que somos un sacerdocio real. Dijo que somos una nación santa y, sobre todo, que somos "un pueblo adquirido por Dios; "para que anunciéis las virtudes de aquel que os llamó de las tinieblas a su luz admirable" (1 Ped. 2:9). La Biblia dice que somos más que vencedores por medio de Cristo que nos ama (Rom. 8:38). Esta declaración significa que, sea lo que sea con lo que el príncipe de las tinieblas de este mundo venga a tentarnos, ¡podemos vencer!

¡Satanás tratará de recordarnos nuestra vida pasada! Tratará de convencernos de que no somos salvos. Tenemos que desmentir a este demonio de mentiras porque la Biblia dice que él es el padre de la mentira (Juan 8:44). No hay verdad en él. Ha sido un mentiroso desde el principio cuando engañó a Eva para que comiera del árbol del conocimiento del bien y del mal. Es por eso que necesitamos leer la Palabra de Dios diariamente para entender quiénes somos en Cristo. Tenemos que alimentarnos de la Palabra como nuestro alimento espiritual. La Biblia dice que ahora nacemos con la semilla incorruptible de la Palabra de Dios. Ya no nacemos de la semilla corruptible de Adán (1 Ped. 1:23). La Biblia también declara que la Palabra de Dios es verdad; también es espíritu y vida (Juan 17:17; 6:63). Una vez que nos aferremos a la Palabra del Dios viviente y hagamos conforme a lo que está escrito en ella, tendremos buen éxito; seremos más que vencedores en todo lo que digamos y hagamos. El pecado no tendrá más dominio sobre nosotros. La Biblia declara que el espíritu dentro de nosotros es mayor que él en el mundo (1 Juan 4:4). ¡Jesús es verdaderamente maravilloso! Él es el Pan fresco de Vida. Él es el pan dulce. Nadie tiene amor más grande que este. Cristo nos ama hasta el final. No solo murió por nosotros, sino que también nos dio una nueva identidad en Él. Nos ha dado poder y autoridad en Su nombre y a través de Su nombre. Él dice en Su Palabra que nos ha dado poder sobre todos los poderes del enemigo. Jesús continúa diciendo en Lucas 10:19-20: "He aquí os doy potestad de hollar serpientes y escorpiones, y sobre toda fuerza del enemigo, y nada os dañará. Pero no os regocijéis de que los espíritus se os sujeten, sino regocijaos de que vuestros nombres están escritos en los cielos". Estoy feliz de que mi nombre esté escrito en el Libro de la Vida del Cordero. También estoy muy feliz de saber que los espíritus se sujetan a nosotros como cristianos.

¿Puede uno imaginar la tortura y la agitación que estaríamos atravesando sin este poder y conocimiento de que tenemos el poder de derrotar al enemigo y que el enemigo se nos sujeta? Sin este poder y autoridad que Jesús nos da, nuestras vidas estarían en constante tormento, sufrimiento, opresión y depresión de la mente y el cuerpo. Pero gracias a Dios por el amor y la misericordia de Jesús, que nos ha dado Su nombre y el poder y la autoridad de Su nombre para que los usemos contra el enemigo.

Este es el gran poder y autoridad que tenemos dentro de nosotros, primero como hijos de Dios, luego como hijos de Dios. La Escritura declara que es el mismo espíritu que levantó a Jesús de entre los muertos el que mora dentro de nosotros (Rom. 8:11). El amor eterno

Su Segunda Venida

que Cristo tiene por nosotros nos ha dado la victoria en esta vida. Cristo nos ha amado con amor eterno, y es por su bondad amorosa que nos ha atraído. La Escritura continúa diciendo en Romanos 8:35-39:

¿Quién nos separará del amor de Cristo? ¿Tribulación, o angustia, o persecución, o hambre, o desnudez, o peligro, o espada? Como está escrito: Por causa de ti somos muertos todo el tiempo; Somos contados como ovejas de matadero. Antes, en todas estas cosas somos más que vencedores por medio de aquel que nos amó. Por lo cual estoy seguro de que ni la muerte, ni la vida, ni ángeles, ni principados, ni potestades, ni lo presente, ni lo por venir, ni lo alto, ni lo profundo, ni ninguna otra cosa creada nos podrá separar del amor de Dios, que es en Cristo Jesús Señor nuestro.

Esta es la confianza que tenemos en Él y el gran amor que Él tiene por nosotros. No sólo tenemos confianza en Su amor, Su poder y la nueva identidad que Él nos ha dado, sino que también tenemos una gran confianza en el conocimiento de que siempre que oramos, Él nos escucha. Como declara la Escritura en 1 Juan 5:14-15, "Esta es la confianza que tenemos en él, que si pedimos, él nos oye conforme a su voluntad. Y si sabemos que él nos oye en cualquiera cosa que pidamos, sabemos que tenemos las peticiones que le hayamos hecho". Y otra Escritura dice: "Todo lo que pidiereis al Padre en mi nombre, lo haré, para que el Padre sea glorificado en el Hijo. Si algo pidiereis al Padre en mi nombre, yo lo haré" (Juan 14:13-14). ¿Cómo podemos fracasar cuando tenemos tales promesas y confianza en Cristo? Todo lo que necesitamos es creer. Necesitamos creer en Su Palabra para que Él, Dios, pueda cumplir todo lo que prometió. La Escritura declara que Dios no es un hombre y que debe mentir. La Escritura también declara que todas las cosas son posibles para aquellos que creen.

Sin embargo, el Señor quiere que sepas que cuando vengas a Él, debes saber que Él es Dios y que recompensará a quienes lo buscan diligentemente. Somos personas totalmente nuevas en Cristo.

Tenemos gran poder y autoridad y ahora estamos sentados en lugares celestiales.

Es esencial que un creyente lea la Palabra de Dios continuamente una vez que ese creyente es salvo. Es solo a través de Su Palabra que un creyente se vuelve fuerte y confiado y se vuelve capaz de usar el gran poder y autoridad que se le ha dado para poner al diablo donde pertenece por derecho: bajo nuestros pies. Cuando nos alimentamos de la Palabra de Dios diariamente, aprendemos a confiar en el Señor en todo lo que hacemos y le permitimos que dirija y trace el curso de nuestras vidas. Cuando sabemos quiénes somos en Cristo, es difícil que el enemigo venga y nos engañe. ¡El enemigo es el gran engañador! La Biblia dice que él es el padre de las mentiras. Él trabajará en la mente de un creyente de todas las maneras posibles para alimentarlo con mentiras, ya sea que sea un nuevo creyente o no. Aquí es cuando la Escritura nos advierte que no le demos lugar al diablo. La Escritura también nos aconseja que resistamos al diablo, ¡y él huirá de nosotros!

Como justicia de Dios, el enemigo tratará de condenarnos en todo lo que hagamos. También tratará de condenarnos si hacemos algo que no es agradable a los ojos del Señor. Aquí es cuando la Escritura se vuelve de vital importancia para conocer. Mientras vivamos en esta tierra, debemos entender que nunca seremos perfectos. Debemos trabajar por la santidad porque la Biblia dice, deben ser santos porque yo soy santo. Sin embargo, para ser perfectos, solo hay uno que es perfecto: Jesucristo nuestro Señor. Cuando cometemos un error por enojo o frustración, es esencial notar que el Señor siempre nos perdonará y nos limpiará de toda maldad. En Isaías 1:18, el Señor dice: "Venid luego y estemos a cuenta... . si vuestros pecados fueren como la grana, como la nieve serán emblanquecidos; si fueren rojos como el carmesí, vendrán a ser como blanca lana. Esta es la preciosa promesa de Dios para ti hoy. Ya sea que seas salvo o no, esta es Su preciosa promesa para ti hoy.

Para aquellos de nosotros que somos salvos, la Biblia declara: "Ahora, pues, ninguna condenación hay para los que están en Cristo Jesús, los que no andan conforme a la carne, sino conforme al Espíritu" (Rom. 8:1). Cuando estábamos en el mundo, hablábamos según la carne, la naturaleza pecaminosa. Andábamos según la lujuria, la envidia, la brujería, la idolatría, el orgullo y la jactancia; algunos de nosotros éramos prostitutas, algunos teníamos abortos, lo que fuera. El mundo nos condenaría por estos actos de pecado. Cristo también condena estos actos de pecado. La Biblia dice: "La justicia engrandece a la nación, pero el pecado es afrenta para cualquier pueblo" (Prov. 14:34). Por estos actos seríamos enemigos de Dios, pero ahora estamos reconciliados con el Padre por medio de su Hijo Jesucristo.

Ahora que somos salvos, ya no andamos en la carne ni vamos tras las cosas de la carne; ahora andamos tras el espíritu, mirando hacia las cosas de arriba. El cuerpo humano es un ser trino. Estamos compuestos de cuerpo, alma y espíritu. Como cristianos, si no hemos aprendido a mantener la carne bajo sujeción, el enemigo tratará de tentarnos, y si prestamos atención a la tentación y caemos en pecado, entonces necesitamos arrepentirnos y alejarnos de los caminos de la carne y comenzar a andar tras el Espíritu una vez más.

Si lo hacemos, entonces no habrá condenación. La Escritura dice: "Si confesamos nuestros pecados, él es fiel y justo para perdonar nuestros pecados, y limpiarnos de toda maldad" (1 Juan 1:9). Todo lo que necesitamos hacer es ir al pie de la cruz, entregarnos allí, y Su sangre lavará todo pecado, haciéndonos puros y santos una vez más. Estas son las hermosas promesas de convertirse en la justicia de Dios en Cristo.

Mucha gente todavía cree que puede comprar su entrada al cielo o encontrar su camino a través de sus buenas obras. ¿Pueden las buenas obras hacerte justo? La Biblia dice que no hay justo, ni siquiera uno. La Biblia dice que por un hombre entró el pecado en el mundo, y por el pecado la muerte; y así automáticamente la muerte pasa a todos los hombres porque todos pecaron; así también el don gratuito de Dios, que es la justicia de Dios en Cristo Jesús Señor nuestro. La Escritura declara que un hombre desobedeció a Dios, que es Adán, y la ofensa de Adán causó el pecado. Este pecado vino sobre todos los hombres, por cuanto todos pecaron. Así también la gracia de Dios, que es dada por un hombre, Jesucristo Señor nuestro, haciendo que muchos sean constituidos justos (Rom. 5:12, 16-17). La Biblia declara que la ley del Espíritu de vida en Cristo Jesús me ha librado del pecado y de la muerte (Rom. 8:2). La Biblia dice que la paga del pecado es muerte. Pero la dádiva de Dios es vida eterna en Cristo Jesús Señor nuestro (Rom. 6:23).

Hay un espíritu de muerte en el linaje de Adán. Toda la humanidad está envuelta en su linaje. El linaje de Adán revela al hombre una naturaleza pecaminosa. Por lo tanto, la ley de Dios no pudo perfeccionar la naturaleza pecaminosa. La naturaleza pecaminosa hace que la ley sea impotente.

Sin embargo, hay un espíritu de vida en Cristo Jesús que trae vida a todos los que están dentro de él. Dios envió a su propio Hijo en semejanza de carne de pecado y por el pecado, para condenar al pecado en la carne para que podamos llegar a ser la justicia de Dios a través de Él. Romanos 8:8 dice: "Los que viven según la carne no pueden agradar a Dios". En Romanos 8:14, la Biblia declara: "Porque todos los que son guiados por el Espíritu de Dios, éstos son hijos de Dios".

Como la justicia de Dios a través de Cristo, ya no recibimos el espíritu de esclavitud para volver a temer. Ahora tenemos el espíritu de adopción, "por el cual clamamos: ¡Abba, Padre!" (Rom. 8:15). Estoy tan contento de que el Señor no nos haya dado este espíritu de temor, porque dondequiera que haya temor, trae consigo tormento. Tu mente ya no tiene el control. Este temor se apodera de nuestro corazón y alma. Nos paraliza. Nos atormentamos. No somos libres en nuestras mentes para pensar. No somos libres en nuestros cuerpos para hacer lo que solemos hacer porque estamos atrapados por el temor. Y este temor trae consigo esclavitud. Nos mantiene encadenados.

Entonces, sabemos que este espíritu no es de Dios. La Biblia dice que donde está el Espíritu del Señor, hay libertad.

Entonces, el Señor está diciendo: "Clama a mí cuando este espíritu de temor venga sobre ti". El Señor quiere que clames a Él y le digas: "Abba, Padre, por favor ayúdame, Papito, y suelta estas cadenas ahora. Libérame de esta esclavitud y tormento". El espíritu de temor es del mundo. La Biblia dice que no hemos recibido el espíritu del mundo, sino el espíritu que proviene de Dios: la libertad.

Como justicia de Dios, ahora dependemos del Espíritu Santo para que nos enseñe todas las cosas. Ahora comparamos los pensamientos espirituales de un hombre con la Palabra de Dios (1 Corintios 2:13). Por lo tanto, nosotros, como cristianos, debemos entender el lenguaje del Espíritu Santo y estar en un punto fijo en nuestras mentes para escuchar Su voz.

Ya no andamos en la carne sino en el espíritu. La Biblia dice en 1 Corintios 2:14 que el hombre natural no puede entender las cosas espirituales de Dios, "porque para él son locura, y no las puede entender, porque se han de discernir espiritualmente".

Ahora somos personas nuevas en Cristo. 2 Corintios 5:17 dice: "De modo que si alguno está en Cristo, nueva criatura es; las cosas viejas pasaron; he aquí todas son hechas nuevas". Ahora somos seres nuevos en Cristo. Ya no miramos atrás a nuestro pasado, lleno de los deseos de la carne y las cosas de este mundo. Ahora somos embajadores de Cristo. Nuestras mentes han cambiado; estamos avanzando hacia la meta del supremo llamamiento en Cristo Jesús, andando por fe, no por vista. Estas son Sus Palabras, y Él quiere que creamos en Él y en Sus Palabras. Cristo no sólo quiere que creamos, sino que también quiere que aceptemos nuestra nueva posición dentro de Él.

Dr. Marlene Brown

Nuestras nuevas posiciones en Cristo

1. Ahora somos personas completamente nuevas en Él (2 Cor. 5:17).
2. Ahora somos la justicia de Dios en Él (2 Cor. 5:21).
3. Ya no andamos conforme a la carne, sino conforme al Espíritu (Rom. 8:1, 4)
4. Ahora andamos por fe y no por vista (2 Cor. 5:7).
5. Ahora escuchamos las enseñanzas del Espíritu Santo, no la sabiduría de los hombres (1 Cor. 23).
6. Ahora avanzamos hacia la meta del supremo llamamiento en Cristo (Fil. 3:14).
7. Ahora somos embajadores de Cristo (2 Cor. 5:20).
8. Hemos sido comprados por precio (1 Cor. 6:20).

Cuando conozcamos nuestra posición completa en Él y quiénes somos en Él, nuestras vidas serán victoriosas. Podemos enfrentar el desafío del enemigo en cualquier momento del día y hacerle saber al diablo que somos plenamente conscientes de quiénes somos en Cristo. Los planes y ataques mentales de Satanás ya no funcionarán porque sabemos quiénes somos en Cristo: somos sus hijos (Efesios 1:5). Ahora somos herederos con Dios y coherederos con Cristo, ¡y esa posición él nunca la tendrá!

Capítulo 37
Cómo andar en amor diariamente por medio de Cristo

No debáis a nadie nada, sino el amaros unos a otros; porque el que ama al prójimo, ha cumplido la ley.

—*Romanos 13:8*

Creo sinceramente que la iglesia carece de la unción de Dios por falta de amor. Muchos cristianos hoy en día son despiadados y egoístas. Su motor es: "Lo que es tuyo es mío, y lo que es mío es mío". Pero la iglesia por la que Cristo murió debería ser una iglesia de amor. Como dice la Biblia, este es el segundo mandamiento más importante: Amar al prójimo. La Biblia también declara:

> En esto consiste el amor: no en que nosotros hayamos amado a Dios, sino en que él nos amó a nosotros y envió a su Hijo en propiciación por nuestros pecados. Amados, si Dios nos ha amado así, debemos también nosotros amarnos unos a otros.
>
> —1 Juan 4:10–11

Muchos de nosotros amamos con la lengua mientras nuestros corazones están lejos el uno del otro, especialmente si somos de una raza, cultura o credo diferente. Pero la Escritura dice que debemos amar no de lengua ni de palabra, sino con hechos y en verdad. La Escritura dice que si nuestro corazón nos reprende, Dios es mayor que nuestro corazón, y Él lo sabe todo. Sin embargo, si nuestro corazón nos reprende, tenemos confianza en Dios (1 Juan 3:18-21).

En Mateo 25:31-46, Jesús habla de su regreso a la tierra y de cómo tratará a quienes aman inmensamente a su pueblo. También explica qué será de aquellos que no han practicado el amor en sus corazones. Jesús dice que cuando regrese en su gloria, junto con la gloria de sus santos ángeles, estará sentado en el trono de su gloria. Entonces reunirá a todas las naciones y las separará a unos de otros, como separa el pastor las ovejas de los cabritos; y pondrá las ovejas a su derecha, y los cabritos a su izquierda. Entonces dirá a los de su derecha: «Venid, benditos de mi Padre, heredad el reino preparado para vosotros desde la fundación del mundo». ¿Por qué?

> Porque tuve hambre, y me disteis de comer; tuve sed, y me disteis de beber; fui forastero, y me recogisteis; estuve desnudo, y me cubristeis; enfermo, y me visitasteis; en la cárcel, y vinisteis a mí.
>
> —Mateo 25:35–36

Hay que tener en cuenta que no se puede trabajar bien para ir al cielo. El único camino al cielo es a través de la sangre de Cristo. Su sangre nos limpiará de toda maldad y nos traerá salvación. Sin embargo, después de ser salvos, los creyentes deben hacer buenas obras. Al convertirnos en Su hechura, creados en Cristo Jesús para hacer buenas obras, las cuales Dios ha ordenado que andemos en ellas, heredaremos el reino preparado para nosotros.

Jesús también mencionó en Apocalipsis que Él vendría pronto, y Su recompensa está con Él, para pagar a cada uno conforme a Sus obras. Así que, vemos aquí que las buenas obras en el nombre de Cristo nos darán recompensas en el cielo.

La Escritura continúa diciendo que los justos responderán y dirán: "Señor, ¿cuándo te vimos hambriento, y te alimentamos? ¿O sediento, y te dimos de beber? ¿O cuándo te vimos forastero, y te recogimos? ¿O desnudo, y te cubrimos? ¿O en la cárcel, o enfermo, y te buscamos?" (Mateo 25:37-39, paráfrasis del autor). Pero recuerde que Jesús dijo en Su Palabra: "Un mandamiento nuevo os doy: Que os améis unos a otros; como yo os he amado, que también os améis unos a otros. En esto conocerán todos que sois mis discípulos, si tuviereis amor los unos con los otros" (Juan 13:34-35)

Así que, Jesús está diciendo que si mostramos amor al más pequeño de nuestros hermanos, se lo mostramos a Él. Sin embargo, si no mostramos amor, Él os dirá a la izquierda: "Apartaos de mí, malditos, al fuego eterno preparado para el diablo y sus ángeles. Porque tuve hambre, y no me disteis de comer; tuve sed, y no me disteis de beber; fui forastero, y no me recogisteis desnudo, ni me cubristeis; enfermo, y en la cárcel, y no me visitasteis. Entonces también le responderán, diciendo: Señor, ¿cuándo te vimos hambriento, o sediento, o forastero, o desnudo, o enfermo, o en la cárcel, y no te servimos? Entonces les responderá diciendo: De cierto os digo que en cuanto no lo hicisteis a uno de estos más pequeños, tampoco a mí lo hicisteis. E irán éstos al castigo eterno, y los justos a la vida eterna" (Mateo 25:41-46). La Escritura pregunta: "Pero el que tiene bienes de este mundo, y ve a su hermano tener necesidad, y cierra contra él su corazón, ¿cómo mora el amor de Dios en él?" (1 Juan 3:17). Si decimos que amamos a Dios, debemos mostrar amor unos por otros. Como dice Jesús en Su Palabra: "¿Por qué me llamáis Señor, Señor, y no hacéis lo que Yo digo?" (Lucas 6:46). Él declara en Su Palabra que todo aquel que viene a Él y hace las cosas que se le exigen es muy sabio.

> Semejante es a un hombre que al edificar una casa cavó hondo y puso el fundamento sobre la roca; y cuando vino una inundación, el río dio con ímpetu contra aquella casa, pero no la pudo mover, porque estaba fundada sobre la roca. Mas el que oye pero no hace, semejante es a un hombre que edificó su casa sobre tierra, sin cimientos; contra la cual el río dio con ímpetu, y luego cayó; y fue grande la ruina de aquella casa.
>
> —Lucas 6:48–49

La pregunta crítica es: "¿Qué pasa si doy de mí mismo y me comprometo a alimentar a los pobres y necesitados como mi ministerio, pero mi corazón sigue siendo duro hacia los demás? Me resulta difícil caminar en el perdón y el amor. Sin embargo, me encanta trabajar en el ministerio. ¿Recibiré una recompensa de Dios como cristiano?"

Escuche lo que la Biblia tiene que decir a este creyente:

> Si yo hablase lenguas humanas y angélicas, y no tengo amor, vengo a ser como metal que resuena o címbalo que retiñe.

Muchos se regocijan en los dones, pero no en el amor

> La Escritura dice: Y si tuviese profecía, y entendiese todos los misterios y toda ciencia, y repartiese todos mis bienes para dar de comer a los pobres, y si entregase mi cuerpo para ser quemado, y no tengo amor, de nada me sirve. El amor es sufrido, es benigno, y no tiene envidia; el amor no es jactancioso, no se envanece.
>
> —1 Corintios 13:1–4

La siguiente pregunta es: "¿Qué será de nuestro trabajo por Cristo, aunque nos falte amor?" La respuesta se encuentra en 1 Corintios 3:13–15. La Escritura dice: "La obra de cada uno se hará manifiesta; porque el día la declarará, pues por el fuego será revelada; y la obra de cada uno cuál sea, el fuego la probará. Si la obra de alguno permaneciere, recibirá recompensa; si la obra de alguno fuere quemada, sufrirá pérdida, pero será salvo".

Así pues, como santos de Dios, debemos ser seguidores de Dios como hijos amados de Dios y andar en amor, así como Cristo nos amó y se ofreció a sí mismo a Dios como ofrenda y sacrificio a Dios, como olor fragante. La Biblia declara que el fruto del Espíritu es en toda bondad, justicia y verdad, comprobando lo que es agradable al Señor. Colosenses 1:9-10 nos dice que debemos ser "llenos del conocimiento de su voluntad en toda sabiduría e inteligencia espiritual, para que andéis como es digno del Señor, agradándole en todo, llevando fruto en toda buena obra, y creciendo en el conocimiento de Dios". En Isaías 1:17, la Escritura dice que debemos "hacer bien, buscar el juicio, restituir al agraviado, hacer justicia al huérfano, abogar por la viuda". Miqueas 6:8 dice: "¿Qué pide Jehová de ti: solamente hacer justicia, amar misericordia, y humillarte ante tu Dios?" Al hacer esto estaremos caminando a través de la perfecta voluntad de Dios para nuestras vidas.

Una vez que nuestro espíritu se vuelve jactancioso, entonces el Santísimo no se encontrará entre nosotros. Satanás descubrió esto de la manera más dura. Jesús dijo que miró y vio a Satanás caer como un rayo del cielo (Lucas 10:18). Alguien puede preguntar: ¿Cómo puede uno saber si está siendo demasiado orgulloso o jactancioso? La Escritura dice que debemos tener este sentir, que también hubo en Cristo Jesús. Él también era en forma de Dios, pero no pensó que fuera injusto ser igual a Dios. Se despojó a sí mismo, no se hizo grande ni persona importante, sino que se hizo siervo y se hizo en forma de hombre. La Biblia dice que cuando se encontró en forma de hombre, se humilló a sí mismo y se hizo obediente hasta la muerte, y obediente hasta la muerte de cruz. (Véase Filipenses 2:5-8.) La Biblia dice que Dios miró y vio la gran humildad de Su Hijo, y lo exaltó hasta lo sumo, y le dio un nombre que está por encima de todo nombre, para que al solo nombre de "Jesús" se doble toda rodilla de los que están en los cielos, en la tierra y debajo de la tierra. Creo que los hombres deben reverenciar y respetar el poderoso nombre de Jesús y postrarse ante la sola mención de Su nombre.

La Biblia también declara que toda lengua debe confesar que Jesucristo es el Señor, para gloria de Dios Padre. Cuanto más humildes seamos como hijos de los hombres, más nos exaltará Dios a su debido tiempo si no desmayamos. La Biblia dice que no podemos entrar en el reino de los cielos si no nos humillamos como niños pequeños. Recuerdo un pasaje en Mateo 18 cuando los discípulos de Jesús se acercaron a Él y le preguntaron quién era el mayor en el reino de los cielos. Jesús llamó a un niño pequeño, lo colocó en medio de ellos y dijo: "De cierto os digo que si no os volvéis y os hacéis como niños pequeños, no entraréis en el reino de los cielos. Así que, cualquiera que se humille como este niño, ése es el mayor en el reino de los cielos" (Mateo 18:3-4).

Aquí vemos a Jesús enseñando a sus discípulos acerca del poder de la humildad.

Capítulo 38
El Poder de la Humildad

Sino que se despojó a sí mismo, tomando forma de siervo, hecho semejante a los hombres.

—*Filipenses 2:7*

Es crucial que el cuerpo de Cristo tenga humildad. Humildad en griego se dice tapeinophrosune, que se pronuncia tap-i-nof-ros-oo'nay. Esto significa humildad de mente o modestia. La Biblia dice que los jóvenes deben someterse a los ancianos. El cuerpo de Cristo necesita revestirse de humildad porque Dios resiste a los soberbios, pero da gracia a los humildes.

La Palabra de Dios dice que debemos humillarnos bajo la poderosa mano de Dios, y Él nos exaltará a su debido tiempo. La Palabra de Dios también declara que debemos depositar nuestra carga sobre Él porque Él cuida de nosotros (1 Pedro 5-7). Significa que, sea cual sea la situación que el enemigo nos traiga o use para impedirnos ser humildes, debemos presentarla al Señor en lugar de envanecernos. Sin embargo, muchos ancianos no andan en el espíritu, por lo que abusan de su poder y autoridad sobre quienes se someten y causan discordia en el cuerpo de Cristo. Nunca debemos olvidar que la humildad y el temor del Señor son riqueza, honor y vida (Prov. 22:4). El temor del Señor también es instrucción en sabiduría (Prov. 15:33). Esto significa que si necesitamos instrucción sobre el camino a seguir en esta vida, y si tememos al Señor, Él trazará nuestro rumbo. Si lo reconocemos en todos nuestros caminos, Él dirigirá nuestro sendero.

Dr. Marlene Brown

Nuestro Señor es estricto con la humildad. Por esta razón (falta de humildad), expulsó a Satanás (Lucifer) del cielo. Satanás tenía falta de humildad en su corazón. Isaías 14:11-14 describe su caída:

Tu pompa ha descendido al Seol, y el sonido de tus arpas; el gusano se ha extendido debajo de ti, y los gusanos te cubren. ¡Cómo has caído del cielo, oh Lucifer, hijo de la mañana! ¡Cortado has sido por tierra, tú que debilitabas a las naciones! Porque decías en tu corazón: «Subiré al cielo; en lo alto, junto a las estrellas de Dios, levantaré mi trono; me sentaré en el monte del testimonio, a los lados del norte; sobre las alturas de las nubes subiré; seré semejante al Altísimo». La declaración de Lucifer en su corazón demuestra su estupidez al pensar quién es Dios. Si Dios lo creó, ¿por qué no sabría el mal que Satanás tramaba contra él? En verdad, Dios conocía la malvada estrategia que Satanás tramaba contra él, así que inmediatamente lo arrojó al abismo del infierno para demostrarle que era Dios. Él es el Alfa y la Omega, el primero y el último, y no habrá otro Dios fuera de Él ni lo habrá después de Él. La Escritura dice que quienes ven a Satanás lo observarán con detenimiento y dirán: "¿Es este el hombre que hizo temblar la tierra, que trastornó los reinos, que convirtió el mundo en un desierto, que destruyó sus ciudades, que no abrió la cárcel a sus prisioneros?" (Isaías 14:16-17). Satanás lo dijo en secreto, pero Dios lo expuso públicamente; porque Él es Dios, conoce la maldad que uno trama en su corazón. La Escritura dice en Lucas 8:17: "Porque no hay nada oculto que no haya de ser manifestado, ni secreto que no haya de ser descubierto y conocido".

El Señor ama la humildad y un corazón humilde. La Biblia dice que da gracia a los humildes. La Biblia también declara: "La soberbia del hombre lo humillará, pero la honra sustentará al humilde de espíritu" (Proverbios 29:23).

Ahora vemos por qué Satanás no pudo permanecer en el cielo con su soberbia y su estrategia para derrocar al Altísimo. Dios reconoció a los humildes y los recompensó por su humildad. Su

Su Segunda Venida

presencia está entre quienes tienen un corazón contrito y un espíritu quebrantado, lo que significa humildad ante Él. Porque Él dijo en su Palabra en Isaías 57:15:

> Porque así dice el Alto y Sublime que habita la eternidad, cuyo nombre es el Santo: Yo habito en la altura y la santidad, y con el quebrantado y humilde de espíritu, para vivificar el espíritu de los humildes y el corazón de los quebrantados.

Una vez que nuestro espíritu se vuelve jactancioso, el Santísimo no estará entre nosotros. Satanás aprendió esto por las malas. Jesús dijo que vio a Satanás caer del cielo como un rayo (Lucas 10:18). Alguien podría preguntarse: ¿Cómo saber si uno es demasiado orgulloso o jactancioso? La Escritura dice que debemos tener este sentir en nosotros, que también estuvo en Cristo Jesús. Él también era en forma de Dios, pero no pensó que fuera injusto ser igual a Dios. Se despojó a sí mismo, no se hizo grande ni persona importante, sino que se hizo siervo y se hizo hombre. La Biblia dice que cuando se encontró en forma de hombre, se humilló a sí mismo y se hizo obediente hasta la muerte, incluso obediente hasta la muerte de cruz. (Véase Filipenses 2:5-8). La Biblia dice que Dios miró y vio la gran humildad de su Hijo, y lo exaltó hasta lo sumo y le dio un nombre que es sobre todo nombre, para que al solo nombre de "Jesús" se doble toda rodilla de los que están en los cielos, en la tierra y debajo de la tierra. Creo que los hombres deben reverenciar y respetar el poderoso nombre de Jesús y postrarse ante la sola mención de su nombre.

La Biblia también declara que toda lengua debe confesar que Jesucristo es el Señor, para gloria de Dios Padre. Cuanto más humildes seamos como hijos de los hombres, más nos exaltará Dios a su debido tiempo si no desmayamos. La Biblia dice que no podemos entrar en el reino de los cielos si no nos humillamos como niños pequeños. Recuerdo un pasaje en Mateo 18 cuando los discípulos de Jesús se acercaron a él y le preguntaron quién era el mayor en el reino de los cielos. Jesús llamó a un niño pequeño, lo colocó en medio de ellos y dijo: «De cierto os digo que si no os volvéis y os hacéis como niños pequeños, no entraréis en el reino de los cielos. Así que, cualquiera que se humille como este niño pequeño, ése es el mayor en el reino de los cielos» (Mateo 18:3-4).

Aquí vemos a Jesús enseñando a sus discípulos sobre el poder de la humildad.

Capítulo 39
El poder del perdón

Entonces se le acercó Pedro y le dijo: Señor, ¿cuántas veces perdonaré a mi hermano que peque contra mí? ¿Hasta siete? Jesús le respondió: No te digo hasta siete, sino aun hasta setenta veces siete.

—Mateo 18:21-22

¿Cuán difícil es para nosotros, como cristianos, perdonar a los demás? Nuestros padres, hermanos, hermanas, vecinos o compañeros de trabajo pueden habernos hecho daño. El dolor nos resulta tan grande que creemos que nunca podremos perdonar a quienes nos han hecho daño. Sin embargo, Jesús dijo en Su Palabra que, así como nuestro Padre celestial nos perdona las ofensas y los pecados que hemos cometido contra Él, también debemos perdonar a los que nos han ofendido o a quienes nos han causado daño. Por eso, oramos: "Padre nuestro, perdónanos nuestras ofensas, como también nosotros perdonamos a los que nos ofenden".

Desde el principio de los tiempos, las personas han experimentado que otros les han hecho daño. Esto habla del corazón de los hombres. La Biblia dice que el corazón es perverso y nadie lo sabe. Mientras estemos sobre la faz de la tierra, nos encontraremos con personas o familiares que nos causarán dolor en algún grado. O causaremos dolor a otros sin saber el daño que hacemos emocional, espiritual o físicamente. A veces, las personas se dejan llevar por sus creencias, creyendo que comparten las mismas creencias o ideas, entonces se revela la verdad y se sienten heridas. Se respira amargura y un espíritu implacable. Veamos la vida y el testimonio de José y su familia y veamos el mal que le hicieron mientras recordamos que José pudo encontrar en su corazón el perdón del mal que sus hermanos le hicieron. También les mencionó que el mal que se quería para él había sido revertido por Dios y usado para bien para que pudiera liberar a su pueblo. José tenía diecisiete años cuando comenzó a tener sueños. Era amado por su padre, quien le hizo una túnica colorida, pero odiado por sus hermanos. También era un gran soñador. Siempre que José tenía sus sueños, se los revelaba a sus hermanos, quienes lo odiaban aún más. Uno de los sueños de José habla de que José reinaba sobre sus hermanos, su madre y su padre, quienes se inclinaban ante él (Gén. 37:10). Los hermanos odiaron a José aún más por tener ese sueño. Un día, el padre de José lo envió a buscar a sus hermanos que apacentaban sus rebaños en Siquem para ver si las cosas iban bien con ellos y el rebaño. Entonces José fue a buscar a sus hermanos. Sin embargo, cuando llegó a Siquem, no vio a sus hermanos. Vio a un hombre que le dijo que se habían ido a Dotán, y allí los encontró. Cuando sus hermanos lo vieron a lo lejos, conspiraron contra él para matarlo. Se dijeron unos a otros: "Aquí viene el soñador. Matémoslo, arrojémoslo a una cisterna y luego digamos que alguna fiera lo ha matado; entonces veremos qué será de sus sueños. Rubén, uno de sus hermanos, lo oyó y dijo: "No lo matemos ni lo derramemos de sangre, sino arrojémoslo a la cisterna en el desierto" (Gén. 37:18-22, paráfrasis del autor). Rubén tenía la intención de liberar a José y llevarlo de regreso a su padre. Entonces, los hermanos fueron a José, lo despojaron de la túnica de muchos colores y lo pusieron en una cisterna vacía sin comida ni agua. No puedo imaginar lo aterrorizado que se debe haber sentido José cuando notó la mala intención que sus propios hermanos tenían con su carne y sangre. Judá, uno de los hermanos de José, dijo a sus otros hermanos: "No maten a José porque es nuestra carne y sangre, sino véndanlo a los ismaelitas". Entonces, vendieron a José por veinte piezas de plata (Gén. 37:26, 28). Me pregunto qué estaba pasando por la mente de José cuando vio que su carne y sangre lo vendían como una persona esclavizada. La mayoría de nosotros no hemos tenido una experiencia tan terrible; Si lo hiciéramos, nuestros corazones se llenarían en este punto de un gran odio y venganza por nuestros hermanos. Pensar que aquellos en quienes más confiábamos, nuestra carne y sangre, tramarían tal maldad contra nosotros.

La Biblia dice que Rubén no estaba allí cuando regresó al pozo por José. Entonces, rasgó sus vestiduras y regresó a sus hermanos para informarles. Tomaron la túnica de José, mataron a un cabrito, tiñeron la túnica colorida de José en la sangre, se la llevaron a su padre y dijeron: "Hemos encontrado esta túnica, pero no tenemos idea si pertenece a José". Sin embargo, el padre de José sabía que era la túnica de José y dijo que una bestia malvada había devorado a José. Rasgó sus vestiduras y comenzó a llorar por José durante muchos días. Los hermanos y hermanas de José trataron de consolar a su padre, pero él no quiso.

Él se sintió consolado. Dijo que moriría de luto por José. Ahora, me preguntaba qué estaba pasando por la mente de los hermanos.

¿Por qué harían un acto tan malo hacia José y el padre? ¿Qué pasó por sus mentes cuando vieron a su padre de luto por José? No solo fueron crueles con José, sino también con su padre. A veces, el que realmente nos hace daño viene de dentro de nuestra familia, ¡pero necesitamos encontrar ese coraje espiritual y la fuerza para perdonar a la persona que nos hizo daño! La Biblia dice que los madianitas luego vendieron a José en Egipto a Potifar, un oficial del faraón y capitán de la guardia (Gén. 37: 1-36).

Cuando José estaba en Egipto, el Señor estaba con José, y él era muy próspero. Su amo lo hizo mayordomo de su casa, y el Señor bendijo la casa del egipcio por amor a José. Un día, la esposa de Potifar entró y le pidió a José que se acostara con ella, pero José se negó. Él le dijo que su amo le había dado autoridad sobre todo lo que había en la casa y había puesto todas las cosas en sus manos, excepto a ella, porque ella era su esposa, por lo que no podía hacer un acto tan malvado y pecar contra Dios. Ella no aceptó un no por respuesta; sin embargo, siguió pidiendo y pidiendo que le mintiera.

Un día, cuando José entró en la casa para hacer sus negocios, y ninguno de los hombres estaba dentro de la casa, ella se acercó a él, lo sujetó por la ropa y le dijo: "Acuéstate conmigo". Entonces él dejó su ropa en sus manos y corrió. Cuando la esposa de Potifar vio que la ropa de José estaba en sus manos, llamó a los hombres de la casa y les dijo: "Miren... Nos trajo a un hebreo para burlarse de nosotros; vino a acostarse conmigo, y yo levanté la voz y grité, ¡y él dejó su ropa conmigo y huyó!" Cuando su esposo regresó a casa, ella le contó la misma historia, y él se enojó mucho y encarceló a José. Pero el Señor estaba con José y le mostró misericordia, dándole gracia a los ojos del carcelero. Así que el carcelero le dio a José todos los prisioneros para que los cuidara, sin preocuparse por su trabajo, porque José prosperó porque el Señor estaba con él. (Véase Génesis 39:1-23.)

Como dice la Escritura: Si Dios está con vosotros, ¿quién estará contra vosotros? Sé que muchos de nosotros estaríamos afligidos y enojados con el mundo ahora mismo por haber pasado por una experiencia tan malvada. Pero creo que José confió en su Dios. Si nosotros, como cristianos, pudiéramos aprender a poner nuestra confianza en Dios y saber y creer que Él nos librará de cualquier trampa, entonces afrontaríamos cada situación con confianza en Cristo sin tener amargura en nuestros corazones.

Cuando José estaba en prisión, lo pusieron en un calabozo. Lo sacaron rápidamente del calabozo, le permitieron afeitarse, se cambió de ropa y lo llevaron ante el faraón. Faraón le dijo a José: "He tenido un sueño que no tiene interpretación, pero he oído que tú puedes entender sueños para interpretarlos".

Faraón tuvo un sueño que los magos y los sabios no pudieron interpretar. Entonces, le contó a José su sueño, y José le dio la interpretación. Dijo que se fue a la cama otra vez y soñó la segunda vez, y despertó y se dio cuenta otra vez de que era un sueño.

José interpretó el sueño de Faraón diciéndole lo que Dios estaba a punto de hacer en la tierra; se lo mostró a Faraón. Le reveló el significado de los sueños, que eran siete años de abundancia y siete años de hambre, y que el hambre sería grave en la tierra de Egipto y consumiría la tierra. José le explicó a Faraón que el sueño se le había repetido dos veces porque Dios ya había establecido el plan y pronto lo haría realidad. (Véase Génesis 41:1–32.) José no sólo había interpretado el sueño de Faraón, sino que también le había dado a Faraón, el rey, gran sabiduría. José le aconsejó al faraón que buscara un hombre muy prudente y sabio y lo pusiera al frente de la tierra de Egipto. También le aconsejó que nombrara oficiales para que ocuparan la quinta parte de la tierra de Egipto durante los siete años de abundancia. También deberían reunir alimentos y almacenarlos para los siete años de hambre que habrá en la tierra de Egipto, para que las tierras no perezcan durante el tiempo de hambre. Lo que José le sugirió al faraón le pareció bien a él y a los ojos de todos sus siervos. Entonces el faraón se volvió hacia sus siervos y les dijo: "¿Acaso podemos encontrar un hombre como este, un hombre en quien habite el espíritu de Dios? Entonces el faraón se volvió hacia José y dijo: "Dios te ha mostrado estas cosas, y no hay nadie tan prudente y sabio como tú. Tú gobernarás mi casa y según tu palabra se gobernarán todos los pueblos; sólo en mi trono seré yo mayor que tú". El faraón dijo a José: "Mira, te he puesto al frente de la tierra de Egipto". ¿Cuántos de nosotros sabemos que cuando la mano de Dios esté sobre ti, serás más sabio que tus enemigos?

¿Cuántos de nosotros sabemos que cuando la mano de Dios está sobre nosotros, nos volveremos más sabios que nuestros enemigos? La Biblia dice que nos volveremos incluso más sabios que quienes gobiernan sobre nosotros. Me pregunto qué pasó por la mente de José cuando escuchó la declaración del rey: ¡convertirlo a él, José, en gobernante de todo Egipto!

Aquí está, vendido por sus hermanos, arrojado a un calabozo, y ahora, gobernante de todo Egipto. No es de extrañar que la Escritura diga: Si Dios está contigo, ¿quién estará contra ti? La Biblia dice que Faraón se quitó el anillo de su mano y lo puso en la mano de José, lo vistió de lino fino y tenía un collar de oro alrededor de su cuello. También lo hizo subir a su segundo carro, y el pueblo lloró ante él y se arrodilló. La Biblia dice que José tenía solo treinta años cuando se presentó ante Faraón, rey de Egipto. (Véase Génesis 41:33–46.) ¡Significa que José pasó trece años en su aflicción antes de ser verdaderamente liberado! Muchos de nosotros habríamos perdido la esperanza. José se aferró a su fe y confió en que su Dios lo libraría de todos sus problemas, lo cual Dios hizo. Fue liberado de la mazmorra y entró directamente en el palacio. Vivió y gobernó en el palacio. La Biblia dice que cuando estalló la hambruna, la gente de todo el país vino a Egipto a comprar trigo, y José abrió todos los graneros para venderlos al pueblo, ya que él estaba a cargo.

¿Alguna vez te has preguntado cómo es saber que la mano de Dios está sobre ti? ¡Es cuando sabes que ninguna arma forjada contra ti prosperará! ¡Es cuando no solo tienes conocimiento intelectual sino experiencia con el Dios Altísimo! José dijo que Dios le había hecho olvidar todo su trabajo, su trabajo y la casa de su padre, y que Dios también lo había hecho fructífero en la tierra de su aflicción. (Véase Génesis 41:51-53.) Es una bendición ser vendido como esclavo por tus hermanos y luego levantarte con tanto poder y autoridad porque la mano del Dios viviente está sobre tu vida. Servimos a un Dios poderoso en verdad. Él es un Dios viviente increíble que escucha y responde la oración, mira con desprecio la aflicción de Su pueblo y lo libera de todos sus problemas. Es por eso que David habla en el Salmo 1 diciendo:

> Bienaventurado el varón que no anduvo en consejo de malos, Ni estuvo en camino de pecadores, Ni en silla de escarnecedores se ha sentado, Sino que en la ley de Jehová está su delicia, Y en su ley medita de día y de noche. Será como árbol plantado junto a corrientes de aguas, Que da su fruto en su tiempo, Y su hoja no cae; Y todo lo que hace, prosperará.
>
> —Salmo 1:1–3

Creo que José fue el primero en experimentar que su fruto surgiera a su tiempo. A José le tomó trece años alcanzar su promesa. El Señor le había prometido a José que lo bendeciría, pero José tuvo que experimentar el hoyo; tuvo que experimentar lo difícil que era la vida; tuvo que atravesar el diluvio, la lluvia y el fuego antes de poder alcanzar su promesa. No podía ser fructífero hasta que se estableciera su temporada. Dios tiene un plan y una temporada deseados para todos nosotros, pero tenemos que aprender a soportar cualquier dificultad que el enemigo tenga para nosotros. Tenemos que aprender a caminar a través de nuestro período de paciencia porque el Dios del universo, nuestro Padre, prometió nunca dejarnos sin consuelo.

Cuando leí el Salmo de David, me reveló su corazón y sus deseos. Me hace pensar en el corazón y los deseos de José hacia sus hermanos cuando estaban esclavizados. ¿Pensaba, como David, que Dios es su amparo y fortaleza, una ayuda muy presente en tiempos de angustia? Creo que José confiaba totalmente en Dios y estaba seguro de que su sueño que Dios le había dado se haría realidad, sin importar lo que le ocurriera. El Señor, su Dios, lo libraría de todos sus problemas. La Biblia dice que los que confían en el Señor nunca serán avergonzados. José vivió para ver la salvación del Dios viviente.

Cuando Jacob, su padre, también llamado Israel, vio que no había trigo en Egipto, la Biblia dice que el padre de José les dijo a sus hijos: "¿Por qué se miran el uno al otro? He oído que en Egipto hay trigo; ¡bajad allá y comprad para nosotros, para que podamos vivir y no morir!". Así que Jacob envió a sus diez hijos a Egipto, excepto a Benjamín, por si allí ocurría algo terrible. En aquel tiempo, José era el gobernador de la tierra. Era responsabilidad de José vender a todo el pueblo de la tierra. Así que sus hermanos vinieron y se inclinaron ante él con el rostro en tierra, pero José actuó como si no tuviera idea de quiénes eran.

José habló con rudeza a sus hermanos y les dijo: "¿De dónde sois?". Ellos le respondieron: "De la tierra de Canaán a comprar alimentos". La Biblia dice que José sabía quiénes eran, pero ellos no descubrieron quién era él. Inmediatamente, José recordó los sueños que había tenido sobre ellos. Ja, ja, uno diría: ¡José, aquí hay una dulce venganza! ¿Intentó José que sus hermanos se vengaran por lo que le hicieron? Veamos hasta dónde llegó José para vengarse de sus hermanos. José les dijo: "¡Ustedes son espías! ¡Han venido a espiar la tierra!". Y ellos gritaron, diciendo: «No, mi señor, estamos aquí para comprar alimentos. Todos somos hijos de un hombre; somos hombres veraces y buenos, ¡No somos espías!" José insistió: "¡No, ustedes son espías y han venido a ver la desnudez de la tierra!" Ahora trate de imaginar esto: sus hermanos todos de bruces rogando por sus vidas, tratando de convencer a sus propios hermanos de que no son espías; ¡todos son hijos de un hombre!

La Biblia dice que si haces del Señor tu fuerza y tu refugio, mil caerán a tu lado, y diez mil a tu diestra, pero a ti no te sucederá. Sólo con tus ojos mirarás y verás la recompensa de los malvados.

José los dejó temblar por un momento por sus vidas. El interrogatorio continuó.

Entonces sus hermanos le dijeron: "Nosotros, tu siervo, somos de doce hermanos, hijo de un hombre en la tierra de Canaán, y el menor está en casa con nuestro padre, pero uno de ellos no está en casa". Escuche la respuesta de José: "¡Por eso dije antes que ustedes son espías!" Luego les dijo: "¡Ahora, voy a probarlos! Por la vida del Faraón, no saldréis de aquí a menos que vuestro hermano menor sea traído aquí. Enviad a uno de vosotros a buscar a vuestro hermano, y los demás se quedan en la cárcel para probar que vuestra palabra es verdad". Los metió a todos en una celda durante tres días.

Así que, al tercer día, José les dijo: "Tenéis que hacer esto para vivir, porque yo temo a Dios: dejad que uno de vuestros hermanos se quede en la cárcel y traedme a vuestro hermano menor, y llevad trigo para el hambre de vuestra casa". La Biblia dice que el temor

Su Segunda Venida

de Dios es el principio de la sabiduría. José podría haber tratado a sus hermanos con más dureza de la que lo hizo. Todo lo que hizo fue interrogarlos con dureza y los mantuvo en prisión durante un par de días; sin embargo, temía a Dios, así que no se vengó dulcemente de ellos como algunos de nosotros lo habríamos hecho. La Biblia declara que el juicio pertenece a Dios.

La Biblia dice que los hermanos comenzaron a sentirse mal por lo que le hicieron a José. Sus conciencias comenzaron a molestarles, así que comenzaron a hablar entre sí, diciendo: "¡Somos verdaderamente culpables de lo que le hicimos a nuestro hermano! Vimos la angustia de su alma cuando nos rogaba, y no le escuchamos. ¡Esta es la razón por la que tenemos esta angustia que nos viene encima! Rubén respondió: "¿No les dije que no pecaran contra el niño? ¡Miren ahora; su sangre sea sobre nosotros!".

Mientras hablaban, no sabían que José entendía lo que decían porque usaba un intérprete cada vez que José les hablaba. Cuando José escuchó lo que dijeron, se fue y lloró. Luego regresó a ellos y habló con ellos por un rato.

Realmente creo que fue importante para José escuchar la confesión de sus hermanos y la culpa por haberle hecho tanto mal. Al llorar por lo que le hicieron y escuchar su confesión, trajo sanación a su alma. Muchos de nosotros todavía estamos esperando escuchar una confesión de la persona que nos lastimó; tal vez esa persona esté muerta o no quiera admitir nada, ¡no importa lo que pase! Por lo tanto, debemos aprender a dejar ir y dejar que Dios sane esa herida. Deje ir el dolor; deje ir el maltrato. Deje ir el mal que le hicieron; Deja ir el abuso sexual; ¡dáselo a Jesús! Deja que Dios tome el control total. Deja que Él tome el control del dolor y la herida; simplemente dáselo todo a Él. Él entiende; ¡Él sabe! Simplemente dáselo todo a Jesús. Deja que Él te ame con ese amor eterno que sólo Él sabe dar. Por favor dáselo al Padre de padres. Por favor compártelo con el gran médico.

La Biblia dice que Jesús ha pasado por todo, por lo que entiende por lo que estamos pasando. Los sentimientos de nuestra debilidad lo conmueven. Él entiende por lo que hemos pasado, por lo que es capaz de ayudarnos. Ya que Él entiende el dolor y la herida, clama a Él, y Él te responderá; Él quitará tu dolor o pena. Lleva tu angustia y tu dolor al pie de la cruz y permite que Cristo te sane. Jesús quiere darte belleza en lugar de cenizas: quiere darte el óleo de alegría en lugar de luto, el manto de alabanza en lugar del espíritu afligido; para que seáis llamados árboles de justicia, plantío del Señor, para que él sea glorificado (Isaías 61:3). Te levantarás sintiéndote renovado y con un espíritu y una vida renovados.

Entonces José tomó a Simeón lejos de ellos y lo ató ante sus ojos. Luego les ordenó que llenaran sus costales de trigo, devolvieran el dinero de cada uno a su costal y les dieran comida mientras regresaban a la casa de su padre. Luego cargaron sus caballos con trigo y se fueron.

Ahora, vemos la bondad del corazón de José. No solo les dio lo que vinieron a comprar, sino que también les dio provisiones para que se mantuvieran en su camino de regreso a casa y les devolvió incluso el dinero que usarían para pagar las mercancías.

La Biblia dice que cuando los hermanos se enteraron de que el dinero todavía estaba en sus costales, se sintieron desanimados y aterrorizados. Entonces, comenzaron a preguntarse qué les había hecho Dios. Cuando los hermanos llegaron a casa, le contaron a su padre lo que les había sucedido. Sin embargo, el padre de José se sintió descorazonado al saber que Simeón había sido abandonado. Los hijos le dijeron a su padre que José exigía a Benjamín como prueba de su identidad antes de que Simeón pudiera ser liberado. Entonces Jacob declaró a sus hijos que no podía liberar a Benjamín porque si le sucedía algo malo, bajaría a la tumba, llorando por él. (Véase Génesis 42:1–38.)

El hambre era grande en la tierra, así que cuando se habían comido toda la comida, el padre de José les pidió que regresaran a

Su Segunda Venida

la tierra de Egipto para comprar más alimentos. Sin embargo, Judá le recordó al padre que no podían ir a menos que llevaran a Benjamín con ellos como había prometido. Entonces el padre accedió a dejar ir a Benjamín y les dijo: "Tomen de los mejores frutos de la tierra en sus alforjas". ¡Frutas! Me alegra saber que al menos tenían frutas para comer de su tierra. Las frutas, sin embargo, ciertamente no son comida. Uno puede ayunar a base de frutas y aun así morir de hambre. Él les dijo: "También lleven el doble del dinero; tal vez fue un descuido la primera vez". También oró para que Dios les diera misericordia ante el hombre y que el hombre liberara a Benjamín y a su hermano.

Entonces los hombres hicieron lo que su padre les dijo y regresaron a Egipto y se presentaron ante José.

Cuando José vio a Benjamín con ellos, le dijo al jefe de la casa: "¡Trae a estos hombres a mi casa y mata, cocina y prepara, porque estos hombres cenarán conmigo al mediodía!".

¡Oh, José! ¡Cuánto anhelaba estar con su familia! Aunque sus hermanos le causaron un gran dolor, se podía ver que el amor todavía estaba allí. El corazón perdonador todavía estaba allí porque eran familia. Todas las riquezas y los bienes del mundo no podrían cambiar ese hecho. José amaba profundamente a su familia, ¡pero Cristo tiene un amor más fuerte por nosotros! Pensemos que somos partícipes de la herencia de la familia de Dios por la sangre del Cordero. No importa cuánto lastimemos a nuestro Padre celestial, Él siempre está allí para darnos la bienvenida a casa y hacernos sentir bienvenidos. La Biblia dice que hay un gran regocijo en el cielo cuando un pecador regresa a casa; ¡los ángeles en el cielo se regocijan! Un corazón tan lleno de amor solo viene del Padre mismo.

Entonces, el hombre hizo lo que José le dijo que hiciera: llevar a sus hermanos a su casa. Sin embargo, los hermanos tenían miedo porque pensaron que era el dinero que encontraron en sus costales, y ahora sus vidas estaban en juego. Entonces, cuando llegaron a la casa de José, se encontraron con el mayordomo allí y le dijeron que había un error con el dinero y que encontraron el dinero en sus costales para pagarle a José. Los mayordomos les dijeron que todo estaba bien porque él tenía su dinero y que su Dios y el Dios de sus padres les había dado tesoros en sus costales. Luego les trajo a Simeón. Los hombres se lavaron y se prepararon para encontrarse con José al mediodía.

Cuando José llegó a casa, le trajeron su presente y se inclinaron ante él hasta el suelo. Entonces José les preguntó por su bienestar y por su padre: "¿Está bien vuestro padre?", preguntó. "El anciano del que me hablasteis, ¿vive todavía?". Ellos respondieron y dijeron: "Vuestro siervo, nuestro padre, está bien y con buena salud y vivo". José levantó la cabeza, vio a su hermano menor, el hijo de su madre, y dijo: "¿Es éste vuestro hermano menor del que habláis?". Dijo a Benjamín: "¡Dios te tenga misericordia, hijo mío!". José entonces salió caminando rápidamente porque sus entrañas anhelaban a sus hermanos, y así buscó un lugar para llorar y rápidamente entró en su habitación y lloró allí. Luego se lavó la cara, salió, se contuvo y dijo: "Preparen el pan. Así que comieron y se saciaron" (Gén. 43:1-34).

José ya no podía abstenerse de sus hermanos, así que gritó y dijo: "¡Que me dejen todos excepto mi hermano!" ¡Mi hermano! ¡José lo dijo! ¡Mi hermano! ¿Puede uno imaginarse lo que debe haber pasado por la mente de sus hermanos al oír esas palabras? ¡Mi hermano! Entonces comenzó a llorar tan fuerte que lo oyeron los egipcios y la casa del Faraón. ¡Creo que el llanto de José fue realmente fuerte! Creo que no pudo contenerse debido a todos los sentimientos reprimidos de extrañar a su padre y a su familia y finalmente ver a sus hermanos delante de él. Entonces les dijo a sus hermanos: "Yo soy José; ¿mi padre aún vive?" Sus hermanos no pudieron responderle porque temían su presencia. Entonces José les dijo: «Acérquense a mí, por favor». Entonces ellos se acercaron a él, y él les dijo otra vez: «Yo soy José, su hermano, a quien ustedes vendieron para Egipto. No se entristezcan ni se enojen con ustedes mismos por haberme vendido aquí, porque Dios me envió delante de ustedes para preservar vidas. Hace dos años que hay hambre en el país, y no habrá cosecha en los próximos cinco años, por eso Dios me envió delante de ustedes para preservar la prosperidad en la tierra y servir a todos ustedes con gran liberación. Así que no son ustedes quienes me enviaron aquí, sino Dios. Él también me ha hecho padre del faraón y gobernante en toda la tierra de Egipto. Por eso, apresúrense a ir a mi padre y háganle saber que Dios ha puesto a su hijo José como señor de toda la tierra de Egipto. Díganle que venga a mí y que no se demore, y que traiga a su casa, a sus hijos y a los hijos de sus hijos».

José ordenó a sus hermanos que le contaran a su padre su fama en Egipto y los besó, y ellos hicieron conforme a lo que les dijeron. Faraón les ordenó que no se preocuparan por sus cosas, porque toda la tierra de Egipto les pertenecía.

¡Qué felices debieron estar sus hermanos al escuchar y ver el corazón de José! Es el corazón que Dios espera de nosotros, Su pueblo. Por eso, la Escritura dice: «Perdona nuestras ofensas, como también nosotros perdonamos a nuestros ofensores». Todo comienza con la confianza. ¿Cuánto confiamos en el Padre en que nos librará de las manos de nuestros enemigos? Si realmente confiamos en el Padre, perdonaremos rápidamente.

Al principio, al padre de José le costó creer que José todavía estuviera vivo, pero cuando vio el carro que José envió, dijo: «¡Basta! José, mi hijo todavía está vivo». Entonces Dios habló a Israel en una visión de la noche y le dijo: «¡Jacob, Jacob!» Jacob respondió y dijo: «Aquí estoy». Y Dios le respondió: «¡Yo soy Dios! Dios de tus padres, no tengas miedo de descender a Egipto, porque yo descenderé contigo allá, y haré de ti una gran nación, y te sacaré de allí, y José pondrá su mano sobre tus ojos". Así llegaron a la tierra de Gosén, y allí murió Israel. (Véase Génesis 46:1-5.)

Sin embargo, antes de morir Israel se encontró con José y los hijos de José. Cuando Israel murió, los hermanos de José temieron que José se vengara de ellos, viendo que su padre ya no estaba cerca.

Dr. Marlene Brown

Así que enviaron un mensajero delante de ellos a José que le dijo: "Tu padre ordenó antes de morir que perdonaras la transgresión de tus hermanos y sus pecados, porque lo que te hicieron fue malo. Ahora, te ruego que perdones a los siervos del Dios de tu padre". Así que José lloró cuando le hablaron. Sus hermanos también lloraron y le dijeron: "¡Ahora somos tus siervos!". La respuesta de José fue: "No tengas miedo. ¿Estoy yo en el lugar de Dios? En cuanto a ustedes, pensaron mal contra mí, pero Dios lo encaminó a bien, para hacer lo que vemos hoy, y que haya vida para mucha gente. Así que no tengan miedo; yo sustentaré a sus pequeños". Así que los consoló y les habló con ternura. (Véase Génesis 47:1–31; 50:1–26.)

Dios tomará nuestras desilusiones, dolores de cabeza y dolores y los usará como testimonios en nuestras vidas. Cualquier mal que el enemigo traiga a nuestro camino, nuestro Dios lo usará para bien. Puede que no sepas cómo, puede que no sepas cuándo, pero Él te librará de tu esclavitud y te hará libre, tanto de la esclavitud física como de la espiritual. Él peleará la batalla por ti y te hará libre. Quédate quieto y mira la salvación del Dios viviente. Como dice Su Palabra: "¿Acaso mi mano es demasiado corta para salvar? ¿Hay algo que sea difícil para Dios?" Para que en los siglos venideros podamos conocer las abundantes riquezas de Su gracia para con nosotros. Así que, en Él, debemos poner nuestra confianza. En la vida de José, vemos el corazón del Padre, el amor del Padre y la misericordia del Padre hacia nosotros. Como cristianos, este es el corazón que el Padre espera de nosotros: un corazón de amor y misericordia.

En Colosenses 3:12-14, la Escritura dice: "Vestíos, pues, como escogidos de Dios, santos y amados, de entrañable misericordia, de benignidad, de humildad, de mansedumbre, de paciencia; soportándoos unos a otros y perdonándoos unos a otros si alguno tiene quejas. De la manera que Cristo os perdonó, así también hacedlo vosotros. Y sobre todas estas cosas vestíos de amor, que es el vínculo perfecto". Efesios 4:31-32 nos ordena: "Quítense de

Su Segunda Venida

vosotros toda amargura, enojo, ira, gritería y maledicencia, y toda malicia. Antes sed benignos unos con otros, misericordiosos, perdonándoos unos a otros, como Dios también os perdonó a vosotros en Cristo".

En Mateo, Pedro le pregunta a Jesús cuántas veces se debe perdonar a una persona. Entonces, Pedro le pregunta a Jesús: "¿Siete veces, Señor?". Jesús le responde: "No te diré siete veces, sino setenta veces siete" (Mateo 18:21-22).

Setenta veces siete es en realidad cuatrocientas noventa veces más de lo necesario.

Les diré que la Biblia dice que la carne del hombre es muy débil; te fallará. Por lo tanto, debemos caminar en el Espíritu para no satisfacer los deseos de la carne. La carne siempre grita para ser escuchada y siempre quiere estar en lo correcto, pero al morir a nosotros mismos diariamente, eventualmente aprenderemos cómo matar la carne y cobraremos vida para la vida del Espíritu Santo. El Espíritu Santo entonces liberará Su unción de fortaleza en el hombre interior para que Cristo habite en nuestros corazones ricamente por la fe. Entonces seremos arraigados y cimentados en amor y podremos comprender con todos los santos el amor que Jesucristo tiene por nosotros y el amor que debemos transmitir a los demás. Como dice la Palabra de Dios: "Perdónense unos a otros, como Dios los perdonó a ustedes en Cristo" (Efesios 4:32).

Dr. Marlene Brown

Capítulo 40
¿Eres adicto hoy?

El Espíritu del Señor está sobre mí, porque me ha ungido a predicar el Evangelio a los pobres; Me ha enviado a sanar el corazón roto, a predicar la liberación a los cautivos y recuperar la vista a los ciegos, a la libertad que están magulladas;

—Luke 4:18

Adicto a las drogas, al alcohol, al sexo o a cualquier otra adicción que no esté en la lista: ¿eres débil, pobre o te sientes solo? ¿Necesitas un amigo? Bueno, déjame presentarte a alguien que se preocupa por ti y te liberará.

Todos los síntomas mencionados se llaman esclavitud mental. Es la morada de Satanás. Aquí es donde tiene control total. Sin embargo, conozco a alguien mucho más fuerte que los poderes de Satanás. Su nombre es Jesús. Cuando Él aparece, su unción rompe toda atadura del enemigo. Él liberará a los cautivos. Si hoy estás cautivo tras los muros de tu prisión, deja que el Rey de reyes entre en tu vida. Él entrará, cenará contigo y hará morada contigo, y tu vida nunca volverá a ser la misma. No hay nadie como Él, te lo garantizo.

Si estás sumido en la oscuridad —la oscuridad de tu mente— por la depresión o la opresión del enemigo, Él dijo que Él es la luz de este mundo, y quienes lo siguen nunca estarán en la oscuridad. Él dijo en Isaías 54:14 que Él te afirmará en justicia, y estarás lejos de la opresión, porque no temerás; y del terror, porque no se acercará a ti. Si te sientes solo y necesitas un amigo, la Biblia dice que Jesús es un amigo más cercano que un hermano. Si hoy estás en la cama del hospital y te sientes muy débil, Él dijo que Su fuerza es perfecta en momentos de debilidad si tan solo aprendes a confiar en Él y a creer en Su Palabra. No solo te liberará de toda tu esclavitud y pecado, sino que también te dará una vida completamente nueva. Sí, amigo mío, una nueva oportunidad de vida. Una vida mucho mejor que la que tenías antes. En Su Palabra, Él dijo: "¡He venido para que tengan vida, y para que la tengan en abundancia!". Él dijo: "¡Sé los planes que tengo para ustedes, para que prosperen y no para que se sientan mal!".

Oh, sí, amigos míos, sé que Él se preocupa. Su dolor lo conmueve. Él sí se preocupa cuando sus días son cansados y sus noches son lúgubres. La Biblia lo describe como un varón de dolores, muy experimentado en quebranto. Dice que se compadece de nuestras debilidades.

Sea lo que sea que estés atravesando hoy, Jesucristo se preocupa. Él quiere venir y quitarte todo el dolor. Él lo sabe y lo comprende. Cuando nadie más lo sabe, Él lo sabe y lo comprende. Simplemente confía en Él hoy y deja tu carga a sus pies.

Sé que, a veces, nos sentimos tan abrumados que nos resulta imposible orar debido a la presión. Simplemente di: "Jesús, mi presión es pesada y mi carga es pesada. Necesito liberación, Señor. Necesito descanso. ¡Necesito paz mental! Por favor, libera mi carga hoy, te lo ruego, en el nombre de Jesús. Te lo entrego todo ahora. Amén".

Amigos míos, Él los liberará de esta adicción. Los liberará de cualquier atadura que los mantenga en el pecado porque prometió que lo haría. Porque su Palabra dice: "Venid a mí todos los que estáis trabajados y cargados, y yo os haré descansar". Llevad mi yugo sobre vosotros y aprended de mí, que soy manso y humilde de corazón; y hallaréis descanso para vuestras almas. Porque mi yugo es suave y mi carga ligera (Mateo 11:28-30). Simplemente depositad vuestra carga en el Señor, porque él cuida de vosotros, dice la Palabra de Dios. Cristo no os dejará desamparados.

Repasemos y profundicemos en el significado griego de lo que Jesús mismo os ofrece. Él os dice que acudáis a él, el Hijo del Dios viviente, si estáis fatigados y agobiados, y él os dará descanso. La palabra griega para fatigarse es kopiao, que significa «estar cansado o fatigado por el dolor». La palabra griega para agobiado es phortizo, que se pronuncia fortidzo. Significa imponer una carga pesada o ser cargado con una carga. Así pues, Jesús dice que si estáis fatigados y agobiados por el dolor, él os dará descanso y paz mental. Si estás caminando con una carga pesada, una carga que no quieres llevar, una que preferirías que te quitaran de encima, de tu cuerpo, mente, alma o espíritu, entonces ven a Él. Él te liberará de esta carga; te dará esa paz mental que tanto deseas Porque Él es la paz misma. Él es el bendito Príncipe de Paz. Él te ayudará a recuperarte y a refrescarte. Serás fortalecido y refrescado en Él. El siguiente versículo dice: «Lleven mi yugo sobre ustedes y aprendan de mí, que soy manso y humilde de corazón». La palabra griega para yugo es zugos, que significa un yugo que se pone sobre el ganado de tiro. Sin embargo, también se usa metafóricamente como cualquier carga o atadura, como en la esclavitud. La palabra aprender en griego es manthano, que significa «aumentar el conocimiento; escuchar o estar informado; aprender por medio del uso y la práctica; tener el hábito de practicar». Luego continuó diciendo: «Porque soy manso». La palabra griega para manso es praos, que se pronuncia prahos. Significa «amable y apacible». Humilde en griego es tapeinos, que significa «de bajo rango, muy humilde de corazón». Así que, Jesús está diciendo aquí que debes dejar tu pesada carga, dejarla a sus pies y tomar su yugo, que es mucho más ligero. Procura aumentar tu conocimiento sobre Él. Infórmate lo más posible, ya sea en la iglesia, estudiando la Biblia, investigando en internet o por tu cuenta. Aprende de Él. Aprende de sus caminos, su carácter, su amor, su misericordia, su gran bondad y su poder para salvar. Sigue practicando lo que Él dice, porque Él es muy manso, humilde de corazón. Él te encontrará donde te encuentres en la vida. No puedes estar tan sumido en el pecado que Él no entre en tu corazón y coma contigo. Él es muy humilde de corazón. Dijo en su Palabra:

«Aunque tus pecados sean rojos como el carmesí, Él los emblanquecerá como la nieve». Si tan solo estuvieras dispuesto y obediente a dejarlo entrar.

Como cristianos, a menudo nos quedamos en el camino debido a las pruebas y tribulaciones. No fuimos lo suficientemente fuertes en la Palabra de Dios para superar estos obstáculos, por lo que el enemigo entró, tomó control de nuestras vidas y nos arrebató de Cristo. ¡No te rindas! ¡Regresa al Maestro! La Biblia dice que Él es fiel y justo para perdonar tus pecados y limpiarte de toda maldad. Considero que esto es lo más hermoso de mi Señor: su fidelidad. Él nunca falla. Siempre está ahí para encontrarte a medianoche. Dijo en su Palabra: «Clama a mí, y yo te responderé y te mostraré cosas grandes y ocultas que tú no conoces». Todo lo que Él necesita de ti es un espíritu contrito y humillado. Dijo en su Palabra que no despreciaría un corazón contrito ni un espíritu humillado. Nos anima a invocarlo en los días de nuestra tribulación, y Él nos responderá y nos librará, y le daremos la gloria por ello.

En esta vida, siempre nos enfrentaremos a tribulaciones y problemas. Mientras el enemigo siga suelto sobre la faz de la tierra, intentará enredarnos en alguna forma de esclavitud. Debemos aferrarnos a Jesús con cuerpo, mente, alma y espíritu. Jesús es el único nombre dado a los hombres bajo el cielo, por el cual pueden ser salvos, liberados y liberados. Como declara la Biblia, ¡a quien el Hijo libera, es verdaderamente libre! Cristo es el único que puede liberarnos de todos nuestros problemas. Él es el Dios eterno y el precioso Príncipe de Paz. La Palabra de Dios dice: «Muchas son las aflicciones del justo, pero de todas ellas lo librará el Señor» (Salmo 34:19). Seas cristiano o no, habrá aflicciones en esta vida.

Sin embargo, confiamos en que nuestro Señor nos librará de todas ellas. Lo hermoso es que Sus Palabras no son solo promesas vacías; Sus promesas son sí y amén, ¡lo que significa que ya está hecho! Si Su Palabra lo dice, ¡lo hará!

Cuando permites que Sus Palabras espirituales moren en abundancia en ti, Su Espíritu, que es vida, traerá vida a tu situación muerta o vida a tu cuerpo muerto. ¡O lo que sea! Él dijo en Su Palabra: "Mi palabra no volverá a mí vacía ni vacía, sino que hará lo que yo quiero y prosperará en aquello para lo cual la envíe" (Isaías 55:11). Él dijo que Su Palabra es Espíritu y vida (Juan 6:63). Cuando usamos Su Palabra en oración, ¡algo bueno sucederá! La Biblia dice que todos los dones buenos y perfectos provienen de lo alto. Por lo tanto, si dirigimos Su Palabra a nuestras vidas aquí en la tierra, Su Palabra se elevará ante Él en oración; Él enviará Su Palabra para lograr algo bueno para nosotros, y las puertas y los poderes del infierno no podrán prevalecer contra ella.

Así que, acerquémonos con valentía ante Su trono de gracia, en cualquier situación o pecado que nos encontremos, pongamos nuestras cargas a Sus pies con ternura y tomemos Su yugo, pues Su yugo es Su gloria y Su unción, que es muy ligera. Él te dará renovadas fuerzas y paz mental. No importa a qué hora del día o de la noche lo invoques, ¡Él estará allí! Como declara en Su Palabra: "¿No lo sabes? ¿No has oído que el Dios eterno, el Señor, Creador de los confines de la tierra, no desmaya ni se fatiga? Su entendimiento es inescrutable. Él da esfuerzo al cansado, y multiplica las fuerzas al que no las tiene." Aun los jóvenes desmayarán y se cansarán, y los jóvenes caerán por completo" (Isaías 40:28-30). El Dios Altísimo, Jesucristo, es su nombre, ¡te dice que no hay nadie como Él! "Pero los que esperan en el Señor renovarán sus fuerzas; remontarán alas como águilas; correrán, y no se cansarán; caminarán, y no se cansarán" (Isaías 40:31).

Por eso nos anima a invocarlo. Así que, confiemos en Él hoy y regresemos a Él. Deposita tu carga sobre Él, porque Él cuida de ti. Deja que Él te abrace. Al aprender de Él y de sus caminos, verás que nadie es como Él. Él es un Dios de gran y abundante amor y tiernas misericordias. Jesús es un Dios que se preocupa y comprende; se conmueve por tus debilidades, uno que escucha y responde a tus oraciones. "Yo los llevaré al seno del Padre", dice Jesús. "Les traeré salud. Vine para traerles vida y para que la tengan en abundancia. Yo soy quien les traerá paz, porque yo soy paz".

Jesús dijo en su Palabra que él nos dará paz, no como la que da el mundo. La paz que él les dará es su paz. Es la paz que sobrepasa todo entendimiento. En sus dificultades, encontrarán esta paz. Él es el Príncipe de Paz, así que no se turbe su corazón ni tenga miedo. Vengan a él tal como son, sin dinero ni precio, y él les dará descanso. Hallarán descanso para su alma: su yugo es suave y su carga ligera.

Recuerden que el Señor los ama con amor eterno y los atrae hacia él con misericordia. Recuerden, él dijo en su Palabra que aunque otros los olviden, él no los olvidará. "He aquí, te tengo esculpida en las palmas de mis manos" (Isaías 49:16). Así que, por sus promesas, confiemos en Él hoy, porque servimos a un Dios de amor. Servimos a un Dios misericordioso, que nunca nos dejará ni nos abandonará, y que puede librarnos de todos nuestros problemas.

Así que, si hoy buscas un amigo, Él es un amigo más unido que un hermano. Si buscas fuerza, Él es el Dios todopoderoso. Si necesitas un padre, Él es el Padre de padres. La Biblia lo llama el Padre Eterno. Si buscas paz mental, Él es el Príncipe de Paz. Si tu vida necesita consejería, la Biblia lo llama el Consejero Admirable. Así que, acude a Él hoy, y como dice la Palabra de Dios: «Vengan, prueben y vean que el Señor es bueno y que su misericordia es eterna» (Salmo 34:8).

Dr. Marlene Brown

Capítulo 41
Cómo debemos ver a los predicadores

Que los ancianos que gobiernan bien sean tenidos por dignos de doble honor, especialmente los que trabajan en la palabra y la doctrina.

—*1 Timoteo 5:17*

¡Los predicadores son personas verdaderamente benditas! Son aquellos que Dios escogió para difundir el evangelio a las naciones. Los predicadores son personas que se han entregado por completo a Cristo. La Biblia declara: "¡Cuán hermosos son los pies de los que predican el evangelio de la paz y anuncian buenas nuevas!" (Romanos 10:15). Muchos de nosotros no habríamos sido salvos hoy si no fuera por la predicación de algún predicador. Por esta razón, la Biblia dice que debemos tenerlos en muy alta estima y amor por su obra y conocer a quienes trabajan entre ustedes y los presiden en el Señor. (Véase 1 Tesalonicenses 5:12-13). Estas personas velan por su alma. La mayoría de estos predicadores son ungidos por Dios para romper el yugo de la esclavitud en sus vidas y así poder ser libres. La Escritura señala en Lucas 4:18-19:

> El Espíritu del Señor está sobre mí, por cuanto me ha ungido para predicar el evangelio a los pobres; me ha enviado a sanar a los quebrantados de corazón, a pregonar libertad a los cautivos y vista a los ciegos, a poner en libertad a los oprimidos, a predicar el año agradable del Señor.

Así como Jesús fue ungido para predicar el evangelio, los predicadores deben ser ungidos. Los predicadores deben ser ungidos para predicar el evangelio. También deben ser ungidos para liberar a los que han estado atados. La Biblia declara que la unción rompe el yugo de la esclavitud. El yugo será destruido gracias a la unción. Sin embargo, no todos los predicadores tienen este tipo de unción, lo cual es bastante triste. No muchos han descubierto cómo entrar al secreto del Altísimo para obtener este tipo de unción. No es fácil ni barata. Se obtiene mediante el ayuno, la oración profunda e intensa con Jesús y pasar tiempo con Él. A veces, encontramos predicadores que pueden predicar las Escrituras, pero su congregación es débil, está enferma y necesita ayuda. Esto se debe a que el yugo no se ha roto por falta de unción.

En nuestra sociedad actual, necesitamos no solo predicadores, sino también predicadores ungidos que comprendan su llamado al cuerpo de Cristo y que no permitan que el tamaño de su ministerio dicte cómo deben predicar el evangelio, sino que permitan que la Palabra de Dios siga su curso completo. Como señaló Pablo, no debe ser por sabiduría humana, sino por la enseñanza del Espíritu Santo para que la cruz de Cristo no pierda su eficacia. Necesitamos hombres que digan con valentía, como Pablo: «¡Ay de mí si no predico el evangelio!». Necesitamos hombres que digan: «No tengo nada de qué gloriarme si predico el evangelio, porque debo hacerlo». La Biblia dice que el evangelio debe ser predicado a todas las naciones para que llegue el fin. Sin embargo, para que esto suceda o se cumpla, es necesario enviar predicadores. ¿Cómo podrá la gente salvarse si no escucha el nombre de Jesús? ¿Y cómo oirá si no se envía un predicador?

La corrupción que existe en nuestra sociedad, así como en nuestras iglesias hoy en día, ha hecho que la gente desconfíe. A muchos les preocupa principalmente que los pastores usen el 10% del diezmo para sí mismos en lugar de para promover el evangelio de Cristo. Si bien esta preocupación puede ser válida, no debería ser la razón por la que no diezmamos. La Biblia señala que la décima parte de las ganancias de una persona pertenece a Dios. Esa parte es santa. Por lo tanto, el Señor prometió derramar sobre ti una bendición que no tendrás suficiente espacio para contener cuando traigas todos tus diezmos y ofrendas a Su casa. Es extremadamente importante para la obra del evangelio. Las almas solo pueden salvarse mediante la predicación del evangelio. Las personas necesitan escuchar cómo se les predica el evangelio. De esta manera, desarrollarán fe en la Palabra de Dios. La Biblia dice: «La fe es por el oír, y el oír, por la palabra de Dios» (Romanos 10:17). Nuestros diezmos y ofrendas permiten que el evangelio continúe. Como hijos de Dios, no debemos centrarnos en los pastores y predicadores por su forma de vida, sino en si se está cumpliendo la gran comisión que Jesús dio; es decir, ir por todo el mundo y predicar el evangelio a toda criatura. Solo así llegará el fin cuando el evangelio se predique en todo el mundo. La Biblia dice: «El que crea y sea bautizado, será salvo; pero el que no crea, será salvo Condenados" (Marcos 16:16). La Biblia también declara: "El Señor ordenó que quienes predican el evangelio vivan del evangelio" (1 Corintios 9:14).

Como cristianos, debemos ser conscientes de que, independientemente de lo que hagamos por el Señor o por la obra del Señor, nuestra recompensa estará en el cielo. Por esta razón, la Biblia dice: "No nos cansemos de hacer el bien; porque a su tiempo segaremos, si no desmayamos" (Gálatas 6:9).

En nuestro mundo actual, tenemos hombres fuertes, poderosos y veraces que predican el evangelio de Cristo y hombres que predican un evangelio diferente. La Escritura dice: "Si alguno viene a vosotros y no trae esta doctrina, no lo recibáis en casa, ni le digáis: ¡Bienvenido! Porque el que le dice: ¡Bienvenido! participa en sus malas obras" (2 Juan 1:6-11). La Biblia nos dice que en los últimos días vendrán tiempos peligrosos, y muchos vendrán diciendo ser Cristo y engañarán a muchos. La Biblia nos advierte que habrá algunos que fueron cristianos pero abandonaron la fe. Por esta razón, la Biblia dice que debemos probar los espíritus. Probamos los espíritus por la unción del Espíritu Santo, quien todo lo sabe. (Véase

1 Juan 2:19-20). La Escritura nos dice que estas personas o predicadores son falsos apóstoles, obreros engañosos que se disfrazan como apóstoles de Cristo, teniendo apariencia de piedad, pero negando su eficacia.

La Biblia declara: No se maravillen de tal persona, porque «Satanás mismo se disfraza como ángel de luz. Así que, no es extraño que también sus ministros se disfracen como ministros de justicia; cuyo fin será conforme a sus obras» (2 Corintios 11:14-15).

> Les he escrito esto acerca de los que los engañan. Pero la unción que habéis recibido de él permanece en vosotros, y no tenéis necesidad de que nadie os enseñe; así como la misma unción os enseña todas las cosas, y es verdadera, y no es mentira, y tal como os ha enseñado, permaneceréis en él. Y ahora, hijitos, permaneced en él, para que cuando se manifieste, tengamos confianza, y no seamos avergonzados ante él en su venida. Si sabéis que él es justo, sabéis que todo el que hace justicia es nacido de él.
>
> —1 Juan 2:26-29

Así pues, andemos todos en amor y, al mismo tiempo, seamos conscientes de los predicadores y maestros que nos rodean. «Tened cuidado de que nadie os engañe por medio de filosofías y vanas sutilezas, según las tradiciones de los hombres, conforme a los rudimentos del mundo, y no según Cristo.

Porque en él habita corporalmente toda la plenitud de la Deidad.» Y vosotros estáis completos en él, que es la cabeza de todo principado y potestad (Col. 2:9-10). Como declara Marcos 13:22: «Porque se levantarán falsos Cristos y falsos profetas, y harán señales y prodigios para engañar, si fuese posible, aun a los escogidos».

Dr. Marlene Brown

Capítulo 42
Religión versus Salvación

Porque si buscan la justicia de Dios guardando la ley, ¡se han separado de Cristo! Se han apartado de la gracia de Dios.

—Gálatas 5:4 NTV

Doy gracias a Dios porque el camino cristiano no se trata de una religión, sino de la salvación. Esto significa tener una relación personal con Jesucristo mismo. Como Jesús señaló en su Palabra: «Yo soy el camino, la verdad y la vida; nadie viene al Padre sino por mí» (Juan 14:6). «Yo soy la puerta; por mí, el que entre, será salvo» (Juan 10:9).

Me alegra mucho que Jesús se haya convertido en nuestro gran Sumo Sacerdote. Ahora tenemos un Sumo Sacerdote que se compadece de nuestras debilidades. Este es un pacto mucho mejor que el que tenían en los días de Moisés. En los días de Moisés, los líderes religiosos solían permitir que solo el sumo sacerdote entrara al Lugar Santísimo para ofrecer sacrificios ante Dios por sus pecados y los del pueblo. Ahora, podemos entrar en ese lugar santo, presentándonos con valentía ante el trono de Dios mediante la sangre de Jesús. Mediante el poder de su sangre, nos redimió del pecado y la vergüenza, y nos entregó a Dios como "fragante aroma", según Efesios 5:2.

En el mundo actual, existen muchos tipos de religiones. Cada persona tiene un concepto diferente de lo que le permitirá entrar al cielo. Lo interesante es que todos adoran al mismo Dios, sin importar la religión. Bueno, estoy aquí para recordarles que, o están haciendo de Jesús un mentiroso en su Palabra, o su mensaje es la verdad. Jesús dice que no hay otro camino al Padre sino a través de él. Jesús dijo en su Palabra que el Padre lo envió. Dijo en su Palabra que vino a hacer la obra de su Padre. Antes de ser crucificado, su última oración al Padre fue: «He acabado la obra que me diste que hiciera, y han creído que salí de ti» (Juan 17:4, 8). En la cruz, Jesús exclamó: «Consumado es» (Juan 19:30), lo que significa que vino a ofrecerse a Dios como sacrificio por el pecado, para salvar el alma del hombre. Lo hizo ofreciéndose para que su sangre, sin mancha ni arruga, fuera la expiación por nuestros pecados. Así pues, estoy aquí para recordarles las Escrituras y para que el mundo sepa que no se trata de religión, sino de salvación. La religión es una creación humana. Está llena de aplicaciones teóricas. Está llena de reglas y normas. Cuando vienes a Cristo, no hay ninguna regla ni norma que seguir como en un ritual. Jesús dice que ya está consumado. Él ya hizo toda la obra que necesitas hacer. Ahora solo necesitas seguirlo. El nuevo mandamiento que Él nos dio es que nos amemos unos a otros, como Cristo nos amó y se ofreció a sí mismo por nosotros a Dios. Así es como debemos amarnos unos a otros. «Nadie tiene mayor amor que este», dijo, «que uno ponga su vida por sus amigos» (Juan 15:13).

Creo que la gran pregunta es esta: ¿Tienes un ancla para tu alma? Sí tenemos un ancla que la mantiene firme y segura mientras las olas nos invaden. El ancla está anclada en esa roca, que es Cristo. Firme y profundamente arraigada en el amor de nuestro Salvador. La roca sólida sobre la que nos apoyamos es Jesús. Él es el Alfa y la Omega, el primero y el último. Él es el principio y el fin. Es Él quien estuvo muerto y ahora vive y vive para siempre. Ha vencido la muerte, el infierno y la tumba. La tumba no pudo contener su cuerpo debido al Espíritu Santo que habitaba en él. Dios lo resucitó, liberándolo de los dolores de la muerte, ya que no era posible que fuera retenido por ella. Este mismo Espíritu que resucitó a Jesús vive en nosotros, según Romanos 8:11. Una vez que hayas aceptado a Jesús como Señor y Salvador de tu alma, tú también puedes tener este mismo Espíritu que resucitó a Jesús. Este mismo Espíritu ahora puede morar en ti. Él también vivificará tus cuerpos mortales, dice la

Biblia. La Biblia dice que no hay otro nombre dado a los hombres en que puedas ser salvo, sino en el nombre de Jesús (Hechos 4:12). La Biblia dice: «En el nombre de Jesús se doblará toda rodilla de los que están en los cielos, y en la tierra, y debajo de la tierra; y toda lengua confiese que Jesucristo es el Señor, para gloria de Dios Padre» (Fil. 2:10). Dios lo exaltó hasta lo sumo y le dio un nombre que es sobre todo nombre. Ninguna otra religión podrá salvarte, solo el nombre de Jesús. Él es el Rey de reyes y Señor De señores. Los cielos enteros proclaman su gloria. La Biblia dice que Él estaba con el Padre antes de que el mundo fuese. Él hizo todas las cosas para Él, y sin Él nada fue hecho, declara Juan 1:3. Él salió del seno del Padre para liberarnos de la maldición del pecado, según Juan 1:18. Ahora, el pecado ya no tiene dominio sobre nosotros; porque la maldición del pecado ha sido rota, ahora tenemos perfecta libertad. Esto se debe a que el Cordero inmaculado de Dios ha resucitado y vive para siempre. ¡Sí, Él está vivo! ¡Mis ojos han visto su gloria! Porque Él vive, tú y yo también viviremos, si lo invitamos a entrar en nuestros corazones, vivir en nosotros y morar con nosotros. Invítalo a entrar para que te limpie de toda maldad, te lave en su sangre y te purifique de tus pecados. Como señala la Biblia, sin derramamiento de sangre no hay perdón de pecados.

Nadie tiene mayor amor que este que dar la vida por sus amigos. Él dijo en su Palabra antes de ser crucificado que Él es el Buen Pastor, y que el Buen Pastor da su vida por sus ovejas. Esto lo hizo aquel día en la cruz del Calvario. Dio su vida por nosotros.

Así que la Biblia dice: «Acerquémonos, pues, confiadamente al trono de la gracia» (Hebreos 4:16). No tengas miedo de invocar a Jesús por ti mismo. Puedes alcanzarlo por ti mismo. No necesitas que un hombre ni un sacerdote terrenal lo invoque por ti. Cristo rompió ese tipo de religión y tradición. Vino y nos dio un pacto mejor, un nuevo pacto, dice la Biblia. La Biblia dice que ahora tenemos un Sumo Sacerdote que se compadece de nuestras debilidades. Él fue tentado en todo como nosotros, pero sin pecado. Por eso, la Escritura nos anima a acercarnos confiadamente a su trono y a presentarle nuestras peticiones, porque él ahora intercede por nosotros ante el Padre, sentado a la diestra del Padre. La Biblia nos dice que debemos acercarnos con valentía, sin temor, para alcanzar misericordia y hallar gracia que nos ayude en momentos de necesidad. (Véase Hebreos 4:15-16)

Dr. Marlene Brown

Capítulo 43
Prepárate para encontrarte con tu Dios

Y he aquí, yo vengo pronto; y mi galardón está conmigo, para recompensar a cada uno según sea su obra.

—Apocalipsis 22:12

¡El sepulcro donde fue puesto el Señor Jesús está vacío! ¡Ha resucitado! Fue visto por más de quinientos hermanos, incluyendo a Pedro y a los demás discípulos. Mis ojos también lo han visto en la tierra y en el cielo. ¡Él es, en verdad, el Rey de reyes y Señor de todo! Él es el gran Alfa y Omega. Él es quien habita la eternidad.

Les dijo a sus discípulos que se iría. Dijo:

> Aún un poco de tiempo estaré con vosotros. Me buscaréis adonde yo vaya; no podéis venir. En la casa de mi Padre muchas moradas hay; si así no fuera, os lo habría dicho. Voy a prepararos un lugar, y rogaré al Padre, y os dará otro Consolador, para que esté con vosotros para siempre: el Espíritu de verdad. a quien el mundo no puede recibir, porque no lo ve.

—Juan 13:33; 14:2, 16-17

Sí, la Palabra de Jesucristo es verdad y vida. No hay sombra de cambio en sus palabras ni en sus caminos. Podemos confiar en Él según sus palabras. Jesús nos prometió que regresará, pero ¿estás listo para conocerlo? El Dios del universo nos envió a su Hijo para que, a través de él, no seamos condenados, sino que tengamos vida eterna. Solo te pide tu corazón. Quiere limpiarte de toda tu maldad; quiere perdonarte tus pecados y que no los recuerdes más. Dijo que arrojaría tus pecados al mar del olvido y no los recordaría más. Esta es la mayor esperanza que la humanidad podría pedir. Dime, ¿qué más podía hacer Jesús? ¿Qué más podría ofrecerte para que recibieras esta vida eterna? Es bastante inútil que dependamos de las leyes de la tierra para entrar al cielo, o incluso de la ley de Moisés para vivir según ella. La Biblia declara: «Porque lo que la ley era imposible, por cuanto era débil por la carne, Dios, enviando a su Hijo en semejanza de carne de pecado y a causa del pecado, condenó al pecado en la carne» (Romanos 8:3).

Un hombre no podía guardar la ley de Moisés y ser perfecto en su cumplimiento, debido a la vieja naturaleza adámica y a nuestra naturaleza pecaminosa. Por eso Cristo tuvo que venir a destruir el pecado y liberarnos para que, mediante su sangre y su espíritu, ahora podamos servir al Padre en la belleza de la santidad y la justicia. Por esta razón, la Biblia dice que si Cristo está en ti, tu espíritu está vivo gracias a la justicia. ¿Está Cristo en ti hoy? ¿Estás muerto al pecado? ¿Estás listo para encontrarte con el Señor? ¿Estás listo para encontrarte con el Rey de reyes? Porque la ley del Espíritu de vida, que está en Cristo Jesús, nuestro Señor, nos ha librado de la ley del pecado y de la muerte.

Jesús intenta animarnos a estar atentos a su gran regreso. Dijo que debemos velar, pues no sabemos el día ni la hora en que el Hijo del Hombre aparecerá. ¿Nos sorprenderá su venida como ladrón en la noche? ¿O estaremos alerta? La Biblia dice que aparecerá por segunda vez para quienes lo esperan. ¿Lo estás esperando?

Pablo nos recordó que desconocemos el momento ni la época del regreso de Cristo, pero debemos estar atentos a su regreso. "Por tanto, animaos unos a otros y edificaos unos a otros, como también lo hacéis ahora. Os exhortamos, hermanos: amonestad a los indisciplinados, consolad a los desanimados, sostened a los débiles, sed pacientes con todos. Mirad que nadie devuelva mal por mal a otro; antes bien, sed siempre buenos entre vosotros y para con todos." Regocijaos siempre" (1 Tes. 5:11, 14-16).

Juan escribió: "Hijitos míos, estas cosas os escribo para que no pequéis. Y si alguno peca, abogado tenemos para con el Padre, a Jesucristo el justo. Y él es la propiciación por nuestros pecados; y no solo por los nuestros, sino también por los de todo el mundo. Y ahora, hijitos, permaneced en él, para que cuando se manifieste, tengamos confianza, y no seamos avergonzados ante él en su venida" (1 Juan 2:1-2, 28).

Que el Dios de paz guarde sus corazones y mentes por medio de Cristo Jesús, nuestro Salvador y Señor. ¡Amén!

Capítulo 44
¡Carta de ánimo para estar alerta!

Porque ustedes saben perfectamente que el día del Señor vendrá así como ladrón en la noche.

—1 Tesalonicenses 5:2

Me da gran alegría compartir estas visiones/sueños con ustedes. Sinceramente espero y oro que hayan sido bendecidos y que, sean salvos o no, la revelación de mis visiones/sueños les ayude a renovar su compromiso o a acercarlos al Señor. Faltan pocos días para el Rapto de la iglesia. ¿Estarán listos para recibirlo? El Señor dijo en su Palabra que regresaría por una iglesia sin mancha ni arruga. Esto significa que nuestras vestiduras espirituales deben estar limpias, y nuestro vaso, el templo del Dios vivo, debe estar lleno de aceite fresco para recibirlo.

Sin embargo, Jesús dice que cuando regrese por su iglesia, su novia, espera encontrarla no dormida ni absorta en las preocupaciones de este mundo, sino velando por él. En esencia, permítanme compartir con ustedes una visión que recibí el viernes 1 de junio de 2001, cuando escuché la voz audible de Dios.

En esta visión, escuché la voz audible de Dios hablándome para darme un mensaje de advertencia a una persona. Se trataba de un familiar muy cercano que vivía en otro país. Me desperté entre las 2:30 y las 3:00 a. m.

Soñé que estaba soñando. Comencé a tener un segundo sueño, llamado visión. En esta visión, el Dios viviente me habló, y estas fueron Sus Palabras:

Dijo que estaba preparando su ropa para la iglesia el domingo... ¡Dile eso, dile que se asegure de que esté lista por dentro! ¡Asegúrate de que su alma esté lista cuando vaya a visitarla, o si no!

En esta visión, me fue dado su nombre.

Desperté de mi segundo sueño, pero aún dormía en el primero. Así que, en este primer sueño, comencé a contarles a las personas sobre la advertencia que acababa de recibir para esta persona. Al despertar de ambos sueños, mi cuerpo estaba demasiado "ebrio" como para levantarme. No estaba ebrio por dormir, sino como bajo anestesia general. Estaba lo suficientemente consciente con los ojos abiertos como para saber que había recibido una advertencia para esta persona, ¡pero no podía moverme!

Unos minutos después de que mi cuerpo cobrara vida, pude llamar a esta persona y darle el mensaje a las 4:00 a. m.

Mientras le daba el mensaje y comenzaba a animarla en el Señor, su respuesta fue: "¡Entonces, la Biblia es real!". Muchos cristianos deben preguntarse: "¿Creemos en el evangelio?". ¡Amigo, el evangelio es real! La Escritura dice que muchos no entrarán en su reposo por incredulidad (Hebreos 3:19).

Jesucristo está vivo y sus ojos observan cada uno de tus movimientos. ¡Sí, Él sabe lo que hacemos en privado como cristianos o no! ¡Muchos cristianos se centran en la apariencia exterior y no en el corazón, ni en la santidad! La Palabra de Dios sigue siendo cierta: sin santidad, nadie verá al Señor, dice Hebreos 12:14. Sé que la Palabra no se predica como debería; como resultado, incluso pastores y líderes viven ahora en pecado debido a la falta de verdadera santidad. Sin embargo, la Palabra de Dios sigue siendo cierta independientemente de la creencia humana. Como Dios no reducirá su santidad para complacernos, debemos matar la carne para complacerlo a Él.

Su Segunda Venida

No me refiero a recibir su justicia, ya que esta nos fue dada gratuitamente por medio de Cristo Jesús, nuestro Señor, según Romanos 3:21. 1 Tesalonicenses 4:3-4, 7, 9 dice:

> Porque esta es la voluntad de Dios, vuestra santificación: que os abstengáis de la fornicación; que cada uno de vosotros sepa poseer su vaso en santificación y honor. Porque no nos llamó Dios a la inmundicia, sino a la santidad. Pero en cuanto al amor fraternal, no tenéis necesidad de que os escriba, pues vosotros mismos habéis aprendido de Dios a amaros unos a otros.

En Mateo, capítulo 25, Jesús cuenta la parábola de las diez vírgenes. Dijo que el reino de los cielos se asemejaba a las diez vírgenes que tomaron sus lámparas y salieron al encuentro del novio. Cinco de estas vírgenes eran prudentes y cinco insensatas. Las insensatas tomaron sus lámparas, pero no les dieron aceite adicional para mantenerlas encendidas. Las prudentes no solo tomaron sus lámparas, sino también aceite. Mientras el novio tardaba en llegar, ellas durmieron. A medianoche, se oyó un clamor: "¡Aquí viene el novio! ¡Salid a recibirlo!". Entonces, todas aquellas vírgenes se levantaron y arreglaron sus lámparas. Las vírgenes insensatas se dieron cuenta de que su aceite se había acabado y que sus lámparas se habían apagado, así que les dijeron a las prudentes: "¡Necesitamos un poco de su aceite!". Las prudentes respondieron: "No, ¿no debería haber suficiente para nosotras y para ustedes también? ¿Por qué no van a los que venden aceite y compran para ustedes?". Mientras ellas salían a comprar, llegó el novio; las que estaban preparadas entraron con él a la boda, y se cerró la puerta. "Después vinieron también las otras vírgenes, diciendo: ¡Señor, Señor, ábrenos! Pero él respondió: De cierto os digo que no os conozco. Velad, pues, porque no sabéis el día ni la hora en que el Hijo del Hombre ha de venir" (Mateo 25:11-13). Como cristianos, necesitamos que esa llama interior siga ardiendo, esperando la venida del Señor. Necesitamos que el aceite de la unción del Espíritu Santo siga fluyendo en nuestro interior. Recuerden, la Biblia dice que es la unción la que rompe el yugo del enemigo. Sin este aceite de unción fluyendo en nuestro interior, nos debilitaremos y nos distraeremos con los deseos de la carne y las preocupaciones de la vida.

Y lo que os digo a vosotros, lo digo a todos: Velad.

—Marcos 13:37

Parte III
Visiones celestiales proféticas de Cristo con interpretaciones

Dr. Marlene Brown

Capítulo 45
Visión Profética del Corazón de Dios para los Jóvenes

Y él dijo: «Escuchen ahora mis palabras: Si hay un profeta entre ustedes, yo, el Señor, me manifestaré a él en una visión y le hablaré en sueños».

—*Números 12:6*

El 16 de marzo de 2001, tuve dos sueños hermosos. Uno temprano en la mañana y el otro en la tarde.

Sueño Profético para los Jóvenes

Un sueño que yo, Marlene, tuve el 16 de marzo de 2001.

Eran entre las 2:30 y las 3:00 a. m. cuando desperté.

Soñé que estaba en un mundo diferente. Digo diferente porque el lugar parecía extraño. Vi a una niña de unos trece años. Ella escuchaba directamente de Dios y profetizaba. ¿Cómo sé que era de Dios? Se oía un gran estruendo del cielo cada vez que hablaba. Esta niña profetizaba muchas cosas. Hay un fragmento de una de sus profecías que creo que iba dirigido a mí. Mientras profetizaba, dijo: «Dios dice que, aunque no nos hable directamente, debemos adorarlo». También mencionó que los jóvenes necesitan adorar más a Dios.

En el sueño, recuerdo escuchar atentamente a la niña y pensar: «Dijo que quizá no me hable directamente». Recuerdo haber hablado con alguien en el sueño sobre la profecía y decirle que Dios

Su Segunda Venida

dice que los jóvenes no lo adoran lo suficiente. Él dijo: «¡Tienen que adorarme porque soy Dios!».

Desperté de este sueño diciéndome: «Dios dice que los jóvenes necesitan adorarlo más...».

Interpretaciones de la visión profética del corazón de Dios para los jóvenes

Sueño

Vi a una niña de unos trece años.

Interpretación

La Biblia dice:

«... y un niño pequeño los guiará.»

—Isaías 11:6

Sueño

Ella escuchaba directamente de Dios y profetizaba. ¿Cómo sé que provenía de Dios? Se oía un gran estruendo desde los cielos cada vez que hablaba.

Interpretación

Muchas Escrituras de la Biblia hablan de la voz de Dios que resuena como un trueno y el estruendo de muchas aguas. El Salmo 29:3 habla de la voz del Señor. Dice: "La voz del Señor está sobre las aguas; el Dios de gloria truena; el Señor está sobre muchas aguas".

Sueño

Recuerdo haber hablado con alguien en el sueño sobre la profecía y decirle que Dios dice que los jóvenes no lo adoran lo suficiente. Él dijo: "¡Necesitan adorarme porque yo soy Dios!".

Interpretación

En nuestro mundo actual, vemos el plan del enemigo de apoderarse de la juventud de la sociedad para destruirla. El enemigo se está enfocando en la juventud porque los hombres jóvenes

Y las mujeres están llenas de pasión y energía. En todo lo que hacen, lo hacen al máximo, y deben dedicar esta pasión y energía a la adoración, porque nuestro Padre Dios es celoso. La Escritura dice que debemos amarlo con todo nuestro corazón, alma y fuerzas. Por lo tanto, el Padre dice que los jóvenes necesitan volverse a Él en cuerpo, mente y alma mientras son fuertes para vencer al maligno.

Eclesiastés 12:1 dice: «Acuérdate de tu Creador en los días de tu juventud, antes que vengan los días malos, ni lleguen los años en que digas: 'No tengo en ellos contentamiento'». Primero, Juan 2:14 también dice: «Os he escrito a vosotros, padres, porque habéis conocido al que es desde el principio. Os he escrito a vosotros, jóvenes, porque sois fuertes, y la palabra de Dios permanece en vosotros, y habéis vencido al maligno».

Capítulo 46
Visión profética de su palabra hablada

Séptimo sueño celestial

¿No es mi palabra como fuego? —dice el Señor—, y como martillo que quebranta la roca.

—Jeremías 23:29

Estas son las asombrosas visiones/sueños que tuve, Marlene, el 16 de marzo de 2001. Ocurrieron el mismo día que la visión/sueño del capítulo 43, pero por la tarde. Desperté de este sueño e inmediatamente tuve otro. Eran alrededor de las 5:30 p. m. cuando desperté por completo de ambas visiones/sueños.

Soñé que veía al Señor. El lugar estaba parcialmente oscuro y Él estaba en la tierra. No estoy seguro de si sus pies tocaron el suelo, pero estaba muy cerca de ella.

Jesús citaba algunas Escrituras y, mientras hablaba, vi que las cosas a las que se refería seguían sucediendo en el aire, como si las palabras habladas se hubieran convertido en objetos tangibles. Recuerdo mirarlo, observarlo hablar con su Padre con el rostro hacia el cielo. Cualquiera que fuera el pasaje bíblico que citaba, su manifestación se producía en el aire.

Estaba tan asombrado en el sueño, viendo lo que realmente sucedía en el aire. Luego lo miré... parecía como si tuviera una pequeña duda. De repente, un pasaje bíblico me vino a la mente. No estoy seguro de si era la cita: "Ríos de agua viva...". Sin embargo, Jesús leyó mi mente y me llevé una sorpresa.

Empezó a llover sobre mi cabeza, agua cayendo del cielo. Me encontré en el suelo, aplastado bajo el agua. ¡Temblaba y me tambaleaba bajo el agua!

Lo miré, y él me sonrió y le dijo a su Padre que detuviera la lluvia porque yo no podía controlarla. Entonces dejó de llover.

Es importante destacar que cuando Jesús habla, su boca no está abierta. Fue totalmente de Espíritu a Espíritu. Podía entenderlo, y Él podía entenderme sin que ninguno de los dos abriera la boca para hablar.

Inmediatamente dejé este sueño y entré en el segundo, donde volví a ver al Señor.

Interpretación de la visión profética de su palabra hablada

Sueño

Jesús estaba citando algunas Escrituras, y mientras hablaba, vi que las cosas a las que se refería seguían sucediendo en el aire, como si las palabras habladas se hubieran convertido en objetos tangibles. Recuerdo mirarlo, observándolo hablar con su Padre con el rostro hacia el cielo. Cualquiera que fuera la Escritura bíblica que citaba, su manifestación se producía en el aire.

Interpretación

Palabra: Un sonido hablado con significado.

La Biblia nos dice que siempre que se habla la Palabra de Dios, vemos la manifestación física de Su Palabra. Vi a Jesús desplegar su poder y autoridad sobre la naturaleza y la creación (Mateo 8:23-27). Representa a un rey gobernando su reino. La Escritura dice: "Porque en él fueron creadas todas las cosas, tanto las que hay en los cielos como las que hay en la tierra, visibles e invisibles; sean tronos, sean dominios, sean principados, sean potestades; todo fue creado por medio de él y para él" (Colosenses 1:17). Este mismo Jesús existió con Dios como el "Logos" de Dios, el "Verbo". La Biblia dice que en el principio creó los cielos y la tierra: "Y dijo Dios: Sea la luz", y fue la luz. "Y dijo Dios: Júntense las aguas que están debajo de los cielos en un lugar, y descúbrase lo seco". Y así fue. Luego dijo Dios: "Produzca la tierra vegetación: hierbas que den semilla, y árboles que den fruto sobre la tierra, cuya semilla esté en ella, según su especie". Y así fue. "Produzca la tierra seres vivientes según su género: ganado, animales que se arrastran por la tierra y animales salvajes según su especie". Y así fue (Génesis 1:1-24). Jesús Estaba mostrando su poder sobre la creación como Dios. Él pronuncia la palabra, y así fue.

La Palabra de Dios dice: "En el principio era el Verbo, y el Verbo estaba con Dios, y el Verbo era Dios. Todas las cosas por él fueron hechas, y sin él nada de lo que ha sido hecho, fue hecho" (Juan 1:1, 3).

La Palabra de Dios también declara:

> Por la palabra del Señor fueron hechos los cielos, y todo el ejército de ellos por el aliento de su boca. Él junta las aguas del mar como un montón; pone las profundidades en depósitos. Tema al Señor toda la tierra; teman ante él todos los habitantes del mundo. Porque él habló, y fue hecho; él mandó, y existió.
>
> —Salmo 33:6-9

Jesús dice: "Las palabras que yo os he hablado son espíritu y son vida" (Juan 6:63). Proverbios 1:23 declara: "Les haré saber mis palabras".

Sueño

> En el sueño, estaba asombrado, viendo lo que sucedía en el aire. Luego lo miré a Él. Parecía tener una pequeña duda. De repente, un pasaje bíblico me vino a la mente. No estoy

seguro de si era la cita: "Ríos de agua viva". Sin embargo, Jesús leyó mi mente y me llevé una sorpresa.

Interpretación

Isaías dice:

Así será mi palabra que sale de mi boca: no volverá a mí vacía, sino que hará lo que yo quiero, y prosperará en aquello para lo que la envié.

—Isaías 55:11

Sueño

Comenzó a llover sobre mi cabeza, agua que caía del cielo. Me encontré en el suelo, aplastado bajo el agua. ¡Temblaba y me tambaleaba bajo el agua! Interpretación

Isaías 44:3 puede interpretar esta sección de la visión, que dice:

Porque yo derramaré aguas sobre el sequedal, y ríos sobre la tierra árida; derramaré mi Espíritu sobre tu descendencia, y mi bendición sobre tus renuevos.

Creo que el derramamiento del agua significó la unción del Espíritu Santo. Como escuché decir una vez a un hombre ungido de Dios, este cuerpo no puede soportar demasiada unción de Dios. Sin embargo, la Escritura dice que seremos bendecidos con un nuevo cuerpo para comparecer ante nuestro Salvador. Seremos transformados de mortales a inmortales. «Porque es necesario que esto corruptible se vista de incorrupción, y esto mortal se vista de inmortalidad» (1 Corintios 15:53). Proverbios 1:23 dice: «Derramaré mi Espíritu sobre ti, te haré saber mis palabras».

Su Segunda Venida

Bendito sea tu nombre, Señor. Tu nombre es digno de ser alabado.

Dr. Marlene Brown

Capítulo 47
Un sueño profético dentro de un sueño

Este es el segundo sueño que yo, Marlene, tuve inmediatamente después del sueño del agua derramada.

...Porque el testimonio de Jesús es el espíritu de la profecía.

—Apocalipsis 19:10

En este sueño, Jesús apareció de repente. Iba caminando a mi lado. Me dijo: «Yo soy el Señor. Vine a hacer la obra de mi Padre». Continuó diciendo: «La iglesia está dividida y no me gusta que la gente hable mal de ella».

Recuerdo que en el sueño, un hombre le preguntaba cómo recibir el Espíritu Santo. Cuando hizo esta pregunta, Jesús lo miró y, de repente, giró su rostro hacia el hombre sin responderle. En mi mente, me decía: «¿Acaso no sabe cómo recibir el Espíritu Santo? ¿Acaso la Biblia no le dice cómo?».

De repente, desperté de ambos sueños. Cuando mi espíritu despertó de estos dos poderosos sueños de ver a Cristo, mi cuerpo aún dormía. Entonces, tuve un sueño terrenal con mi madre y mi hermana. Soñé que me despertaba y salía de la habitación, donde vi a mi madre. Empecé a contarle los dos poderosos sueños que acababa de tener de ver a Cristo.

Entonces desperté de este sueño terrenal. Al principio estaba confundido. Me quedé quieto en la cama, recordando la magnitud de los sueños. Corrí a la computadora y comencé a escribir las visiones/sueños, sin querer olvidar los detalles.

A Jesús sea toda la gloria, el honor y la alabanza. Bendice su santo nombre. Ruego que nunca retire sus manos de mí. Amén.

No es inusual tener un sueño dentro de un sueño o una visión dentro de un sueño. Un ejemplo de esto se puede encontrar en Daniel 7:1, donde Daniel tuvo un sueño y visiones dentro de su sueño: "En el primer año de Belsasar, rey de Babilonia, Daniel tuvo un sueño y visiones de su cabeza en su cama; luego escribió el sueño y refirió el resumen de los hechos".

Sueño

En este sueño, Jesús apareció de repente. Caminaba a mi lado. Me dijo: «Yo soy el Señor».

Interpretación

Esta interpretación se encuentra en Éxodo 6:2-3. En estos versículos de Éxodo, Dios le hablaba a Moisés:

Y Dios habló a Moisés, y le dijo: «Yo soy el Señor. Y me aparecí a Abraham, a Isaac y a Jacob con el nombre de Dios Todopoderoso; pero por mi nombre Jehová no me di a conocer a ellos».

Sueño

«Vine a hacer la obra de mi Padre».

Interpretación

En Juan 5:17, Jesús declara: «Mi Padre hasta ahora trabaja, y yo trabajo». Quiere decir que su Padre siempre está trabajando, así que él también trabajará. Las Escrituras continúan diciendo: «Por eso los judíos procuraban con más ahínco matarlo, porque no solo quebrantaba el sábado, sino que también decía que Dios era su Padre, haciéndose igual a Dios» (Juan 5:18). Entonces Jesús respondió y les dijo: «De cierto, de cierto os digo: El Hijo no puede hacer nada por sí mismo, sino lo que ve hacer al Padre; porque todo lo que el Padre hace, también lo hace el Hijo igualmente» (Juan 5:19). «No puedo yo hacer nada por mí mismo; como oigo, juzgo; y mi juicio es justo, porque no busco mi voluntad, sino la voluntad del Padre que me envió» (Juan 5:30).

La interpretación continúa a lo largo del Nuevo Testamento. Jesús declaró en su mensaje:

> Todo lo que el Padre me da, vendrá a mí, y al que a mí viene, no le echo fuera. Porque he descendido del cielo, no para hacer mi voluntad, sino la voluntad del que me envió. Y esta es la voluntad del Padre que me envió: que de todo lo que me diere, no pierda yo nada, sino que lo resucite en el día postrero.
>
> Y esta es la voluntad del que me envió: que todo aquel que ve al Hijo y cree en él, tenga vida eterna; y yo le resucitaré en el día postrero.
>
> —Juan 6:37–40

En Juan 7:16, Jesús les responde: «Mi doctrina no es mía, sino de aquel que me envió». En los versículos 28-29, Jesús continúa diciendo: «A mí me conocéis, y sabéis de dónde soy; y no he venido de mí mismo, sino que el que me envió es verdadero, a quien vosotros no conocéis». Pero yo lo conozco, porque de él procedo, y él me envió. Entonces procuraron prenderle, pero nadie le echó mano, porque aún no había llegado su hora (Juan 7:28-30). En el versículo 33, Jesús les dice: «Todavía un poco de tiempo estaré con vosotros, e iré al que me envió».

En Juan 10:36-38, Jesús les dice: «¿Decís vosotros de aquel a quien el Padre santificó y envió al mundo: «Blasfemas, porque dije: 'Soy Hijo de Dios'? Si no hago las obras de mi Padre, no me creáis. Pero si las hago, aunque no me creáis a mí, creed a las obras, para que sepáis y creáis que el Padre está en mí, y yo en él». Por lo tanto, procuraron de nuevo prenderle, pero se les escapó de las manos" (Juan 10:36-39).

Visión profética de la unidad en la iglesia

Aunque la iglesia ha estado dividida durante tantos años, creo que llegará el momento en que la iglesia estará unida como una sola. Recuerden que la palabra de Jesús al Padre fue que la iglesia fuera una, como Él es uno con el Padre (Juan 17:20-21).

El Señor Jesús, en su bondad, me mostró en una visión el 25 de agosto de 2001 la iglesia uniéndose como una sola, cumpliendo la oración profética que hizo en Juan 17.

En esta visión, vi diferentes tipos de iglesias de diferentes denominaciones marchando juntas. Partían de diferentes lugares y luego se reunían en un punto focal. Yo estaba entre el grupo. Sin embargo, de alguna manera, me perdí. De camino a casa, me dije: «El Señor debe estar muy complacido de ver a todas las iglesias unidas como una sola». Entonces el rostro de Jesús apareció en el cielo… Fue hermoso, gloriosamente hermoso. Vi muchos colores en su rostro. Entonces vi aparecer una caja rectangular con escritos. La caja y los escritos estaban llenos de la gloria de Dios. Dentro de la caja había muchos escritos, pero solo pude memorizar dos antes de que desaparecieran.

Vi "La Palabra 1–5". Repetí: "¿La palabra? ¿La palabra?", le pregunté al Señor mientras miraba su hermoso rostro. Entonces le dije: "¡Ah, te refieres a Juan 1:1-5!". También vi Filipenses 4:1–4.

El Señor me hablaba y me decía que estaba complacido. En otra parte del cielo, apareció María. Tenía un resplandor celestial sobre ella y a su alrededor.

Me pareció muy interesante ver a María, la madre de nuestro Señor Jesús, en el cielo en ese momento.

Cuando desperté, comencé a leer las Escrituras que me habían sido dadas. En Juan capítulo 1, la Escritura dice:

En el principio era el Verbo, y el Verbo estaba con Dios, y el Verbo era Dios. Este mismo estaba en el principio con Dios. Todas las cosas por él fueron hechas, y sin él nada de lo que ha sido hecho, fue hecho. En él estaba la vida, y la vida era la luz de los hombres. Y la luz brilla en las tinieblas, y las tinieblas no la comprendieron.

—Juan 1:1-5

Luego leí Filipenses 4:1, 3-5. Dice:

Por tanto, hermanos míos amados y deseados, mi gozo y corona, estad así firmes en el Señor, amados míos. Y te ruego también a ti, fiel compañero, que ayudes a estas mujeres que trabajaron conmigo en el evangelio, con Clemente también, y con los otros colaboradores, cuyos nombres están en el Libro de la Vida. Regocijaos en el Señor siempre. Y otra vez digo: ¡Regocijaos!

Creo que esta Escritura habla de mi llamado al ministerio. No solo fui elegida para ministrar a quienes están en el Libro de la Vida, sino también a las mujeres de todas las naciones de la tierra. Me parece apropiado que María estuviera allí, ya que representa a la primera mujer que ministró al Señor.

Su Segunda Venida

Capítulo 48
Visión profética del cielo (la Cena de las Bodas)

Un sueño que yo, Marlene, tuve el 9 de abril de 2001.

Me desperté a las 8:30 a. m.

Y sucederá en los últimos días, dice Dios, que derramaré de mi Espíritu sobre toda carne, y vuestros hijos y vuestras hijas profetizarán, vuestros jóvenes verán visiones, y vuestros ancianos soñarán sueños.

—Hechos 2:17

El domingo 8 de abril de 2001, cuando mi esposo y yo estábamos a punto de quedarnos dormidos, comencé a hablar con el Señor. Entonces me volví hacia mi esposo y le dije: "¡Mi nombre está escrito en el Libro de la Vida del Cordero!".

Y él respondió: "Sí...". Entonces le dije: "¡No, mi nombre está escrito en el Libro de la Vida del Cordero!". Luego se hizo el silencio, y ambos nos quedamos dormidos. Alrededor de las 2:00 a. m., nuestro hijo Brandon nos despertó. Logré acostarlo. Fui a mi cuarto de oración a orar. Le mencioné ciertas cosas al Señor, que eran demasiado personales entre nosotros como para escribirlas aquí, y luego volví a la cama. Por la mañana, desperté de un sueño asombroso.

Soñé que mi esposo, mi hijo de ocho meses, Brandon, y yo estábamos en un país en particular. El país parecía uno de esos países que no respetan la vida humana. En otras palabras, te matan en un minuto si dices o haces algo malo.

Caminábamos por ese país... simplemente caminando, hablando y sonriendo, como turistas en una ciudad extranjera. La gran pregunta es: ¿de qué estábamos hablando exactamente? La respuesta es que no lo recuerdo. Sin embargo, parece que dijimos algo inapropiado sobre la gente. De repente, un hombre apareció ante nosotros de la nada. Era bajo y de complexión mediana. Su rostro cuadrado tenía una expresión seria, casi de enojo. Se detuvo y dijo que uno de nosotros tenía que morir por lo que habíamos dicho.

Me volví hacia el hombre y le pregunté: "¿Qué dije?". Me miró y dijo que no podía decirlo con exactitud, pero que uno de nosotros tenía que morir. Mi actitud fue: "¿No puede decirnos qué se dijo mal, pero uno de nosotros tiene que morir?". Luego se alejó, dejándonos a mi esposo y a mí parados.

Cuando me di cuenta de que hablaba en serio sobre que uno de nosotros tenía que morir, me volví hacia mi esposo y le dije: "Bueno, ¡la Biblia dice ausente del cuerpo, presente con el Señor! ¡Solo pueden matar el cuerpo, pero tú estarás con el Señor!".

Mi querido esposo empezó a enojarse mucho conmigo por decir eso. Esta fue su respuesta: "¿Cómo que no pueden matarnos... si matan el cuerpo, estamos presentes con el Señor? ¡Si nos matan, estamos muertos!".

Pero le dije: "¡Esto es solo un cuerpo! ¡Tu verdadero yo está en tu interior! ¡Tu alma! ¡Esto es solo un cuerpo! ¡Si matan el cuerpo, estarás con el Señor!

Estaba tan furioso de saber que uno de nosotros iba a morir que no quería ni oír hablar de ello.

Empecé a decirle: «Bueno, no creo que me maten, porque ven que tengo un bebé pequeño». Continué: «¡Solo tienes que creer que Jesús es el Hijo de Dios!».

Para entonces, el hombre regresó con nosotros. Le pregunté a cuál de nosotros mataría.

Para mi sorpresa, el hombre dijo: «A ti». Miré a mi esposo. El hombre nos dejó. Se alejó un poco hasta un árbol con un tronco enorme y grueso. De este árbol también colgaban largas cuerdas o enredaderas.

El hombre empezó a cortar las cuerdas para atarme las manos.

En ese momento, aproveché la oportunidad. Empecé a hacerle saber a mi esposo que debía cuidar de sí mismo espiritualmente y de Brandon para que yo pudiera volver a verlos.

Entonces vi aparecer al hombre con largas cuerdas para atarme las manos; un pensamiento me cruzó por la mente: "¿Y si tengo alguna duda y no estoy con Cristo cuando me maten?".

De repente, me oí gritar: "¡Jesús! ¡Creo que eres el Hijo de Dios!". Me ataron, y no sé si me cortó la cabeza o qué, pero me encontré en otro mundo.

Este mundo no estaba en la tierra ni bajo tierra. Este mundo estaba en algún lugar del aire o del cielo. En este mundo, vi a un par de personas que conozco. Todos estaban sentados alrededor de las mesas. Estaban sentados en varios grupos. El lugar estaba un poco oscuro, como si hubiera poca luz, pero podía ver claramente a las personas que estaban cerca.

Hasta donde alcanzaba la vista, todos estaban sentados alrededor de diferentes mesas, como si esperaran el comienzo de una gran fiesta. Me recuerda a cuando Cristo estaba sentado a la mesa partiendo el pan, algo similar. Entonces me volví hacia las dos personas que estaban a mi lado, a quienes conocía muy bien en la Tierra. En el sueño, las conocía muy bien, pero ahora que estoy despierto, no puedo verlas ni distinguir quiénes son. Las únicas dos personas que murieron en la Tierra que eran cercanas a mí como familia fueron mi abuela y mi hermano. Mi hermano murió a la temprana edad de treinta y cinco años. Es importante señalar que no estaba sentado con mi familia. Estaba de pie detrás de ellos mientras estaban sentados. Entonces les dije que deberíamos dar un paseo.

Se levantaron de su mesa. Miré hacia otra mesa y vi a un hombre que conocía en la Tierra. Mi respuesta fue: "¿Está aquí? ¿Lo logró?". Seguimos caminando... "Oh, conozco a esa persona", señalé a alguien que estaba de pie junto a una mesa. "¿Lo logró?". Me refería a otra persona que reconocí.

Seguimos caminando hasta llegar a un camino muy largo y estrecho. Empezamos a caminar por ese camino. A ambos lados del camino había mesas con gente sentada, esperando a que comenzara la fiesta.

Seguí señalando a personas que conocía mientras caminaba. Algunas que vi, me sorprendieron de que realmente lo hubieran logrado.

Finalmente, llegamos al final del camino. ¡Al final, lo que vi fue asombroso!

A lo lejos había otra ciudad. También estaba en el aire. Desde donde estábamos al final del camino, había un amplio vacío. Era un espacio total, y parecía completamente oscuro. Si hubiéramos intentado ir más lejos para llegar a esa ciudad, habríamos caído en el vacío. El espacio de la nada nos separaba de donde estábamos en esta hermosa ciudad. Me decía a mí mismo: "¿Por qué están todos sentados cuando hay una ciudad tan hermosa para contemplar?".

Esta ciudad parecía indescriptiblemente hermosa. Estaba iluminada. La luz de la ciudad era muy suave, y también tenía un resplandor. Había una luz brillante en el aire. Esta luz brillante no provenía del sol ni de la luna. También vi una forma espiritual. Mi cabeza comenzó a girar lentamente hacia la derecha, donde vi un edificio que se elevaba en el aire como un templo. Llamé templo a esta estructura.

El templo que vi estaba hecho de vidrio o cristal; era demasiado hermoso para capturar el material exacto del que estaba hecho. No estoy seguro de si Cristal lo describe con exactitud. El material era transparente, blanco, suave, brillante y vidrioso.

Sin duda, era un templo que el hombre nunca ha visto ni puede intentar construir en esta tierra, ¡gloriosamente hermoso!

Mientras miraba a través del templo, vi a alguien moverse y comenzar a caminar suave y lentamente. Si esta persona no se hubiera movido ni comenzado a caminar, no habría sabido que había alguien allí. Su atuendo era tan blanco como el templo.

Mientras la persona seguía caminando, giró a la izquierda hacia la entrada del templo. Mientras continuaba mirando a través del templo, vi una silla blanca como un trono de plata a lo lejos.

La persona continuó caminando con tanta gracia. Era tan gentil y tranquilo. Caminaba como si se deslizara a cámara lenta. Lo observaba a través del templo transparente. Se dirigía hacia la entrada, donde podía verlo con mucha más claridad.

Todos sabíamos que era Jesús. Nos quedamos allí parados, observando a Jesús en toda su gloria. No puedo distinguir cómo era su rostro porque tenía la vista fija en su ropa.

El color de su túnica era el blanco más puro que jamás haya visto. La palabra en español no basta para describir la blancura de su túnica. Era más blanco que la nieve, la perla o cualquier otro color blanco que el hombre haya visto jamás en la tierra. Era gloriosamente blanco y fluía suavemente. Tenía varias capas de tela, ya que tenía un aspecto abultado en la cintura, que bajaba como un vestido de novia... pero de aspecto muy suave.

Continuó caminando con un deslizamiento muy suave y delicado y salió. Afuera, saliendo del templo, el suelo parecía agua cristalina. Parecía muy espeso y vidrioso, de un color muy blanco. Tenía el blanco más puro que jamás haya visto.

Luego salió y se tumbó lentamente de espaldas en el agua.

"¿Por qué está acostado en el agua?", pregunté con curiosidad. De repente, sentí que mis ojos se agitaban en la cama. Abrí los ojos y me encontré boca arriba, con la mirada hacia el cielo.

En ese momento, no sabía si debía estar feliz o triste, debido a mi experiencia de haber sido asesinada en el sueño. ¡Realmente pensé que estaba muerta! El aleteo de mis ojos me devolvió la consciencia.

Ahora que tengo tiempo para reflexionar sobre lo que vi, me emociona que el buen Señor me haya dado la oportunidad de ver la ciudad blanca como la perla y el río cristalino.

No hay palabras para describir la ciudad blanca como la perla que he visto. La majestuosidad y la belleza que he visto superan nuestra comprensión o el conocimiento humano. ¡Esto es un gran aliento para la iglesia y un gran aliento para mí!

Oh, Jesús, ¡eres tan maravilloso! ¡Eres tan asombroso! ¡Eres gloriosamente maravilloso!

Sueño

Cuando me di cuenta de que hablaba en serio sobre que uno de nosotros tenía que morir, me volví hacia mi esposo y le dije: "Bueno, la Biblia dice: ausente del cuerpo, presente con el Señor". Solo pueden matar el cuerpo, ¡pero estarás con el Señor!

Su Segunda Venida

Mi querido esposo empezó a enojarse mucho conmigo por decir eso. Esta fue su respuesta: "¿Cómo que no pueden matarnos... si matan el cuerpo, estamos presentes con el Señor? ¡Si nos matan, estamos muertos!"

Pero le dije: "¡Esto es solo un cuerpo! ¡Tu verdadero yo está en tu interior! ¡Tu alma! ¡Esto es solo un cuerpo! ¡Si matan el cuerpo, estarás con el Señor!"

Interpretación

La Palabra de Dios declara: "Confiamos, y preferimos estar ausentes del cuerpo, y presentes con el Señor" (2 Corintios 5:8).

Sueño

Mi querido esposo empezó a enojarse mucho conmigo por decir eso. Esta fue su respuesta: "¿Cómo que no pueden matarnos... si matan el cuerpo, estamos presentes con el Señor? ¡Si nos matan, estamos muertos!"

Interpretación

La Palabra de Dios declara que no debemos temer a quien puede matar solo el cuerpo, sino a quien puede matar tanto el cuerpo como el alma en el infierno. Así, la Palabra de Dios dice:

> Y les digo, amigos míos: No teman a los que matan el cuerpo, y después no pueden hacer más. Pero les enseñaré a quién deben temer: Teman a aquel que después de haber quitado la vida, tiene poder para arrojar al infierno; sí, les digo: ¡Teman a ese!
>
> —Lucas 12:4-5

> Y no temáis a los que matan el cuerpo, pero no pueden matar el alma; temed más bien a aquel que puede destruir el alma y el cuerpo en el infierno.
>
> —Mateo 10:28

Dr. Marlene Brown

Sueño

Entonces vi aparecer al hombre con largas cuerdas para atarme las manos; de repente, un pensamiento cruzó por mi mente: "¿Y si tengo alguna duda y no estoy con Cristo cuando matan mi cuerpo?". De repente, me oí gritar: "¡Jesús! ¡Creo que eres el Hijo de Dios!".

Interpretación

La Palabra de Dios dice:

El que cree en el Hijo de Dios, tiene el testimonio en sí mismo; el que no cree a Dios, le ha hecho mentiroso, porque no ha creído en el testimonio que Dios dio acerca de su Hijo. Y este es el testimonio: que Dios nos ha dado vida eterna, y esta vida está en su Hijo. El que tiene al Hijo, tiene la vida; y el que no tiene al Hijo de Dios, no tiene la vida. Estas cosas os he escrito a vosotros que creéis en el nombre del Hijo de Dios, para que sepáis que tenéis vida eterna, y para que creáis en el nombre del Hijo de Dios.

—1 Juan 5:10-13

Pero estas se han escrito para que creáis que Jesús es el Cristo, el Hijo de Dios, y para que creyendo, tengáis vida en su nombre.

—Juan 20:31

Sueño

En este mundo, vi a un par de personas que conozco. Todos estaban sentados alrededor de las mesas. Estaban sentados en diferentes grupos. El lugar parecía un poco oscuro, como si hubiera poca luz, pero podía ver claramente a las personas que estaban cerca.

Hasta donde alcanzaba la vista, todos estaban sentados alrededor de diferentes mesas, como si esperaran el comienzo de una gran celebración. Me recuerda a cuando Cristo estaba sentado a la mesa partiendo el pan, algo similar.

Interpretación

Apocalipsis 19:9-10 puede interpretar esta gran celebración, que habla de la cena de bodas venidera:

Y me dijo: Escribe: Bienaventurados los que son llamados a la cena de las bodas del Cordero. Y me dijo: Estas son palabras verdaderas de Dios... porque el testimonio de Jesús es el espíritu de la profecía.

Y oí una voz del cielo que me decía: Escribe: Bienaventurados los muertos que mueren en el Señor de aquí en adelante. Sí, dice el Espíritu, para que descansen de sus trabajos, porque sus obras los siguen.

—Apocalipsis 14:13

Sueño

Todos sabíamos que era Jesús. Nos quedamos allí parados, observando a Jesús en toda su gloria. No puedo distinguir cómo era su rostro porque tenía la vista fija en su ropa.

El color de su túnica era el blanco más puro que jamás haya visto. La palabra "blanco" en español no basta para describir la blancura de su túnica. Era más blanco que la nieve, la perla o cualquier otro color blanco que el hombre haya visto jamás en la tierra, y fluía suavemente. Tenía varias capas de tela porque tenía un aspecto abultado en la cintura, cayendo como un vestido de novia... pero de aspecto muy suave.

Interpretación

La túnica blanca que se vio se menciona en Apocalipsis 3:4-5, que dice:

> Tienes unas pocas personas en Sardis que no han manchado sus vestiduras; y andarán conmigo en vestiduras blancas, porque son dignas. El que venza será vestido de vestiduras blancas; Y no borraré su nombre del libro de la vida, y confesaré su nombre delante de mi Padre y delante de sus ángeles.

Sueño

La ciudad estaba iluminada. La luz de la ciudad era muy tenue; también tenía un resplandor. Había una luz brillante en el aire. Esta luz brillante no provenía del sol ni de la luna. También vi una figura espiritual.

Interpretación

Apocalipsis 21:23 describe la ciudad a la perfección:

> Y la ciudad no tenía necesidad de sol ni de luna que brillaran en ella; porque la gloria de Dios la iluminaba, y el Cordero era su lumbrera.

Sueño

Mi cabeza comenzó a girar lentamente hacia mi derecha, donde vi un edificio que se elevaba en el aire como un templo.

Interpretación

Este templo se encuentra en Apocalipsis 7:15, que dice:

> Por lo cual están delante del trono de Dios, y le sirven día y noche en su templo; y el que está sentado en el trono morará entre ellos.

Y el templo de Dios fue abierto en el cielo, y se vio en su templo el arca de su pacto; y hubo relámpagos, voces, truenos, un terremoto y grande granizo.

—Apocalipsis 11:19

Sueño

El templo que vi estaba hecho de vidrio o cristal; es demasiado hermoso para representar el material exacto del que estaba hecho. No estoy seguro de si la palabra cristal lo describe con exactitud: El material era transparente, blanco y suave, pero brillante y vidrioso.

Interpretación

Y me llevó en el Espíritu a un monte grande y alto, y me mostró la gran ciudad, la santa Jerusalén, que descendía del cielo, de Dios, teniendo la gloria de Dios; y su fulgor era semejante al de una piedra preciosísima, como piedra de jaspe, diáfana como el cristal.

—Apocalipsis 21:10-11

Sueño

Ahora, afuera, saliendo del templo, el suelo parecía agua cristalina. Parecía muy espesa y cristalina, de un color muy blanco. Era el blanco más puro que jamás haya visto.

Interpretación

Esta agua cristalina se puede interpretar según Apocalipsis 22:1, que dice:

Después me mostró un río limpio de agua de vida, resplandeciente como cristal, que salía del trono de Dios y del Cordero.

Damos gracias a Dios por el apóstol Juan, quien vio tanto y nos describió lo que vio en Apocalipsis. También damos gracias al Señor Jesús por mostrarle primero al apóstol Juan la realidad de la Nueva Jerusalén y la cena de bodas. Si no hubiera sido por el apóstol, pensaría que lo que vi era demasiado hermoso para ser real. Santos de Dios, la Biblia es verdaderamente verdadera. Sus promesas son para nosotros hoy. Ciertamente, Él regresará tal como dijo. Y sí, el cielo es real. La cena de bodas también es real. Es lo que está por venir. Cuando vi a Jesús salir y recostarse lentamente boca arriba en el agua, respondí: "¿Por qué está acostado en el agua?". Creo que lo que hizo fue muy profético.

Creo que el Señor está revelando que necesitamos acostarnos en el río de Dios y sumergirnos en su presencia. Es entonces cuando la unción comenzará a fluir a través de nosotros. Comenzaremos a experimentar señales y prodigios en el cuerpo de Cristo, así como a tener visiones y sueños proféticos.

Ahora sé que estamos en el final de las Escrituras. Estamos en Apocalipsis. También sé que estamos en los últimos días. Puedo sentir su venida. Su venida está mucho más cerca de lo que pensamos. Estas señales que he visto en los cielos son claras indicaciones de lo cerca que está su venida.

No tenemos tiempo para jugar a la iglesia; vivimos en tiempos difíciles. La Escritura dice que vendrá en cualquier momento, como un ladrón en la noche. Este es el momento de estar alerta. Que la paz de Dios esté con todos vosotros. ¡Amén!

Capítulo 49
Preparándose para Su Segunda Venida.

El que da testimonio de estas cosas dice: «Sí, vengo pronto». Amén. Ven, Señor Jesús.

—Apocalipsis 22:20

Creo que muchos pastores y líderes nos hemos vuelto vanidosos en nuestra propia manera de pensar. Ya no, vivir es Cristo y morir es ganancia. Creemos que si vivimos para Cristo y lo defendemos, significará pobreza, pero es lo contrario. Vivir para Cristo significa bendiciones y prosperidad. Sí, podemos defender a Cristo y aun así tenerlo todo. Jesucristo dice: «Yo he venido para que tengan vida, y para que la tengan en abundancia» (véase Juan 10:10). Esto se refiere tanto a este mundo como al venidero. Jesús le dijo a Pedro que, con la persecución, lo restauraría todo por completo si lo dejaba todo para seguirlo. Así que sí, las bendiciones tangibles estarán ahí, pero también habrá persecución si predicamos a Cristo y no un evangelio lleno de exageraciones y emociones mezcladas con la psicología y la sabiduría humanas, pero no de Dios.

En los primeros días de la iglesia, las Escrituras declaran que los apóstoles se dedicaron a la oración, el ayuno y la lectura de la Palabra de Dios. No es de extrañar que tuvieran tan grandes avivamientos entre ellos. No es de extrañar que vieran tantos milagros, señales y prodigios entre ellos, como dice la Escritura, y un gran temor cayó sobre todas las iglesias.

Hoy, la iglesia es menos temida y menos efectiva. ¿Por qué? ¿Será que más pastores y líderes se están dejando llevar por la ideología humana y no por la de Dios? ¿Será que nos hemos vuelto complacientes con los hombres y no con Dios, sin querer ofender a nadie con la Palabra de Dios? ¿Será que hemos perdido el Espíritu del evangelio y nos hemos quedado con la teología del evangelio? Como resultado, ¿no permitir que el Espíritu Santo revele la justicia y convenza de pecado al corazón? Sin embargo, Dios aún tiene un remanente que no se ha doblegado ante Baal, un grupo de personas que andarán en obediencia y autoridad a su Palabra. Un grupo de personas elegidas —como Él declaró en su Palabra, que muchos son llamados, pero pocos escogidos—, aquellos cuyos corazones han sido circuncidados por la sangre de Cristo.

En Apocalipsis 3, Jesús habla a la iglesia sobre ser vencedores. No solo quiere que superemos la hora de la tentación que vendrá sobre todo el mundo para probar a los que moran en la tierra —esto incluye tanto a pecadores como a cristianos, desde el púlpito hasta la banca—, sino que también promete recompensas en el cielo si vencemos.

Jesús dice en los versículos 11-13:

> He aquí, yo vengo pronto; retén lo que tienes, para que nadie tome tu corona. Al que venza, lo haré columna en el templo de mi Dios, y nunca más saldrá de allí. Escribiré sobre él el nombre de mi Dios y el nombre de la ciudad de mi Dios, la nueva Jerusalén, que desciende del cielo, de mi Dios, y mi nuevo nombre. El que tenga oído, que oiga lo que el Espíritu dice a las iglesias.

Sobre la Autora

La Reverenda Dra. Marlene Brown es ministra ordenada y oradora internacional itinerante. Es la fundadora y presidenta de Residence for Christ International Orphanages and Outreach Relief, Inc., una organización sin fines de lucro registrada en Canadá.

La Reverenda Brown se crio en un hogar cristiano, con su padre pastor. Es hija de pastor. Sabía del Señor Jesús por la Biblia, pero nunca lo conoció. El apóstol Pablo declaró: «A fin de conocerle y el poder de su resurrección» (Filipenses 3:10). Por lo tanto, su deseo es que el cuerpo de Cristo conozca a Jesús personalmente, a través de su Palabra y mediante visiones y sueños. La Reverenda Brown se bautizó a los catorce años, pero abandonó la iglesia a los dieciséis. Se volvió muy rebelde hacia Dios y la iglesia, y perdió todo interés y deseo por Jesús. Tuvo éxito con su esposo, pero su alma estaba vacía y seca. Comenzó a anhelar una relación con el Dios vivo. La Reverenda Brown tuvo entonces una experiencia con Jesús que transformó su vida.

En el año 2000, la invitaron a la iglesia. Hubo un llamado al altar, así que subió. El pastor comenzó a profetizarle sobre lo que el Señor Jesús le decía ese día. Empezó: "El Señor me pidió que te dijera que te ama, te ama. ¡Te ama! Me pidió que te dijera que su mano está sobre ti, y que a partir de hoy, ¡nunca volverás a ser la misma!". El pastor luego continuó hablando de aspectos más personales de su vida y de promesas que había hecho y que solo ella y el Señor Jesús conocían. Salió del altar sintiéndose renovada y sabiendo que el Dios viviente la conoce personalmente y la ama. Comenzó a releer la Biblia, pero esta vez con hambre y sed de conocer al Dios viviente. Quería saber todo lo que el Señor Jesús decía en su Palabra. La Reverenda Brown quería asegurarse de que su vida estuviera en armonía con la Palabra de Dios. Aun así, no se sentía satisfecha. Todavía tenía sed. El mayor milagro ocurrió cuando la Reverenda Brown vio la película "Jesús" en YouTube. Al final de la película, se escucha la oración de un pecador. La Reverenda Brown repitió la oración en voz alta con convicción en cada palabra pronunciada mientras se arrepentía de sus pecados e invitaba a Jesucristo a entrar en su corazón para ser el Señor de su vida y el Salvador de su alma. Al final de la oración, la Reverenda Brown testificó del gozo que recibió en su corazón. Desde ese día, tiene el gozo de la salvación.

Además, a los cuatro meses de ser salva, Jesucristo, el Hijo de Dios, comenzó a visitarla en visiones y sueños proféticos para confirmar la palabra profética. Comenzó a tener encuentros con Jesús durante cuatro años consecutivos. Él la ha visitado más de catorce veces durante esos años. Durante esos años de visitaciones, Jesús le mostró un avance de su segunda venida, una visión del Rapto de la iglesia, una visión del cielo y la cena de bodas, entre otras visiones y sueños. Estas visiones/sueños son interpretados por la Palabra de Dios línea por línea y precepto por precepto, lo que las hace extremadamente proféticas. Su encuentro profético con Dios cumplió lo que dijo el profeta Joel: «Y después de esto, derramaré de mi Espíritu sobre toda carne, y vuestros hijos y vuestras hijas profetizarán; vuestros ancianos soñarán sueños, vuestros jóvenes verán visiones» (Joel 2:28 NVI). Jesús confirma esta verdad sobre la obra del Espíritu Santo al decir que Él, el Espíritu Santo, nos mostrará lo que está por venir y lo glorificará (a Jesús). Jesús continuó diciendo: «Todo lo que tiene el Padre es mío; por eso dije que tomará de lo mío, y os lo hará saber» (Juan 16:14-15). Por lo tanto, el Espíritu Santo le ha mostrado el corazón del Padre y el plan para el inminente regreso de su Hijo a la tierra. La Escritura dice: "Ciertamente, el Señor Soberano no actúa sin antes revelar sus planes a sus siervos los profetas" (Amós 3:7).

En una visión nocturna, la Dra. Brown escuchó la voz de Dios que le decía: "Estás llamada a ser profeta a las naciones". Luego, para confirmar el mandato profético que le había dado la voz de Dios, aproximadamente tres años después de ese sueño, Jesucristo apareció en una visión nocturna en su gloria en los cielos y la comisionó para ir a las naciones a predicar el evangelio. Primero, vio un ángel en el cielo con una espada desenvainada. Luego, Jesús se apareció en los cielos y le dijo mediante palabras escritas en el cielo: "Si vas a las naciones de la tierra, debes ir "AHORA". La palabra "AHORA" estaba escrita en mayúsculas. Luego se fue, demostrando que es urgente que ella comparta las visiones de Él y su Segunda Venida con las naciones, para que la iglesia sepa que "AHORA" es el momento de estar alerta. Apocalipsis 16:15 dice: «He aquí, vengo como ladrón. Bienaventurado el que vela y guarda sus ropas, para que no ande desnudo, y vean su vergüenza».

Como resultado, en una clase profética, el poder de Dios mató a la Rev. Brown, y Jesús comenzó a hablarle una vez más, diciéndole: "¡Corre, corre como el viento; lleva mi evangelio a las naciones!". Además, el Señor repetía esto una y otra vez en su mente. Ahora bendice a la iglesia con visiones y sueños proféticos.

Dr. Marlene Brown

En Conclusión

La reverenda Brown cree que Cristo desea que su novia tenga una experiencia con el novio. Cree que Cristo desea esta relación como nunca antes, a medida que su venida se acerca cada vez más. La reverenda Brown ha visto su gloria más de catorce veces. Durante estas visitas, Jesús le mostró un anticipo de su segunda venida, tan real que creyó que estaba sucediendo en ese momento. Exclamó que había una sensación de urgencia en el ambiente. ¿Por qué tanta urgencia?, se preguntarán. ¡Jesús quiere que el cuerpo de Cristo esté preparado para su venida en todas las naciones de la tierra! Él no quiere que nadie perezca, sino que todos procedan al arrepentimiento. Él quiere que no perdamos el interés en su venida, sino que estemos alerta.

"Pero del día y la hora nadie sabe, ni siquiera los ángeles del cielo, sino solo mi Padre. Velad, pues, porque no sabéis a qué hora ha de venir vuestro Señor" (Mateo 24:36, 42).

Jesús dice en el libro del Apocalipsis:

> He aquí, yo vengo pronto, y mi galardón está conmigo, para recompensar a cada uno según sea su obra. Yo soy el Alfa y la Omega, el principio y el fin, el primero y el último. Bienaventurados los que lavan sus ropas, para tener derecho al árbol de la vida y entrar por las puertas en la ciudad. Porque fuera están los perros, los hechiceros, los fornicarios, los asesinos, los idólatras y todo aquel que ama y practica la mentira.
>
> Yo, Jesús, he enviado a mi ángel para daros testimonio de estas cosas en las iglesias. Yo soy la raíz y el linaje de David, la estrella resplandeciente de la mañana.

Su Segunda Venida

Y el Espíritu y la Esposa dicen: «Ven». Y el que oye, diga: «Ven». Y el que tiene sed, venga. Y el que quiera, tome del agua de la vida gratuitamente.

—Ap. 22:12-17

Ahora ella bendice a la iglesia con estas revelaciones proféticas por medio del Espíritu Santo, en el nombre de Jesús.

Para contactar a la autora

Para charlas y ministerios, puede contactar a la Dra. Marlene Brown a través de uno de los siguientes medios:

Ministerios Marlene Brown

Residence for Christ International Orphanages and Outreach Relief, Inc.

(Organización sin fines de lucro registrada ante el gobierno canadiense)

www.ResidenceforChrist.org
MarleneBrown@ResidenceforChrist.org

Sitio web: https://www.spiritualformation.online/spiritual-formation

www.ingramcontent.com/pod-product-compliance
Lightning Source LLC
Chambersburg PA
CBHW032120160426
43209CB00038B/1969/J